혼자 있고 / 싶은 남자

말 못한 상처와 숨겨둔
본심에 관한 심리학

혼자 있고
싶은 남자

선안남 지음

시공사

재미, 있나요?

혼잣말을 자주 하던 남자가 있었다. 누군가가 재치 있는 발언을 하거나 자신이 원하던 바를 이루었다고 생각하면 그는 하얀 치아를 드러내며 이렇게 말했다.

"재미있다, 재미있다."

약간은 바보 같기도 하면서 자기 패를 다 보여주는 듯한 느슨한 모습 덕분에 그는 참 매력적으로 비쳤다. 아무튼 '재미있다'는 표현을 남발하는 스무 살 넘은 보기 드문 남자였다.

그는 작은 일에도 감탄할 수 있는 감수성이 살아 있는 남자, 마음을 솔직하게 드러낼 수 있을 만큼 꼬이지 않은 남자였다. 분명 다른 사람보다 더 행복한 사람이자 다른 사람과 함께하는 사람일 것 같다. 그런데 한편으로는 그가 좀 더 사회생활을 한 뒤에도 '재미있다'는 혼잣말을 그토록 자주, 쉽게 할 수 있을까 하는 의문이 든다. 그를 알기 전에도 그랬지만, 알고 난 후에도 내가 만난 대부분의 남자들에게서 생기 넘치는 표정과 감탄사를 접하기는 힘들었기 때문이다.

직업이 상담자라서 그런지 몰라도 나는 삶이 '재미있다'는 명제보다는 '재미없다'는 명제에 고요히 공감하는 남자들을 주로 만났다. 그리고 그런 아들 때문에, 그런 남편 때문에, 그런 남자 친구 때문에, 그런 아버지 때문에 외롭고 답답하고 힘들다고 호소하는 여자들 또한 많이 만났다. 이런 '노잼' 현상은 나이가 많을수록, 주변에서 살 만해지는 지위에 올랐다고 여기는 남자일수록 더 심각하게 나타났다.

그들의 표정에서 재미나 감탄이 띄는 일은 별로 없다. 그들은 항상 심각한 표정으로 상황을 분석했고 틈만 나면 자신과 타인을 분리하려 했으며 음률이 거의 동일한 표현과 최소한의 제스처를 사용했다. 생활은 사족이 붙지 않는 효율성을 근거로 돌아가는 것 같았고 누군가의 장황한 묘사 앞에서 "그래서 핵심이 뭔데?"라고 뾰족하게 응수하기도 했다. 그리고 그들은 공통적으로 스스로를 고립시킨 채 혼자 있고 싶어 했고, 그럼으로써 주변 사람들을 외롭게 했다.

한 일자로 꾹 다문 입술에 감지하기 쉽지 않은 감정, 경직되고 절도 있는 몸짓, 어느 정도 시간을 함께 보내고 난 이후에도 끝끝내 감지되는 경계심과 자기 방어적인 태도. 이렇게 남자들은 나이를 먹을수록 집단적으로 스스로를 접어가는 것 같았다. 어떤 이는 그것이 철드는 과정이며, 자기계발에 충실한 것이고, 성숙해가는 것을 보여주는 증거라고 했지만 그 말에 동의하기엔 석연치 않은 점들이 많다.

남자들은 아주 어렸을 때부터 '남자다움'의 압력에 시달리며 자신의 속마음을 감추는 방법을 터득하고 억압 본능을 갈고 닦게 된다. 본격적으로 사회 속에서 자기 자리를 마련해가면서 남자들은 더욱더 '다듬어진다.' 그리고 그 대가로 자기 안의 리듬과 삶에 대해 가지고 있던 본연의 감탄사를 서서히 잃어간다. '재미있다'로 표현되던 감탄사와 즉흥성, 열정과 의욕이 점점 한숨과 반복적인 의무, 매너리즘으로 바뀌는 것이다.

물론 여자들 역시 그런 방식으로 '어른'이 되어간다. 하지만 가만히 들여다보면 소년에서 남자가 되어가는 과정에서 타협해야 하는 것은 소녀에서 여자로 되어가는 과정에서보다 더 많은 것 같다. 이 과정에서 거치는 진통은 남자들의 모습 속에서 일 중독, 알코올 중독, 게임 중독과 같은 각종 중독과 소진 증후군, 분노조절 장애 등으로 나타난다. 이는 그만큼 남자들이 지금 있는 자리를 확보하고 지켜내기 위해 접어야 했던 자기 본연의 모습, 잃어버린 내면의 감탄사들이 많다는 것을 보여준다. 현대 남성들에게 요구되는 남성성이 그만큼 억압적인 것이다.

이런 억압의 징후는 평범한 회사원 남자들이 휴일을 보내는 방식만 살펴봐도 알 수 있다. 많은 남자들은 자신에게 자유시간이 생겨도 그 시간을 어떻게 써야 할지 모르겠다고 말한다. 그래서 주말이면 소파에 비스듬히 누워 텔레비전 예능 프로그램을 보거나 방에 틀어박혀 컴퓨터 게임을 한다. 그러다가 저녁 즈음엔 휴일을 휴일답게 쓰지 못했다는 죄책감에 휩싸이고 또다시 찾아올 무기력과 권태의 월요일을 예감하며 허탈해한다.

그래서 누군가는 집에서 무기력한 '휴일 우울증'을 견디거나 아내의 잔소리와 아이들의 요구에 시달리느니, 차라리 회사에 가서 일을 하는 게 더 낫다고 생각하기도 한다. 또 누군가는 남들은 잘 이해하지 못하는 자기만의 취미 생활에 빠져 애써 마음을 돌리려고 노력한다. 또 어떤 이는 내면의 혼란과 억압이 이미 버거운 상태에서 결혼 및 육아와 관련된 여자들의 압력까지 감당해낼 수는 없다는 심리적인 계산에 떠밀려 일찌감치 독신주의를 결심하기도 한다. 이 모든 현상은 소년이 남자가 되는 과정에서 마주하게 되는 남성성의 압력과 상처에서 비롯된다.

나는 한 사람의 상담자이기 이전에 한 사람의 여자로 이 사회에 살면서 가부장제의 억압과 자본주의의 압력, 유교적 가족주의의 굴레가 개인에게 씌우는 상처를 예민하게 지각했다. 사회 속에서 한 개인의 아픔은 단지 그 개인이 아니라 사회의 아픔을 대변한다는 것도 보게 되었다. 뿐만 아니라 경직되고 왜곡된 남성성의 관념이 남자의 삶에 지우는 그늘과 아픔의 파급이 생각보다 크다는 것을 알게 되었다.

여자는 여자의 고충을 다른 여자들에게 표현하고 공감을 얻는다. 하지만 남자는 남자의 고충을 남자에게는 물론 여자들에게도 말하지 못한다. 어렵사리 표현한다고 해도 돌아오는 것은 평가와 오해, 갈등일 가능성이 크다. 그래서 남자들은 숨기고 방어하고 욱하고 억압하며, 이따금씩 표출하고 폭발할 뿐이다. 말하자면 여자들의 스트레스가 '꽉 찬 쓰레기통'이라면 남자들의 스트레스는 '닫힌 쓰레기통'이라는 것이다. 꽉 찬 쓰레기통은 비우면 그만이지만 닫힌 쓰레기통은 뚜껑을 여는 일부터 관건이다. 표현의 통로가 원천 봉쇄되어 있기 때문에 남자들이 표출이 아닌 표현을 하기 위해서는 자신에게 익숙한 경계의 갑옷을 벗으려는 용기가 필요하다.

급격한 사회 변화에 따라 현재의 남성상 역시 많은 변화를 거쳤다. 하지만 우리는 최근에 들어서야 '최선의 방어는 공격'이라 말하며 경계심을 늦추지 못하는 남자들의 모습이, 역설적으로 그들 안의 연약함과 방어성을 드러낸다는 사실을 보기 시작했다. 남자들이 자신의 심리적 삶에 대해 질문을 던지고 이를 있는 그대로 표현해내는 일을 방해하는 안팎의 힘은 여전히 강하다. 게

다가 지금은 급격한 사회 구조의 변화에 따라 남성상과 여성상이 달라지고 있는 과도기이다. 개인의식 구조의 변화는 사회 변화에 비해 더디게 나타나기 때문에 큰 혼란이 있을 수밖에 없다. 가부장제에서 양성평등으로, 자본주의의 갑질 시대에서 을의 반격이 일어나는 시대로, 유교적 가족주의에서 독립적 개인주의로, 많은 모순과 혼란, 변화와 혁신이 동시에 일어나고 있는 것이다.

이제 우리는 우리가 가진 남성상을 면밀히 살펴보아야 한다. 그럼으로써 사회 변화에 맞고 심리적 욕구와 일치하는 건강하고 새로운 남성상을 다시 세울 필요가 있다. 그래서 나는 이 책을 통해 이 시대를 살아가는 남자들의 모습과 그 모습 밑에 깔린 남성상을 살펴보고자 한다. 그리고 특히 여성들이 쉽게 이해할 수 없다고 이야기하는 남자들의 특성에 초점을 맞춰 표정을 잃어가는 얼굴 밑에 잠긴 심리를 이해해보고자 한다. 그럼으로써 남녀가 함께 사는 재미를 회복하고 소년에서 남자가 되는 과정에서 남자들이 접어두어야 했던 자기 안의 진짜 마음을 펼쳐볼 수 있는 계기를 제공하고 싶다.

이를 위해 이 책에서는 남녀 간 성차에 주목하고 과거와 현대의 남성상을 병렬적으로 비교, 대조하는 방식으로 남성성을 설명한다. 사실 보편성의 그물망에 묶이지 못하는 개개인의 특수한 경험들이 있고, 또 이렇게 차이를 통해 설명하는 방식은 도리어 그 차이를 강조하게 될 수도 있어 조심스럽기도 하다. 하지만 이렇게 다소 단순한 방식을 택한 이유는 지금 우리 사회를 살아가는 남자들이 부딪히는 보편적인 압력과 상처 경험, 이를 둘러싼 오해와 갈등에 더 주목하고 싶었기 때문이다.

너와 나의 차이를 이야기하는 궁극적인 목적은, 인식의 틀과 차이를 허물고 각자의 경험 밑에 깔린 복잡한 사정에 대해 이야기할 수 있는 물꼬를 트는 데에 있다. 이 책을 통해 남성성의 억압과 상처를 살펴봄으로써 상처가 상처인 줄도 모르고 무디게 지나쳐야 하는 남자들의 경험을 더 쉽게 이야기하고 이해할 수 있었으면 한다. 남자들이 홀로 고립되기보다 곁에 있는 사람들과 삶이 제공하는 감탄사를 더 많이 공유하며 살아갔으면 한다.

1장

철들지 않는
어른 아이

남자는 침묵으로 말한다

"남자들은 사춘기만 돼도 입을 닫아요. 아예 방에서 나오질 않지요. 답답해서 다그치면 또 불같이 화를 내니 어떻게 해야 할지 모르겠어요."

"남자 친구와 소통이 안 돼요. 중요한 이야기를 할 때면 입을 꼭 다물어버려요. 토라져보고 화를 내봐도 저는 항상 뒷북치는 느낌이에요."

"분명 불만이 있는 것 같은데 물어보면 없대요. 회사가 힘들어졌다는 얘기도 다른 사람들에게 들었어요. 남편은 말을 안 해주니까요. 결혼한 지 20년이 넘었지만 남편이 도대체 무슨 생각을 하는지 몰라요."

아들에 대해서든, 연인에 대해서든, 남편에 대해서든 여자들이 힘들다고 자주 호소하는 남자들의 중요한 특징이 있다. 바로 입을 닫아버리는 것, '함구緘口'다. 표현에 인색한 건 그렇다 쳐도 꼭 필요한 말조차 해주지 않는 남자들. 때론 애원하고 때론 간청하고 때론 협박도 해보지만 그들은 도무지 입을 열지 않는다. 아무리 원망하고 다그쳐보아도 더욱더 문을 걸어 잠그기에 여자들은 반쯤 포기하고 반쯤 분노한다. 이렇게 남자들의 함구 앞에서 여자들이 궁금하고 답답한 마음을 넘어 화나고 서운한 마음을 느끼는 이유는 그들의 함구가 선택적이기 때문이다.

남자들의 이런 모습은 '선택적 함구증'이라고 할 수 있다. 임상적으로 선택적 함구증은 분리 불안을 경험하는 아동기에 주로 나타나는 것으로 낯선 사람들 앞에서 느끼는 불안 때문에 입을 열지 않는 것을 말한다. 하지만 이와 다르게 남자의 선택적 함구증은 전 생애에 걸쳐 일상적으로 나타난다. 남자들에게 주로 나타나는 특징이지만 사실 모든 사람이 선택적 함구를 한다. 때로는 입을 여는 것보다 닫는 것이 더 유리한 상황이 있기 때문이다.

함구의 가장 근본적인 이유이자 기능은 '자기 보호'다. 입을 닫아야 자신에게 더 유리하다고 판단된다면 우리는 당연히 함구할 수밖에 없고 그래야 한다. 하지만 우리가 표현하기를 원하는 존재이며 더 정교하고 정확한 표현을 위해 고도의 언어를 발전시켜온 존재이기도 하다는 점을 생각해보면 함구는 자연스러움에서 벗어난 억압과 상처를 상징한다. 보통 지나친 함구는 상처 경험에서 비롯된 경우가 많다.

함구하는 사람들은 자연스러운 표현 본능을 거스르고 억누르기 때문에 자주 갑갑해진다. 함구를 통해 우리는 타인에게 드러내놓고 거절당하거나 주도권을 빼앗길 수도 있다는 부담을 지지 않아도 되지만, 한편으로 자신의 가장 내밀한 마음을 이해받기는 어려워진다. 소통이라는 연락선이 없는 '나'라는 섬에 갇히는 것이다.

아들 바보 엄마의 탄생

나이와 관계 형태에 상관없이, 보통 말을 해달라고 더 많이 요구하는 쪽은 여자인 경우가 많고 중요한 순간 입을 닫아버리는 쪽은 남자인 경우가 많다. 또한 함구는 부모 세대에서 자녀 세대로 대물림되는 경우가 많다. 방문을 닫고 있는 사춘기 아들을 둔 엄마, 한 이불을 덮고 산 지 20년이 넘었음에도 소통하지 못하는 남편을 둔 아내, 남자 친구의 속을 알지 못해 답답해하는 여자 친구의 어려움이 따로 따로 떨어진 문제가 아니라는 것이다. 그리고 이 모든 문제들의 원인을 관통하는 하나의 키워드는 바로 '소통'이다.

정말 필요한 최소한의 말 외에는 하지 않는 두 남자가 있는 가정에서 답답해하던 엄마이자 아내인 한 여자가 있다. 그녀는 남자가 어렵고 답답하다고 했다. 신혼 초부터 입을 다물어버린 남편에 대해서는 이미 체념하고 어떠한 기대도 하지 않았다. 하지만 언젠가부터 남편과 같은 방식으로 자신을 대하는 아들을 보며 큰 위기의식을 느꼈다.

"안 그러던 아들까지 저에게 말을 하지 않으니 이건 단순히 남편의 문제가 아니라는 생각을 하게 되었어요. 처음으로 혹시 나에게 문제가 있는 건 아닐까 생각해보게 되었지요."

이 가정에서 함구는 단지 한 개인의 성격적 특성이나 한 성별의 경향성만을 대변하는 것이 아니었다. 가족이라는 관계 속 상호작용, 즉 소통에 문제가 있다는 신호였다.

아들의 선택적 함구증은 태어나기 전부터 이미 예고된 것이었다. 어머니가 아들과 맺는 관계는 한 여자가 자신이 사랑받길 원했던 한 남자와 어떤 식으로 관계를 맺어왔는가에 그 뿌리가 있었다. 부모님을 비롯해서 그녀 주변의 여성상과 남성상의 대표적인 샘플을 구성한 사람들이 서로 소통했던 방식(더 정확히는 불통했던 방식)은 그녀의 소통 방식에 영향을 미쳤다.

여자는 남녀가 건강한 방식으로 소통하는 모습을 본 적도 배운 적도 없었기 때문에 소통에 서툴렀다. 서툴렀기에 사실은 더 목말랐다. 그리고 결혼 뒤 남편이 어느 순간부터 자신 앞에서 벽처럼 침묵하는 모습을 보며 절망했다. 그럴수록 궁지에 몰렸다고 생각한 여자는 한발 뒤로 물러서서 원인을 찾아내려 하기보다 돈키호테의 기세로 남편에게 돌진하고 남편을 추궁하고 원망했다. 침묵하는 남편을 다그쳤고 '사랑'을 물었고 결혼이라는 '의무'를 읊었다.

이런 아내의 모습에 지친 남편은 아내를 위해 좀 더 표현해줘야겠다고 마음먹기는커녕 그 지칠 줄 모르는 기세와 요구에 질려버렸다. 그래서 처음에는 방어했다가 중간 중간 회피했다가 결국에는 그녀를 피해, 자기 안으로 들어가기에 이르렀다. 아내의 짜증 섞인 요구와 끝이 보이지 않는 다그침에 질린 나머지, 그녀를 피해 출구를 찾은 것이다.

얼마간의 절망 섞인 시도 끝에 남편과는 말이 통하는 관계를 만들어갈 수 없다는 것을 신혼 초에 깨닫게 된 여자는 남편에 대한 마음을 접었다. 대신 그때부터 불행한 결혼 생활을 버티게 해주는 유일한 대상인 아들에게 온 마음과 정성을 쏟아부었다. 아들 바보 엄마의 삶이 시작된 것이다.

이것은 가부장제 사회에서 관계 중심적인 여성들이 남편과의 관계에서 제대로 소통할 수 없을 때 택하는 전형적인 선택이다. 관계 밖으로 나가 혼자 힘으로 살아가는 것을 실천하기 쉽지 않은 사회, 그리고 외도, 폭력, 알코올 중독만 아니면 참고 사는 게 옳은 것이라고 말하며 아내들의 절망과 공허를 합리화하는 사회에서 관계 중심적인 성향을 지닌 여성들은 그 관계를 버리기보다는 그 속에서 매달릴 수 있는 요소에 집착하고 헌신하고 희생한다. 다시 말해 남녀 관계 속 불통으로 인해 막힌 에너지는 남편 이외의 대상, 즉 자녀(특히 아들)에게 향하는 것이다.

함구하는 아버지를 따라가다

그렇다면 남편과의 불통에서 상처받은 마음을 자녀에게 헌신하는 방향으로 돌린 엄마 밑에서 자녀들은 어떤 경험을 할까? 특히 외아들, 혹은 남아선호사상이 강해서 아들에게 더 큰 관심과 열성을 보인 엄마 밑에서 자란 아들은 크면서 어떤 경험을 할까?

아마도 혼자 설 수 없는 연약한 시기, 부모님의 사랑과 보호가 절실한 시기에 그 아들은 어떤 의구심도 가지지 않고 엄마 옆에 딱 붙어 있었을 것이다. 절망과 기대가 뒤범벅된 엄마의 사랑이 처음에는 그렇게 숨 막힐 듯 다가오지 않았을지도 모른다. 자신에게 집중적으로 쏟아지는 관심이 당연하고 고마웠을지도 모른다. 또 엄마의 편에 서서 엄마의 렌즈로 세상을 보며 아빠의 무관심과 방치로 인해 일방적인 피해자가 된 불쌍한 엄마를 보호해야 한다고 결심했을지도 모른다. 하지만 사춘기의 문턱에서 아들은 깨달았을 것이다. 자신에게 집중적으로 쏟아지는 관심과 사랑 밑에 도사리고 있는 독을.

아들은 엄마의 요구와 기대가 자신이 아닌 엄마를 위해 깔려 있다는 사실에서 오는 왜곡과 분열을 점점 인식하기 시작한다. 또 자신이 아무리 노력해도 엄마의 상처를 다 보듬어줄 수 없다는 데서 막막함도 느낀다. 이해할 수 없는 엄마의 감정 폭발을 너무 어렸을 때부터 감내해야 했던 아들은 엄마의 의존성이 점점 무거운 짐처럼 버겁다. 남편의 침묵과 무관심, 돌아오지 않는 타인의 사랑과 인정에 공허감을 느낀 엄마에게 언제까지나 착한 아들이 되어주기란 쉬운 일이 아니다.

아들은 아버지를 대신해 엄마에게 사랑을 채워주고 싶으면서도, 한편으로는 엄마라는 감옥에서 탈출하여 자유를 찾은 아버지가 부럽다. 엄마의 끝없는 성토와 그 끝에 들려오는 "나는 너를 보며 산다"는 결연한 메시지, 또 그 메시지 밑에 깔린 "그러니까 엄마한테 잘해"라는 암묵적인 압박을 받고 있으면, 엄마의 착한 아들이 되고 싶다가도 이내 갑갑해지길 반복한다. 그래서 아들은 침묵의 바리게이트를 쳤던 아버지를 점점 더 이해하게 되고 은밀하게 아버지를 동경하며 그의 모습을 닮아가기 시작한다.

이런 면에서 함구는 남성이 자신의 정체성을 형성해나가고 자기 욕구와 타인의 욕구를 구분해나가기 시작한 사춘기 무렵부터 자신을 지키기 위해 선택해온 중요하고도 필요한 전략이다. 하지만 문제는 함구가 필요하지 않을 때조차 이 전략을 남발할 때 나타난다. 엄마 앞에서 함구하던 아들의 마음속에는 여자에 대한 편견과 막연한 불편감이 더해진다. 이로써 자라서 다른 여자들 앞에서도 함구하는 남자가 될 가능성이 커지는 것이다.

여자를 경계하는 남자

이렇게 무거운 책임과 모순적 욕망에 시달리던 소년은 사춘기가 되면서 급격히 말수가 적어진다. 그리고 사춘기를 지나면서 엄마를 비롯한 모든 여자 앞에서 자신을 드러내지 않는 법을 터득하게 된다. 그들에게 섣불리 자신을 드러내는 것은 스스로를 위험에 빠뜨리는 일과 같기 때문이다.

그들의 마음속에서 여자는 자기 자신의 감정과 기대 때문에 남자를 평가하고 비난하며 단순한 상황을 복잡하게 만드는 존재가 된다. 극단적인 경우 여자에 대해 항상 요구만 하는 존재, 소통할 수 없는 존재, 이해할 수 없는 존재라는 뿌리 깊은 편견을 가지기도 한다. 하지만 이런 그들의 딜레마는 그럼에도 여자에게 끌린다는 점에 있다. 여자가 있어도 불편해하고 여자가 없어도 불편해한다. 오랫동안 여자의 사랑과 인정을 갈구해오며 따스한 보호 아래 있었던 원초적 경험에 대한 노스텔지어를 완전히 포기하지 못하는 것이다. 이렇게 여자를 대하는 데에 있어 석연치 않은 모순감정이 끼어들어 여자를 단호히 거부할 수도 없고 그렇다고 온전히 받아들일 수도 없게 된다.

정도의 차이는 있지만 남자들은 모두, 소년을 지나 남자가 되어가는 길목에서 여자를 둘러싼 분열감을 느낀다. 분열의 정도는 얼마나 심리적으로 건강하고 서로 소통하는 부모님(남녀 관계)을 보고 자랐는가에 따라 조금씩 다를 수 있다. 하지만 어렸을 때에는 엄마의 요구와 기대를 다 맞출 수 없고, 커서는 여자 친구의 요구와 기대를 다 맞출 수 없음을 실감하게 된 남자들이라면 거의 모두 여자들 앞에서 조금씩 분열감을 느낀다.

그래서 결국 남자는 선택적 함구증에 걸린다. 자신도 모르는 사이에 걸리기도 하고 의식적, 전략적으로 스스로를 보호하기 위해 선택하기도 한다. 남자는 비난과 평가의 가능성을 최소화한 내적 검열을 충분히 거친 후에야 자신을 펼쳐 보인다. 할 수 있는 말과 할 수 없는 말, 말할 수 있는 대상과 말할 수 없는 대상을 철저히 가르고 표현을 최소화한다.

가장 긴밀한 친밀감을 나누는 이성 관계 속에서조차 남자는 경계심을 놓지 못한다. 그들의 관계가 시작될 때부터 남자는 여자에 대한 편견을, 여자는 남자에 대한 편견을 가지고 있기 때문이다. 그런 면에서 어쩌면 좋은 관계란 경험을 통해 편견을 바꾸어 나가며 경계심을 내려놓는 것에서 시작되는지도 모른다.

경계심은 심리적 역사가 오래된 만큼 쉽게 벗어던지기 어려운 마음이다. 친밀한 관계에 진입한 지 오래되어도 남자는 쉽게 경계를 늦추지 못한다. 자신의 모든 마음을 내놓아도 괜찮겠다는 안도 경험이 희박한 남자라면 연애를 하고 결혼을 한다고 해서 갑자기 편해질 리는 없다. 경계심이라는 막이 이미 자신의 생활양식과 성격 구조에 달라붙어 있기 때문이다. 이런 상황 속에서 남자에게 정밀한 표현을 기대하는 것은 너무 큰 바람이다. 해야 하는 말이나 제때 한다면 그나마 다행으로 여겨야 할지도 모른다.

표현 본능과 억압 본능 사이

개인의 경험뿐 아니라 변화하는 사회 환경 역시 남자의 함구에 영향을 미친다. 자기표현이라는 측면에서 전통적인 가부장제의 분위기를 생각해보면 우리 아버지 세대 남성들은 오랫동안 자기표현의 통로가 묶여 있었다. 과거의 아버지 세대는 '침묵은 금'이라는 모토 아래 입 무거운 남성을 이상으로 여기던 시대를 살았고 자신에게 전적으로 의존하는 여성과 아이들을 돌보아야 하는 무거운 책임감에 눌려 있었다. 할 수 있는 말과 할 수 없는 말, 말할 수 있는 대상과 말할 수 없는 대상이 철저히 나뉘어 있기도 했다.

현대로 오면서 상황은 달라졌고 가부장제는 많은 변화를 경험했다. 여성들의 교육 수준이 높아지고 사회 진출이 가능해졌으며

남자는 비난과 평가의 가능성을
최소화한 내적 검열을 충분히 거친 후에야 자신을 펼쳐 보인다.

남녀가 경제적인 책임을 함께 지면서 현대 사회에서 요구되는 이상적인 남성상 역시 급격한 변화를 겪었다. 현대의 남성들은 과거의 남성들보다 자기표현을 자유롭게 할 수 있게 되었을 뿐만 아니라 자기표현을 잘하는 것이 그들에게 중요한 덕목이자 가치로 떠오르게 되었다. 전보다 표현이 훨씬 자유로워진 것처럼 '보이는' 시대에 살고 있는 것이다.

하지만 표현을 억압해야 하는 압력, 할 수 있는 말이 이미 정해져 있다는 압력이 완전히 없어진 것은 아니다. 남자에게 있어 이런 압력은 좀 더 미묘하고 복잡하게 나타난다. 무거운 입과 강한 책임감, 식솔들을 지켜내야 한다는 전통적인 의무가 현대의 이상적인 남성상 속에서 완전히 없어지지 않았기 때문이다. 게다가 기존의 압력이 걷히거나 느슨해진 자리에 새로운 압력이 들어서기도 했다. 바로 남성이 자기표현을 더 잘하고 공감 능력까지 갖춰서 현대 여성의 마음까지 보살펴줄 수 있어야 한다는 '한층 더 심화된 기대'다.

능력과 자상함을 동시에 갖춘 남자. 대화가 통하면서도 자기 일에 대한 전문성도 갖춘 남자. 공적인 일도 분명하게 잘 수행하면서 사적인 관계 속에서 유연성을 발휘하는 남자. 결혼할 때 집을 마련하는 등 전통적인 남성의 역할은 충실히 수행하면서 동시에 로맨틱한 감정 교류도 가능한 남자. 회사 일은 물론 가사 노동과 육아에도 기꺼이 참여하는 남자.

이런 양립 불가능한 남성상에 대한 기대들을 살펴보다 보면 남성이 여성과의 관계 속에서 짊어지게 되는 책임감은 형태가 조금 변형되었을 뿐 오히려 그 무게를 감당하기가 더 어려워졌다는 생각도 든다. 생존과 안전, 생계에 대한 책임이라는 하나의 역할에 치중된 과거의 압력은 오히려 집중해서 이루기 더 쉬운 과업이었을 것이다. 과거에는 그 정도만 해도 인정받고 권위를 유지할 수 있었다. 하지만 상황은 달라졌고 압박은 여러 방향에서 오고 있다.

게다가 공감 능력을 발휘하기 위해서는 일단 공감을 받아본 경험이 있어야 한다. 세심한 공감을 받아본 경험이 희박한 상황에서 갑자기 공감 능력을 발휘하고 자기표현을 잘할 수는 없다. 그래서 현대 남성들의 마음은 표현하고 싶은 마음과 표현하면 안될 것 같은 마음이 서로 다투는 각축장이 된다. 다양한 압력이 난무하는 상황에서 갑작스레 어려운 과제를 마주한 남자들은 입을 닫는 것이 입을 여는 것보다 차라리 낫다는 것을 경험적으로 알게 된다.

그러다 보니 현대 남성들은 과거의 남성들과 겉으로 보기에 다른 것 같지만 사실은 비슷한 내적 갈등을 반복한다. 자연스러운 표현을 막는 마음의 갑옷을 입고 사적인 표현을 최소화하며 말수를 줄이는 것이다. 그런 데다가 "왜 입을 열지 않느냐"는 다그침과 "어서 입을 열라"는 요구, "입을 열되, 내가 원하는 말을 하라"는 압박을 받다 보면 남자는 더 고립되고 만다.

그의 침묵이 말하는 것

/

말을 한다는 것은 믿는다는 것, 자유롭다는 것, 연결된다는 것을 의미한다. 누군가가 내 앞에서 함구한다면 그것은 그 사람과 나 사이에 신뢰감이 회복되어야 한다는 신호다. 그에게는 서로 연결되면서 동시에 자유로울 수 있다는 믿음이 필요하다. 말로만 다 들어주겠다고 하면서, 실제로는 다그치거나 타박하고, 말허리를 자르거나 말꼬리를 물고 늘어지고, 말이 끝나기가 무섭게 평가하거나 거부해서는 안 된다. 또 그가 스스로 충전하고 성찰할 수 있도록 시간적, 공간적, 심리적 거리를 허용해주고, 그의 침묵이 무엇을 이야기하는지 곰곰이 생각해보는 것도 중요하다.

더불어 상대방을 함구하게 만든 자기 자신을 돌아볼 필요도 있다. 먼저 자신이 그의 말을 들어줄 용의가 있었는지, 듣고 싶은 말을 정답처럼 정해놓고 평가하지는 않았는지 생각해보자. 그리고 그의 과거 경험이 어떠했는지, 그가 어떤 방식으로 사회화되었는지, 개인적 경험 속에서 습득해온 그의 삶의 전제와 생존방식이 무엇인지 깊이 이해해보는 일도 필요할 것이다.

우리는 타인에게 말을 하면서 자기 자신을 이해하고 받아들이는 존재다. 타인에게 말을 걸지 않으면 결국 자기 자신에게 어떻게 말을 걸어야 하는지도 잊어버리게 된다. 만약 지나친 자기검열 때문에 말을 아끼게 된다면, 자기 보호를 위해 선택했던 함구

전략을 남용한 것은 아닌지 생각해봐야 한다. 오히려 자신에게 더 안 좋은 상황을 만든 것은 아닌지 말이다.

철학자 비트겐슈타인은 "말할 수 없는 것에 대해서는 침묵하라"고 했다지만, 사실 침묵하고 싶어지는 마음을 충분히 이해받고 나면 절대로 말할 수 없다고 생각했던 것조차 말하고 싶어진다. 그때 침묵은 영원한 단절이 아니라 진정한 소통으로 나아가는 징검다리가 된다. 그러니 입을 꾹 다문 누군가가 앞에 있다면 먼저 그 침묵의 의미를 이해하고 받아들여주는 건 어떨까?

왜소한 남성성 바라보기

그 남자 아이에게는 연년생인 여동생이 있었고 그 아이의 부모
님 사이는 좋지 않았다. 아이의 엄마는 굉장히 부지런하고 빠릿
빠릿한 사람이었다. 엄마는 자신을 닮은 여동생과는 달리 느리고
산만한 아들이 답답하다고 했다. 게다가 무능력하고 게으른 데다
가 가부장적이기까지 한 남편과 끊임없이 다투며 이혼까지 고려
하고 있었기에 아들에 대한 인내심이 더더욱 없었다. 그녀는 아
들이 자기 아빠를 닮아 걱정이라고 했다. 또 요즘 들어 아이가 짜
증도 많이 내고 유약하게 행동하는 것, 한마디로 계집애같이 행
동하는 것도 걱정이 된다고 했다. 그게 아이가 상담실에 오게 된
이유였다.

잔뜩 주눅이 들어 있는 아이의 마음을 이해하기 위해 '동적 가

족화'를 그려보라고 했다. 동적 가족화는 가족이 뭔가를 하고 있는 모습을 그리는 활동을 통해 아이가 가족 안에서 느끼는 마음과 아이의 눈으로 바라본 가족의 일상 풍경을 살펴볼 수 있게 해주는 그림 검사다.

거대한 엄마, 왜소한 아빠

아이의 그림 한 장에 엄마의 이야기 밑에 숨은 다른 마음이 펼쳐졌다. 일단 아이는 자신을 먼저 그리지 않고 엄마를 먼저 그렸다. 전체 그림 중 가장 크게 그려진 엄마는 특히 눈빛이 강조되어 있었는데 무척 화가 나 있다. 그림 속에서 엄마는 화가 난 표정으로 청소기를 돌리고 있다.

그다음으로 아이는 자신을 그렸는데, 엄마와 약간 떨어진 곳에서 장난감 자동차를 들고 있는 모습이다. 표정은 개구지지만 몸동작은 경직되어 있고 뭔가를 할까 말까 망설이고 눈치 보는 모습이 역력하다. 특징적인 것은 한쪽 신발은 신고 있고 다른 한쪽 신발은 반쯤 벗겨진 모습을 묘사한 것이다.

또 엄마와 떨어진 곳에 아빠를 그렸는데 엄마와 아빠 사이에 선이 그어져 있다. 안방과 거실을 나눈 것이라고 설명하긴 했지만 아이가 감지한 두 사람 사이의 단절감을 보여주는 듯했다. 소파에 누워 티비를 보고 있는 아빠의 뒤통수가 유난히 강조되어 있다. 아이는 아빠의 뒤통수 머리카락을 열심히 색칠하는 데에 공을 들였다. 그런데 잘 생각해보면 소파에 누워 티비를 보고 있는 아빠의 뒤통수가 아이에게 보인다는 것이 이치에 맞지 않다. 이는 그만큼 아이가 아빠의 뒷모습에 익숙하다는 뜻이기도 하고 아빠를 한심하게 보는 엄마의 시선이 투영된 것이기도 하다.

엄마는 그럴 줄 알았다는 표정으로 남편이 하루 종일 이렇게 소파와 한 몸이 되어 티비 앞에 있거나 컴퓨터 앞에만 있은 지 오래라고 했다. 돈을 못 벌어오고 무능력한 데다가 집안에 보탬이 안 되는 사람이라고 했다. 그림 속 아빠는 엄마에 비해 왜소하다.

아이는 여동생을 맨 마지막에 그렸다. 여동생을 마지막 순서로 그렸을 뿐 아니라 그렸다 지웠다 반복한 것은 눈여겨볼 만하다. 가족화를 그릴 때 사람들은 자신이 미워하거나 모순감정을 느끼는 대상을 가장 마지막에 그리거나 반복 수정하는 경우가 있다. 아이는 다른 사람들과는 달리 여동생을 졸라맨처럼 간단하게 그리더니 이내 머리카락을 세심하게 그리기 시작한다. 어느 순간 여동생의 머리가 도화지 테두리를 모두 뒤덮는다. 온 가족이 여동생의 머리카락에 포위된 모습이다. 아이는 그림을 그리며 겉으로는 신이 나 보였지만 사실은 그 흥분 밑에 초조와 불안이 숨어 있는 것 같았다.

아이의 그림 속에는 집안일을 하며 화내고 있는 거대하고 강력한 엄마와 머리카락으로 온 가족을 장악하고 있는 여동생, 그리고 그 속에 포위되어 신발도 다 못 챙겨 신고 경직된 아이 자신, 뒤통수만 보이며 티비에 고정된 아빠라는 왜소한 존재가 있다. 그림은 여자들에게 포위된 남자들의 모습을 극적으로 보여주었다.

알파걸에게 주눅 든 베타보이

많은 설명을 덧붙이지 않아도 엄마는 아이의 그림에 담긴 메시지를 이해했다. 그녀는 몇 가지 고백을 했다. 하나는 자신이 딸을 편애한다는 것, 그리고 더 중요하게는 남편과 아들을 구박한다는 것.

나는 그녀에게 엄마의 그런 행동은 아이의 마음에 엄마는 물론 여자라는 존재에 대한 모순감정과 불편한 마음을 키울 수 있다고 설명해주었다. 또 아빠를 무차별적으로 구박하는 엄마의 모습은 아이가 지닌 남성상에 부정적인 영향을 미칠 수 있다는 점 역시 알아야 한다고 말했다. 그녀는 앞으로 아이가 위축되고 사내답지 못한 모습을 보이는 것을 걱정하기에 앞서 아이가 왜 그렇게 되었는지 고민해보아야 했다.

그녀는 눈물을 흘리며 몇 가지를 다짐했다. 하나는 아이를 평가하는 눈으로 보지 않겠다는 것이고, 다른 하나는 아무리 남편이 미워도 아이 앞에서만은 감정을 노골적으로 드러내지 않겠다

는 것이다. 또 아이에게 남자답지 못하다고 비난하지도 않겠다고
했다. 대신 건강한 남성상을 지닐 수 있도록 태권도를 가르쳐보
겠다고 얘기했다.

하지만 그날 그녀는 아이의 손을 잡고 끌다시피 하며 상담실을
나갔다. 아이는 그런 엄마에게 이끌려 한쪽 운동화를 다 신지도
못한 채 절뚝이며 황급히 나갔다. 그 모습을 보고 있자니 앞으로
아이의 일상이, '여자 등쌀에 시달린다'고 믿으며 방어적이고 무
기력하고 공격적인 모습을 보이는 아빠의 일상과 크게 달라지지
못할 것 같다는 회의적인 마음이 들었다.

그러면서 이 남자 아이가 처한 상황과 비슷하게 우리 일상에서
벌어지는 일들이 떠올랐다. 요즘 가정은 물론, 교육 현장에서도
남자 아이들이 건강한 남성성과 여성성을 체험할 수 있는지 걱정
되는 면이 많다. 여자 선생님이 대부분인 우리 교육 현장에서는
상대적으로 빨리 성숙해지고 청각 집중도도 높은 여학생들에 비
해 남자 아이들이 더 산만하다거나 느리다는 평가를 받기 쉽다.
그런 환경 속에서 남학생들은 자주 타박받고 지적받느라 기를 잘
못 펴고 다닌다. 우리는 알파걸의 빛나는 성취에 비해 자기 목소
리를 내지 못하고 주눅이 든 베타보이에 대한 이야기를 일상에서
쉽게 접할 수 있다.

이제 우리는 전반적으로 자기 목소리를 낮춰야 했던 과거의 여
성들뿐 아니라 상대적으로 목소리를 내지 못하게 된 현대 남성들

의 유년기 경험을 잘 살펴볼 필요가 있다. 특히 다음과 같은 조건 속에서 남자 아이는 한쪽으로 치우친 남성성을 지니기 쉽다.

- 쉽게 발끈하지만 권위는 없고 가정에서 실제적 힘도 없는 아버지.
- 실제적인 가모장으로 무능한 남편 대신 생계부담과 육아에 대한 책임이나 가정의 대소사를 모두 관장하거나, 맞벌이를 하며 가정 안에서 목소리를 드높이는 어머니(혹은 남편과의 불화나 고부 갈등 속에서 자신이 해내고 있는 많은 일에 대해 더 많이 인정받지 못해서 억울하고 공허한 마음을 표출하는 전업주부 어머니).
- 아내는 남편을 원망하고 남편은 아내에게 자신이 무시당한다고 믿기에 끊이지 않는 부부 간의 불화.

이 모든 조건은 아이가 건강한 남성상은 물론 건강한 여성상을 마음속에 키우며 남자인 자기 자신에 대한 편안한 자아상을 갖는 것을 방해한다.

불편한 심리적 그림자의 대물림

부부 간의 불화 감정은 아이에게 전가된다. 남편은 아내를 무시하고 아내는 남편을 원망하는 환경에서 아이는 불안하다. 게

다가 이런 부부는 서로의 입장을 정당화하기 위해 자기들 관계의 결과이자 목격자인 아이들을 파워게임에 끌어들인다. 대부분의 자녀들은 엄마에게 의존하고 있고 함께 보내는 시간이 많은 만큼 엄마의 입장을 대변하게 되고 엄마의 시각으로 아빠를 보게 된다. 그리고 그 시각은 한쪽으로 치우쳐진 면이 크다.

자녀들을 자신 편으로 만들게 된 엄마는 아빠의 횡포와 무능력을 자녀들에게 노골적으로든 암묵적으로든 호소하면서 아버지를 가해자로, 자신을 피해자로 몰아세운다. 하지만 내면에는 홀로서기에 대한 두려움이 있어, 부부 관계를 유지할 수밖에 없는 이유를 자녀들에게서 찾는다. 어쨌든 엄마는 자신이 피해자라고 스스로 믿고 자녀들에게도 그렇게 세뇌시킨다.

그럴 때 자녀들은 자신들에게 의존적인 모습을 보이는 엄마의 스트레스와 횡포를 이해하고자 '너무' 애쓰게 되고, 가정에서 자신이 느끼는 스트레스와 부담이 '모조리' 아빠 때문이라 여기게 된다. 그런데 한편으로는 가정 어디에서도 자기편을 찾을 수 없이 홀로 떨어져서 친밀감을 느끼지도 못하고, 사회적인 입지도 잃어가는 왜소한 아버지의 모습을 안쓰럽게 보기도 한다.

이렇게 부모님에 대한 마음이 오락가락하고 애증이 뒤섞인 상태이기 때문에 그 속에서 자란 자녀들은 몸은 어른이 되어도 마음은 어른이 되지 못한다. 가까이 다가가지도, 멀리 떨어지지도 못한 채 평생 동안 심리적으로 부모님 주변을 맴돌기도 쉽다. 그래서 이들은 남녀 관계에 대한 회의감, 남성성과 여성성에 대한 불편한 마음 때문에 남녀 관계를 기피하거나, 관계를 한다고 해도 부모님과 같은 불편한 심리적 관계 드라마를 재현할 가능성이 크다.

이 세상 모든 부모는 자녀들에게 가장 좋은 것만 물려주고 싶어 하지만, 마음과는 달리 자신의 불편한 심리적 그림자를 자녀들에게 대물림하게 되는 경우가 많다. 그리고 이런 배경 속에서는 남자 아이들이 여자 아이들보다 더 크게 타격을 입는다. 자신이 동일시할 대상인 아버지의 왜소함과 아버지에게 느껴지는 거리감으로 인해 남자인 자신이 어떻게 해야 할지 갈피를 잡기 힘들기 때문이다. 엄마의 시선으로 본 아버지를 받아들일 수도 내칠 수도 없는 입장이다.

또 그렇다고 엄마와 가까울 수도 없다. 엄마는 자기 스트레스로 인해 자주 화가 나 있는 상태이기 때문에 편하지 않다. 게다가 엄마가 아들의 행동과 용모에서 아버지의 모습을 발견하고 정당한 이유 없이 평가하고 밀어낸다면 아들은 스스로 어찌할 수 없는 울분에 잠기게 된다.

그 속에서 남자 아이는 심리적 생존을 위해 엄마가 무능력한 아빠를 탈락시킬 때 썼던 평가기준을 마음에 되새기며 자신의 능력을 키우기 위해 애쓴다. 하지만 근본적으로는 여자의 냉정한 평가기준에 대해 분개하고 원망하며 여성 혐오를 키우기도 한다.

남성성의 기준에 따라 남자 아닌 남자로 거세당할 위험으로부터 자신을 보호하기 위해 자기 방어벽을 두껍게 하고 낯선 반응을 보이며 쉽게 발끈하는 것이다.

사회 역시 그런 남자 아이의 심리적 상처를 공고화시킨다. 메리토크라시meritocracy(능력주의)가 불러온 평가적 분위기, 자본이 무소불위의 힘을 발휘하는 천민자본주의, 가장의 역할을 생계 능력에 한정짓고 강력한 남성성에 부합하는 남자들만을 남자로 인정하는 가부장제. 이런 배경은 소년이 경험해야 하는 가정불화의 원인임과 동시에, 상처에 소금을 뿌리는 역할을 한다. 가족 구도가 '아버지 대 어머니'로 심리적으로 분할된 상황이라면, 또 어머니가 아버지의 무능력을 탓하거나 원망하며 아버지를 나쁘고 멀고 왜소하게 그려놓았다면, 아들은 남녀 관계에 대한 균형 잡힌 시선과 관점을 키우기 어려워진다. 그 속에서 섬세하고 예민한 면이 있는 남자 아이들은 더욱 깊은 상처를 받는다.

여성에 의한 거세가 두려운 남자들

프로이트는 '오이디푸스 콤플렉스' 이론을 통해 남자 아이들이 아버지에 의한 거세 공포에 시달린다고 했다. 남자 아이들이 엄마를 독점하고 싶은 욕구 때문에 아버지를 질투하고 미워하며,

그런 질투와 미움을 감지한 아버지에 의해 내쳐질지도 모른다는 무의식적인 공포를 극복해야 하는 시기를 거친다는 것이다. 이 공포는 아버지를 적대시하는 대신 아버지와 스스로를 동일시함으로써 어느 정도 해소된다. 하지만 아버지에 대한 무의식적 불안과 공포는 완전히 사라지지 않는다. 이 공포는 언제나 상징적인 공포로서 남성들의 마음 언저리에 남아 있다.

오이디푸스 콤플렉스의 잔재로 인해 남자들은 권위를 가진 다른 남자에게 인정받지 못할까 봐 두려워하고 여자를 두고 경쟁할 수도 있는 다른 남성들에 대해서 적대감과 경쟁심을 느끼기도 쉽다. 그리고 여성을 독점하고 싶은 강렬한 욕구와 그 욕구가 다른 남성에 의해 좌절될 가능성에 대한 공포를 강렬하게 느낀다.

그런데 여성의 목소리가 커지고 여성의 자유와 권리 의식이 강해지면서 남성은 남성에 의한 거세 공포뿐 아니라 여성에 의한 거세 공포에도 시달리기 시작했다. 과거에는 남자들끼리 투쟁했고 그 투쟁에서 실패한다고 해도 어머니의 품이라는 마지막 보루가 있었다. 가부장제는 남자의 능력을 중요하게 부각하긴 했지만, 그가 무능력해도 실패해도 어쨌든 가장의 권위는 당연하게 존중되는 편이었다. 가정 밖에서 좌절한 남자들은 자신의 좌절을 가정에서 퍼부으면서도 자신의 행동을 횡포라 느끼지 않았다. 나머지 가족 역시, 밖에서 지고 돌아온 울분에 괴물이 된 가부장의 억압에 저항하기보다는 침묵했고 침묵 외에 다른 방도가 없다고 여겼다. 단지 남자라는 이유로 존중되는 권위가 있었던 것이다.

그래서 가부장제 아래에서 모든 남자들은 여자의 열등성을 기반으로 구원받았다. 그런 시대에 모든 것을 품고 떠받드는 여성들의 특성은 '모성'이라는 이름으로 포장되었고 칭송받았다. 어떤 면에서 모성은 가부장제의 마지막 보루였고 그래서 '본능'이라는 이름으로 갖추기를 강요받기도 했다. 한편으로는 너무 당연한 듯 쉽게 무시되면서도 또 한편으로는 과도하게 칭송되기도 했다.

하지만 지금 시대 남자들은 과거의 남자들이 가졌던 그 심리적 보루를 이미 오래전에 상실했다. 남자들은 여자들과도 경쟁해야 하고 여자들의 심리적인 모성 본능에 온전히 마음을 기댈 수도 없다. 그들은 과거와는 달리 여성들이 자신을 거절하고 탈락시키는 모습을 보며 공포를 느낀다. 권한은 사라지고 의무만 강화된 것 같은 억울함과 위기감도 느낀다.

게다가 지금은 가부장제에서 양성평등으로 가는 과도기이다. 본질적 골격은 그대로 둔 채 몇몇 세부적인 것만 변화시키고자 하는 과도기적 시도는 아직 엉성하고 불완전하다. 그런 가운데 가부장제의 틀을 완전히 벗지 못한 채 목소리만으로 남자의 무능력을 비난하는 여성들도 많이 있다. 이런 과정 속에서 남성에게는 가부장으로서의 의무는 계속하되 가부장이 가진 특권은 내려놓으라는 모순된 요구가 가해진다. 이런 압박을 느끼며 남성들은 억울하고 혼란스럽다. 남성도 여성도 가부장적 틀을 완전히 벗지 못한 변화의 과도기에 느끼는 혼란이다.

특히 삶이 더 힘들어지고 기댈 데가 없어진 데다가 변화를 받아들이기 힘든 남성들은 과거에 대한 향수에 젖어 강력한 가부장제로 회귀하고자 하고 여성 혐오주의를 키우기도 한다. 변화가 달갑지 않은 것이다. 하지만 이미 변화는 곳곳에서 이루어지고 있고 모든 변화의 과도기에는 긍정적인 모습만 기대할 수는 없다. 이럴 때 우리에게는 변화의 파급을 감당해낼 다양한 관점이 필요하다. 바로 지금이 새로운 남성성과 새로운 여성성에 대해, 더 건강한 남성과 여성의 관계에 대해 진지하게 살펴보고 실천해야 할 시기인 것이다.

틀에서 벗어나 진심을 말할 것

남자 아이의 엄마는 결국 이혼을 했다. 두 아이는 자신이 키우기로 했다. 모든 것이 정리된 뒤에는 가정에서도 사회에서도 입지가 불안정해진 남편을 자신이 너무 몰아세웠던 것은 아닌지 미안한 마음이 들기도 했다. 하지만 앞으로 자기 삶을 생각하면 자기도 기댈 곳이 필요하다고 느끼기도 했다.

"그 사람이 저에게 다정하고 따뜻한 말 한마디라도 해줬더라면 그래도 이렇게까지 되진 않았을텐데. 그 사람은 절대로 그런 말을 해주지 않았어요. 이제는 차라리 아무런 기대도 하지 않아도 되어 오히려 덜 원망스럽고 홀가분해요. 그래서 그런지 아이를 구박하고 답답해했던 마음도 사라진 것 같아요."

남편과 아들에 대한 비난과 기대가, 기댈 곳이 없이 막막한 자신의 현실을 감싸주기를 바라는 마음, 기대고 싶은 마음에서 나왔다는 것이다. 즉 가부장제 속 여성의 가장 보편적인 욕구이자 생존 전략이기도 했던 남자에 대한 의존 욕구가 좌절되자 자신이 기댈 수 없는 바로 그 남자에게 가차 없이 비판적인 모습을 보인 것이다.

자신의 좌절을 무조건적으로 받아주지 않는 아내에게 방어적이고 공격적인 모습으로 일관한 남편 역시 가부장적인 틀에서 벗어나지 못했다. 그래서 자신의 좌절을 표현하기보다는 단절을 선택했고, 아내의 현실적 힘겨움과 상처를 이해하려 하기보다는 아내가 자신에게 가부장적 권위를 부여해주지 않음을 원망했다.

이런 모습은 남녀 관계 속 내적, 외적 스트레스가 커질수록 더 강하게 나타난다. 스트레스를 받고 있을 때 우리는 자신을 둘러싼 사회적 압력에 대해 균형 잡힌 관점을 취하기가 어렵다. 어떤 압력은 받아들이고 어떤 압력은 무시해도 되는지 스스로 소화시키고 선택하기보다는 혼란 속에서 상대를 탓하고 원망하는 말을 쏟아내기 쉽다. '남자답게' 행동하라며 비난하거나 '여자가 감히'라고 생각하는 등 구시대적이고 모순적인 기대를 무차별적으로 던진다. 그렇게 가장 사랑해야 할 사람, 가장 마음을 기대고 있는 사람에게 상처를 주는 것이다. 하지만 그럴수록 우리는 가부장제가 부여한 경직되고 폭력적인 틀을 벗고 '남자 대 여자'가 아닌 고유의 개성과 섬세함, 상처를 가진 '인간 대 인간'으로 서로를 바라보아야 한다.

서로에게 원하는 것이 있다면 그 마음을 가부장적인 관념적 틀에 의존해서 말하기보다는 그 틀에서 벗어나 진짜 내 심정과 욕구를 이야기해야 한다. 욕구의 좌절을 원망으로 쏟아내기보다는 나의 좌절을 상대가 알아들을 수 있도록 설명하려고 노력해야 한다. 지금 과도기에 서 있는 우리는 상대적으로 위축되었다고 느끼는 남자의 마음을 충분히 안아주고, 동시에 이제 막 목소리를 내기 시작한 여자의 말에 귀를 기울여주어야 한다.

남자의 가짜 독립

결혼 2년 차, 여자는 결혼 이후 돌변한 남편의 태도에 크게 실망했다. 그녀는 결혼 전에는 남편이 엄마의 말이라면 꼼짝도 못하고 혼자서는 중요한 결정을 내리지 못하는 마마보이인 줄은 꿈에도 몰랐다.

3년의 연애 기간 동안 살펴본 남편은, 시어머니를 비롯한 가족들과 별로 사이가 좋지 않았고 어려운 가정환경과 무심한 가족들로부터 상처를 많이 받고 자란 것 같았다. 그런 그에게 따뜻한 가족이 되어주고 싶다는 생각에 결혼을 결심하기도 했던 여자는 그랬던 만큼 결혼 후 엄청난 배신감에 휩싸였다. 시댁과의 문제가 불거질 때마다 여자의 편을 들어주지 않는 남편 때문에 여자는 자주 이혼을 생각했다.

"남편한테는 결혼이란 게 둘이 함께 사는 게 아니라 자기 엄마한테 잘할 시녀를 한 명 들이는 일인 것 같아요. 아이 생기기 전에 그만두어야 하나, 결혼이란 게 원래 이런 것일까, 내가 왜 이런 대접을 받으며 살아야 하나, 이런 생각 때문에 너무 스트레스를 받아서 요즘엔 원형 탈모까지 생겼어요."

여자는 현대적 의미의 낭만적 연애와, 집안과 집안이 만나는 전통적 결혼 사이에 놓인 큰 간극 때문에 힘들어하고 있었다. 그녀뿐 아니라 많은 여성들이 결혼과 동시에 찾아오는 다양하고 예상치 못한 압력에 당혹감과 억울함, 분노를 느낀다. 연애가 포괄하지 못한 남자와 여자를 향한, 그리고 남녀 관계에 대한 다른 압력을 새롭게 해결해나가야 하는 과제를 마주하게 된 것이다.

대리 효도 시키는 남자

연애는 한 남자 안에 있던 남성성과 한 여자 안에 있던 여성성이 만나 서로 안의 남성성과 여성성을 강화하고 인정하는 과정이다. 반면 결혼은 긍정적인 면에 집중하느라 보지 못했던 다른 차원에 눈뜨는 과정이라 할 수 있다. 이 과정에서 갈등은 불가피하다. 연애 때는 좋아 보였던 부분이 새롭게 재조명되고 그전에는 보이지 않았던 부정적인 면이 명백하게 보이기도 한다. 그야말로 콩깍지가 벗겨지는 것이다.

뿐만 아니라 연애에서 결혼으로 건너가는 과정에서 필연적으로 전통적 가치의 수호자 또는 대변인인 부모 세대가 입김을 내기 시작한다. 등장인물이 단둘이었던 낭만적인 커플 드라마에 다른 인물들이 등장하면서 이 관계에는 예상치 못한 복병과 진통이 나타난다. 이제 이 관계를 잘 풀어나가기 위해서는 남녀 차이뿐만 아니라 세대 차이, 각 가정의 문화 차이까지 살펴야 한다. 그러다 보면 아름답고 순수한 연애 소설과 같았던 커플 관계가 순식간에 속물적이고 노골적인 막장 드라마가 되기도 한다. 어제까지만 해도 사랑을 속삭이던 많은 연인들이 서로의 자존심을 할퀴며 결국 파혼으로 치닫는 일이 비일비재하게 일어나는 이유도 여기에 있다.

이 시기에 커플이 부딪치는 많은 문제는 서로 안에 있던 심리적인 미해결 과제를 노출시킨다. 특히 남자들의 경우 '심리적인 독립' 문제가 가장 보편적으로 드러난다. 많은 여성들이 결혼 후 발견하고는 조용히 분개하게 되는 중요한 사실 가운데 하나가 그전까지는 미처 발견하지 못했거나 이 정도일 줄은 몰랐던 남자의 심리적인 의존성이다. 겉으로는 독립적인 것처럼 보였던 남자 친구가 남편이 되고 보니 부모님에 대한 해결되지 않은 감정과 관념의 덫에 걸려 마치 철없는 소년처럼 눈치를 보거나 회피하는 모습을 보이는 것이다. 남편이 자신의 부모님과의 관계에서 분명한 목소리를 내지 못할 때 남편 스스로 해결하지 못한 많은 과제는 아내에게 전가된다.

"남편은 자기는 어머니한테 전화도 잘 안 하면서 저한테 그렇게 시켜요. 그런데 제가 친정 엄마와도 얘기를 별로 안 하는데 시어머니랑 무슨 말을 하겠어요. 또 연애할 때는 본가에 한 달에 한 번도 잘 안 가더니 결혼 뒤에는 2주에 한 번은 가야 한다는 거예요. 2년 정도 합가해서 살면 어떻겠냐는 말도 너무 쉽게 하더군요. 남편을 키워주신 분이니까 감사한 마음을 가져야 하긴 하지만 저한테는 큰 소리 치면서 부모님께는 찍 소리도 못 하는 남편을 보고 있으면 그런 마음이 싹 사라져요. 이 남자에게 결혼이란 건 자기 가정을 꾸리는 게 아니라 본격적으로 부모님을 챙기는 시작점에 불과한 것 같아요."

여자가 기대했던 결혼은 자신과 남편이 각자의 원 가족으로부터 떨어져 나와 둘만의 독립적인 가족을 꾸리는 것이었다. 하지만 남편이 기대했던 결혼은 원 가족과 더 가까이 결속되어 본격적으로 원 가족을 돌보는 것을 의미하는 듯했다. 서로의 결혼관이 상충하는 것이다.

"제가 처음부터 너무 하자는 대로 했나 봐요. 남편이 당연한 듯 얘기하고 저도 어른들 말씀을 잘 거절하지 못해 '네, 네' 했더니, 오히려 바라는 게 끝이 없어요."

결혼 전 자유와 독립, 정체성, 주체의식, 권리의식의 세례를 받았던 여성들은 당혹스럽다. 결혼제도 속에 들어온 뒤 '당연한 도리'로 그들의 일상을 파고드는 가치가 결혼 전 그들에게 익숙한 가치들과 상반되기 때문이다. 이런 가운데 그들을 더욱 당혹스럽게 하고 힘들게 하는 것은 바로 남편의 태도다. 시댁 식구들이야 내가 선택한 사람이 아니고 1년 365일 같이 살기로 한 사람이 아니다. 하지만 내가 선택했고 내 편에 서서 상황을 정리해주어야 할 내 남자, 결혼 전에는 나를 중심으로 의사결정과 행동반경을 정했던 바로 그 남자가 남편이 된 뒤 갑자기 태도가 바뀌었다. 그럴 때 여자들은 큰 충격과 혼란을 느낀다.

그래서 요즘 결혼을 생각하는 여자들은 남자가 잠재적인 마마보이인지 아닌지를 살피는 것이 중요하다는 사실을 알고 있다. 그가 심리적 독립을 했는지, 원 가족으로부터 독립해서 새 가족을 구현할 의지가 있는지 말이다. 하지만 노골적인 마마보이가 아닌 이상 이를 판별하기란 쉽지 않다. 대부분의 여성들은, 결혼 생활을 어느 정도 해본 이후에야, 스스로 독립했다고 자부했던 연인의 마음속에 강력한 효자 정체성이 있었다는 사실을 발견한다.

남편이 아닌 '남의 편'이 되어버린 것 같은 그의 변화는 어디에서 비롯되었을까? 그는 정말로 결혼을 기점으로 변한 것일까?

남자는 독립하지 않았다

/

이렇게 돌변한 (것처럼 보이는) 남자들의 태도는 그가 원 가족으로부터 '진정으로' 독립하지 못했기 때문에 나타난다. 이미 오래 전에 독립을 한 것처럼 보이고 남자들 스스로도 그렇게 믿고 있긴 하지만 사실 이들은 진짜 독립이 아닌 가짜 독립을 했을 뿐이다.

보통 우리는 남자들이 여자들보다 더 독립적이라고 믿는다(그렇게 믿는 사회 분위기 속에서 자랐고 살고 있다). 하지만 이것은 실제로 남자가 더 독립적임을 의미하지 않는다. 그저 우리 사회에서 남자에게 독립성이 더 강조되고, 남자들이 독립성을 드러내야만 인정받기 쉬운 사회 구조 속에서 사회화되었음을 드러낼 뿐이다.

독립은 성취와 연결되었기에 남성적인 특성으로 받아들여졌고, 의존은 관계와 연결되었기에 여성적인 특성으로 받아들여졌다. 바깥일을 하는 남자와 안에서 그 남자를 내조하는 여자의 전통적인 성역할 분업이 당연했던 시대에는 이런 구분에 따라 남자의 독립성을 강조했다. 이런 배경 속에서 독립성에 대한 기대와 압박을 받은 남자들은 서둘러 독립해야 했고, 진짜 독립을 하기도 전에 독립을 '연출'해야 했다. 독립적인 '척'해야 하는 순간이 그들의 일상에서 자주 나타났던 것이다.

사회가 변하면서 남녀의 성역할 분업의 경계는 느슨해졌다. 하지만 관념과 의식의 변화 속도는 사회의 변화 속도를 미처 따라가지 못한다. 남자들은 여전히 독립에 대한 압박을 여자들보다 더 크게 받는다. 게다가 결혼이라는 제도는 새로운 변화를 적용하는 측면보다는 과거의 구조를 답습하는 경향이 강하다. 사랑하는 남녀가 만나 두 명의 독립적인 주체로서 낭만적인 연애와 현대적인 결혼을 지향한다고 해도, 그들의 결혼 안에는 필연적으로 이들을 교란시키는 전통적 가치와 압력이 끼어들 수밖에 없다.

이런 점에서 결혼은 한 남자(더불어 한 여자)의 독립성이 시험대에 오르는 판이 된다. 그전까지 아무리 독립적인 것처럼 보였던 남자라도 그가 아직 결혼을 하지 않았다면 그의 진짜 독립성은 아직 제대로 시험대에 올라본 적이 없다. 우리는 그가 결혼 생활 중에 역할 갈등이 있거나 선택을 해야 할 때 어떤 모습을 보이는지 보고 나서야 그가 정말로 독립했는지 아닌지 알 수 있다.

진짜 독립을 하기 어려운 이유

／

어떤 면에서 남자들은 여자들보다 진정한 독립성에 도달하기 오히려 더 힘든 조건 속에 있다. 한 개인이 진정한 독립을 하기 위해서는 다음과 같은 두 가지 조건이 충족되어야 하기 때문이다.

- 무조건적인 사랑
- 독립 이전에 충분한 의존

이 두 가지 조건 가운데 첫 번째 조건은 가정의 상황과 부모의 심리적 성숙에 따라 조금씩 차이가 있다. 따라서 이 조건은 제쳐두고, 두 번째 조건을 더 들여다보자. 두 번째 조건은 남자들에게 있어 더 어렵고 복잡하게 주어질 가능성이 크다. 왜냐하면 생물학적이든 사회적이든 아이를 품는 사람과 아이를 낳는 사람, 또 아이를 주로 기르는 사람이 모두 여자이기 때문이다.

주양육자로서 엄마들은 자신과 성별이 같은 딸과 성별이 다른 아들에게 의식적이든 무의식적이든 각각 다른 사회적 압력을 적용한다. 엄마들은 딸을 자기의 연장선상에서 바라보며 가까이 두기를 바라는 한편, 아들에 대해서는 이미 생물학적으로든 사회적으로든 자신과 다른 경로를 갈 존재로 바라본다. 게다가 사회문화적으로 남자의 독립성이 더 강조되기 때문에 남자 아이에게는 사회에서 요구하는 남성상에 맞춰 독립성을 강조하고 여자 아이에게는 여성상에 맞춰 관계성을 강조한다. 말하자면 소년은 멀리서 강하게 키우고, 소녀는 가까이에서 보호하며 키운다.

그러다 보니 딸들에게 있어서는 뒤늦게 독립시키는(혹은 안 시키는) 것과 관련된 심리적 문제가 나타나기 쉽고 아들들에게 있어서는 아직 준비도 되지 않았는데 섣불리 독립시키는(의존해야 할 시기에 충분히 의존해볼 기회가 주어지지 않는) 것과 관련된 심리적 문제가 나타나기 쉽다. 결국 딸들은 '모성 과잉' 또는 '과잉 의존' 문제를, 아들들은 '모성 결핍' 또는 '가짜 독립' 문제를 경험하기 쉬운 것이다.

이와 관련해서 딸들은 보통 이런 회고를 한다.

"부모님은 남동생이 여행을 가든 뭘 하든 크게 상관하지 않으세요. 오히려 권장하시는 편이죠. 그런데 작년에 제가 워킹홀리데이를 간다고 했더니 결사반대를 하시지 뭐예요. 전 여자라서 안 된다는 거예요. 부모님은 항상 그런 식이셨어요."

반면 아들들은 보통 이런 회고를 한다.

"부모님이 여동생을 아직도 애지중지 하는 게 느껴져요. 힘든 일은 안 시키려고 하고 옆에 끼고 있으려고 하지요. 저도 힘들고 지칠 때가 많은데 제가 뭔가를 하면 너무 당연하게 받아들여져서 힘든 내색을 하기 어려운 분위기예요. 어렸을 때부터 늘 그래왔어요."

독립이 충분한 의존 경험을 한 뒤에야 가능한 것임을 감안하자면 겉으로 독립적으로 보이는 남자의 모습이 과연 진정한 독립성을 반영하는 것일까 하는 생각이 든다. 외로움을 참아야 하기에 느끼지 않은 척하는 것과 외로움을 다루는 힘을 가지고 있기에 외로워도 괜찮다고 느끼는 것 사이에는 큰 차이가 있기 때문이다. 그만큼 누군가의 충분한 보호 아래 있다가 서서히 독립하는 것과 억지로 섣불리 독립하는 것은 서로 너무나도 다르다.

가짜 독립성 속에 숨은 남자들

남자이든 여자이든 우리는 모두 홀로서기가 불가능한 연약한 존재로 태어나고, 타인에게 품어지고 보호받는 등 전적으로 의존한 뒤에야 심리적, 물리적으로 스스로 생존할 수 있게 된다. 하지만 남자들은 '남자라는 이유로' 타인에게 충분히 의존하지 못하고 섣불리 강함과 독립성을 요구받았을 가능성이 크다. 이런 압력에 대응하기 위해 그들은 진정한 독립성 대신 가짜 독립성으로 자신을 위장하고 억압해야 했을 것이다. 그들이 진정 독립하지 못하는 것은 충분한 의존을 경험해본 적이 없기 때문인 것이다. 그런 면에서 소년들이 홀로 감당해내야 하는 불안감은 자신이 실제로 감지할 수 있고 감당할 수 있다고 느끼는 것보다 더 클지도 모른다.

제대로 의존할 기회가 없었을 가능성이 크기에 오히려 남자들에게는 의존의 기회가 더 절실하다. 하지만 그 기회가 상대적으로 적기 때문에 이들은 차가운 독립군으로 성장한다. 때로는 이런 독립성에 대한 압박을 내면화하고 무장한 덕분에 이들은 공적인 영역에 있어서만큼은 어느 정도 성공적으로 자리를 잡을 수 있었다. 하지만 그중 많은 이들은 건강한 상호의존을 실현하는 연애와 결혼 생활에서 이런저런 문제에 부딪히게 된다. 가짜 독립성으로 자신을 가리다 보면 서로 기댈 수 있는 어깨가 되어주어야 하는 사적인 관계 속에서 편안한 상호성과 건강한 소통을 실천하는 데 어려움을 겪기 때문이다.

실제로 많은 남자들이 감정적 문제가 더 만성화되고 극단적으로 발전한 이후에야 스스로의 심리적 위기를 감지한다. 남자들이 "불안하다", "외롭다"고 표현한다면 그 말을 두 배는 더 큰 진폭으로 들을 필요가 있다. 가짜 독립이라는 성에 자신을 가둘 수밖에 없었던 남자가 이렇게 이야기했다는 것은 그가 처한 상황이 표현할 수 있는 것보다 더 힘든 것임을 의미하기 때문이다.

또 어린 시절 섣불리 독립하게 되면서 얻은 상처 때문에 진정 독립을 해야 할 부모님에 대한 마음 역시 복잡하고 모순적이다. 그리고 이런 마음은 그전까지는 남자의 마음속에 잠복하고 있다가 결혼을 기점으로 터져 나오는 경우가 많다. 너무 어린 시절부터 압력이 만성화된 결과 자신의 심리적 불안과 미숙함을 스스로 인식하지 못한 채 결혼한 남자들은 예전 가정에서 받았던 상처와 혼

자신의 심리적 불안과 미숙함을 스스로 인식하지 못한 채
결혼한 남자들은 원 가정에서 받았던 상처와 혼란에
여전히 매몰되어 있다.

란에 여전히 매몰되어 있다. 결혼 전에는 원 가족에게 무심하던 남편이 결혼을 한 뒤에 갑자기 효자가 되는 이유는, 남자 스스로 인식하고 인정하지 않을 뿐, 그가 아직 독립을 하지 못했고 해결하지 못한 마음에 얽혀 있기 때문이다.

사랑을 충분히 받은 사람은 독립도 쉽게 한다. 제대로 품어지지 못하고 사랑받지 못했기에 독립하지 못한 자녀들은 성인이 되어서도 심리적이든 상징적이든 부모의 사랑과 인정을 얻기 위해 부모 주변을 맴돈다. 사랑을 충분히 받지 못하고 조건적이고 척박한 환경에서 자란 사람은 자신에게 충분히 사랑을 주지 않았던 바로 그 대상의 주변을 맴돌며 그의 인정에 오히려 더 얽매인다. 자신에게 결핍감을 준 바로 그 대상에게 인정을 받아야만 자신의 결핍감이 해소될 것이라 착각하기 때문이다.

경제적인 의존이 심리적인 의존으로

건강한 사랑은 그 사랑이 아무리 큰 것이었다 해도 받은 사람의 마음에 부채감과 의무감을 남기지 않는다. 하지만 많은 부모들이 '투자'와 '희생'이라는 관념이 뒤범벅된 마음을 자녀에게 쏟아붓고 그 흔적과 부채의식을 자녀들 마음속에 새겨 넣는다. 그러면 자녀들은 성인이 된 지 한참이 지나도 부모님이 지운 마음의 그늘에서 쉽게 벗어나지 못한다. 그들은 화가 나서도, 미워서도, 미안해서도, 억울해서도, 불쌍해서도 부모님 곁을 떠나지 못한다. 몸은 떠났다 해도 마음은 그 자리에 맴돈다.

그들의 심리 언저리를 맴돌고 있던 이 부채의식을 결혼 전에 감지하기는 쉽지 않다. 어떤 이는 남자로서 독립적인 자기 가정을 꾸릴 준비가 다 되어 있다고 생각하기도 하고, 또 어떤 이는 불우하고 혼란스러운 원 가정을 벗어나 안정감을 얻기 위해 도망치듯 독립가정을 선포하기도 한다. 하지만 그렇다고 해서 이들의 마음속 혼란과 부채의식이 잘 정리된 것은 아니다.

게다가 자녀의 결혼을 기점으로 자녀들에게 해줄 것은 다 해줬고 이제 받을 일만 남았다고 생각한 부모님들은 이제 그 기대를 새로 들어온 며느리가 채워주길 바라고 요구하기 시작한다. 더구나 아직까지 남아 있는 전통적인 결혼관의 잔재로 인해 남자 쪽 부모의 경제력을 바탕으로 신혼살림이 시작된다면 그 거래 아래 딸려오는 암묵적인 기대는 자연히 신혼부부의 일상에 파고든다. '힘들게 나를 키운 부모님'이라는 자녀의 의식과 '힘들게 아들을 키워낸 나'라는 부모의 의식이 만나면서 심리적, 경제적 부채상환식 효도 의무가 아들의 마음에 강하게 들어앉는 것이다.

부모들은 아무리 깨인 사람이라고 해도 어쩔 수 없는 전통 수호자이자 옛날 사람이다. 그들은 "우리 때는 더 했다"라는 자기 경험치에 의존한 상대적인 비교를 통해 자신의 기대와 요구에 대한 적정선의 근거를 세운다. 그에 따르면 '이 정도는 아무것도 아닌 것'이고 오히려 '당연한 범위에서 사회의 변화를 참작해서 참아준 것'이다. 이렇게 그들은 아들과 며느리를 향한 자신의 기대와 요구를 합리화하고 이 기대와 요구의 불합리성에 대해 반문을 해보지 않는다. 유교적 가부장주의의 잔재와 그런 가부장주의의 압력 속에서 진짜 독립이 아닌 가짜 독립을 해야 했던, 무늬만 현대적이고 독립적일 뿐 실상은 전통적이고 심리적으로 제대로 독립하지 못한 남자와의 결혼 생활은 모두 조금씩 이런 양상을 보인다.

또한 '남편'이라는 역할을 새로 부여받게 된 남자들이 그 새로운 정체성 대신 '장남' 혹은 '아들'이라는 익숙한 역할 각본에 따라 움직일 때 이런 문제는 더 심각하게 흘러간다. 이들은 자신의 혼란과 불편감에 매몰되어 '아내'라는 역할을 선택하면서 어쩔 수 없이 얻게 된 '며느리'라는 새로운 역할이 여자에게 주는 낯설고 불편한 감각을 이해하지 못한다.

특히 전통적인 여성의 역할을 직접 수행해본 적이 없고 가정의 말 못 할 특수 상황으로 인해 부모에 대해 모순감정을 지닌 남자들은, 그전까지는 불편해하며 미뤄왔던 효자 정체성의 실현을 얼렁뚱땅 아내에게 전가시키기도 한다. 그러면서 부부는 새로운 독립적인 가정보다 남편의 원 가족에 소속된 하위 가정으로 분류된다.

결혼의 첫걸음은 홀로서기

사실 이 모든 의존은 결혼이 남자가 집을 마련하고 여자가 살림을 채우는 식으로 남자 쪽이 더 큰 경제적 부담을 떠안게 되기에 나타나는 측면이 크다. 그래서 여자가 남자 집으로 편입되는, 즉 '시집을 가고 며느리를 들이는' 전통적인 방식으로 결혼이 개념화되는 것이다. 따라서 연애에서 결혼으로의 전환이 현대에서 전통으로의 회귀가 되지 않으려면 부모에 대한 경제적 의존부터 끊어야 한다. 경제적으로 의존을 하면서 심리적으로 묶이지 않을 방법이란 없기 때문이다. 그러니 남자의 의존성만 탓할 일은 전혀 아니다. 여자의 결혼 관념 역시 다른 면에서 전통적이고 보수적이며 노골적으로 의존적인 면이 있기 때문이다.

평등하고 민주적인 결혼 생활을 원한다고 이야기하며 자유분방한 연애 관념을 가졌던 많은 여자들은 결혼만 앞두면 흔들린다. 능력 있는 남자의 그늘 아래 편입되는 의존적인 결혼 생활을 꿈꾸면서도 그 안에서 누릴 수 있는 자유가 동시에 보장되기를 바라는 이중성을 드러낸다. 남자가 집을 마련하는 것은 당연하게 여기면서 결혼 생활에 필요한 경제적 책임과 의무는 '편리하게' 회피하려 하는 마음을 품고 있는 것이다. 이런 마음 역시 심히 의존적이다. 그러니 전통과 현대적 관념이 섞여 있는 현 시대의 결혼이 오롯이 두 주체의 선택과 의지로 만들어지기 위해서는 남자의 독립성뿐 아니라 여자의 독립성 역시 필수적이다. 홀로서기를 못한 두 사람이 결혼 생활을 잘 감당할 수 있다고 믿는 것은 거대한 착각일 뿐이다.

우리는 지금까지 무수히 많은 독립 연습의 기회를 가졌다. 세상을 나오며 최초의 독립을 하고, 한 살 때 스스로 걸으며 또 한 번 독립했다. 두 살이 되어 "싫어"라는 말을 반복하며 새롭게 독립하고, 세 살이 되어 기저귀를 떼며 독립했다. 또 초등학교에 입학하며 더 큰 독립을 하고, 중고등학교 시절 질풍노도의 사춘기를 통해 자기 정체성을 쌓아가며 또 한 번 독립하고, 스무 살 무렵 성인인증을 받으며 독립했다. 그 후 자기 직업을 가지고 가정을 꾸리기 위한 기반을 다지며 또다시 독립했다.

결혼은 이 모든 것을 뛰어넘는 또 하나의 진짜 독립을 요구하는 삶의 사건이다. 남녀 모두 '효도는 셀프'라는 구호가 주는 의미를 냉정하게 마주하고 가짜 독립이 아닌 진짜 독립을 위해 노력해야 한다.

썸만 타고 잠적하는 남자

여자는 네 달 전, 결혼을 약속했던 남자와 헤어졌다. 헤어짐이 갑작스러웠을 뿐 아니라 적절한 이별 과정 없이 남자의 잠적으로 끝이 났기에 그녀는 큰 충격과 혼란에 빠졌다.

"철모를 때 가볍게 만난 사람도 아니고 결혼까지 약속하고 상견례 얘기를 하던 중이었는데 그런 사람이 그렇게 갑자기 잠적했다는 게 도저히 이해가 안 돼요. 대체 그동안 내가 뭐였을까요? 사람이 어떻게 그럴 수가 있는지 받아들이기 힘들었어요."

돌아보면 그를 만나서 연인이 되기까지도 그녀는 언제나 애타는 마음이었다. 지인을 통해 만난 이 남자는 처음부터 애매모호한 태도를 보였다. 만난 지 세 달이 지나도록 소위 말하는 '썸'만 탈 뿐 과연 이 남자가 자신과 진지하게 만나고 싶은 건지 아리송할 때가 많았다.

연인으로 발전하기까지도 그녀는 그의 태도에 대해 고민하며 주변 사람들을 소집하여 그 남자의 문자나 행동에 대해 자주 토로하곤 했다. 남자는 간헐적으로 문자를 보내거나 그녀의 연락에 시큰둥하며 한동안 연락이 없다가도 '나에게 마음이 없나 보다' 하고 결론을 내릴 즈음, 갑자기 연락하기를 반복했다. 그때마다 감정의 롤러코스터를 타던 그녀는 결국 용기를 내서 그에게 먼저 사귀자고 손을 내밀었다. 먼저 사귀자고 하는 것이 자존심 상하긴 했지만 어쨌든 남자는 공식적으로 세 번째 남자 친구가 되었으며 이제 곧 남편이 될 예정이었다. 하지만 그렇게 중요했던 대상이 하루아침에 연락을 끊고 잠적하자 그녀의 마음은 절망의 나락으로 떨어졌다.

잠적하는 남자와 추적하는 여자

그가 어떤 사람이었고 그들이 어떤 관계를 맺었든, 그가 잠적하고 퇴장한 방식은 최악이었다. 하지만 "그 남자가 별로였다. 차라리 잘된 것이다. 더 나은 남자를 만나라"라는 위로가 마음에 와 닿기에는 그녀에게 이 관계가 갖는 의미가 컸다. 뿐만 아니라 관계가 끝난 방식은 그녀 안의 혼란과 갈등, 미련과 죄책감을 크게 자극했다.

그녀는 처음에는 잠적한 남자를 추적하는 데에 온 에너지를 쏟으며 어떤 반응이라도 얻기 위해 연락을 퍼부었다. 하지만 그녀만의 추적이 이루어진 한 달 동안, 남자는 어떤 반응도 하지 않았다. 두 달이 지난 뒤에야 그는 "미안하다. 그만하자"라는 여덟 글자로 그녀에게 이별을 고했다. 불가해한 상황 속에서 설명이든 변명이든 필요했던 그녀는 매일 밤을 뜬눈으로 지새웠다. 그 불면의 밤 동안 여자는 그를 만날 때 자신이 했던 행동과 말, 그가 보였던 행동과 말을 다시 곱씹고 또 곱씹어보았다.

그렇게 그녀의 삶은 더 외롭고 답답해졌다. 그럴 때마다 혼자서 감정을 추스르기 어려웠던 그녀는 친구들을 부르거나 연락을 하며 하소연을 반복했다. 관계 초기에 썸만 탈 때는 자주 소집되었지만 그녀가 그와의 관계에 집중하는 동안에는 거의 만나지 못했던 친구들이었다. 처음에 친구들은 그녀의 말을 공감적으로 들어주며 그 남자를 욕했다. 하지만 반복되는 하소연과 푸념에 점점 지쳐갔고 이내 그녀에게서 거리를 두기 시작했다.

"제일 친한 친구가 저에게 따끔하게 충고를 하더라고요. 이제 그만 좀 하라고요. 듣다 보니 그 남자도 문제지만 제가 더 문제라는 거예요."

우리는 잠적하는 남자와 추적하는 여자의 이야기를 주변에서 심심치 않게 듣는다. 이는 남자의 '낮은 관계 헌신성'과 여자의 '지나친 관계 의존성'이 만날 때 주로 나타나는 관계의 부정적인 화학작용을 대변하는 커플 유형이다. 잠적하는 남자도 문제지만 추적하는 여자 역시 문제가 있다. 조금 더 냉정하게 말해서, 여자가 남자 안에 있는 잠적 욕구를 끄집어냈을 가능성이 있다는 얘기다.

그와 그녀의 데이트 스크립트

관계는 패턴화된다. 우리는 매번 다른 사람을 만나 다른 관계를 맺는 것 같지만 사실 대상이 바뀐다고 해도 우리가 다른 사람과 관계하는 근본적인 방식은 크게 다르지 않다. 연애를 하면서 자극되는 내 안의 불안 지점과 불안에 대한 반응 양식이 크게 다르지 않기 때문이다.

여자 역시 마찬가지였다. 그녀는 그때까지 세 명의 남자 친구를 사귀었는데 언제나 자신의 모든 것을 쏟아붓고 상대의 반응 하나하나에 일희일비하는 마음 때문에 힘들었다고 했다. 평소에는 자기주장도 잘하고 쿨하다는 얘기를 듣는 그녀였지만 유독 연인 앞에서는 사소한 일에도 쉽게 마음이 상하고 불안하기 일쑤였다. 연애만 시작하면 그녀의 모든 생활이 남자 친구와의 관계를 중심으로 돌아갔다. 그러면 남자 친구들은 보통 처음에는 그녀의 이런 여린 면과 의존적인 면을 사랑스럽게 봐주었다. 하지만 시간이 갈수록 그들은 점점 지쳐갔고 자주 다퉜다. 서로의 '데이트 스크립트date script'가 접점 없이 충돌했기 때문이었다.

데이트 스크립트란 우리 마음속에 자리 잡은 데이트 관계의 예상 시나리오와 각본을 의미한다. 영화나 드라마의 각본처럼 분명히 정해져 있지는 않지만 서로 모르던 두 사람이 데이트를 할 때 '남자는 이렇게', '여자는 저렇게' 하는 자기만의 상식과 마지노선이 있다. 같은 사회에서 자랐어도 '당연한 것'이라는 개념화의 개인차(개인의 심리적 경험 특히, 상처 경험과 연결)가 있다. 데이트 스크립트가 서로 다르거나 한쪽이 타협 불가능한 경직된 데이트 스크립트를 가지고 있을 때, 그리고 서로의 차이를 받아들이지 못할 때 연인은 갈등하게 된다.

"그가 잠적하기 바로 직전에는 연락 문제 때문에 좀 다퉜어요. 저는 적어도 아침에 일어날 때, 점심 때 밥 먹고 나서, 밤에 자기 전에는 꼭 연락을 해줘야 한다고 생각했거든요. 주말에는 당연히 저와 데이트를 했으면 좋겠는데, 친구들 만나러 간다고 하거나 모임이 있다고 하면 정말 섭섭했어요. 이게 저에게는 당연한데 남자 친구는 안 그랬어요. 어차피 내일 만날 건데, 밤에 일 마치고 돌아와서 꼭 보고를 해야 하냐고 했죠. 그래도 대부분 저에게 맞춰주긴 했는데 저는 항상 충분하지 않다는 느낌을 받았고 남자 친구는 답답해했지요."

여자의 데이트 스크립트는 그녀의 관계 의존성을 대변하고 있었다. 데이트 스크립트 내용보다도 자신의 데이트 스크립트를 당연하게 생각하는 경직성이 더 큰 문제였다. 하지만 다수에게 당연하게 받아들여지는 데이트 스크립트도 시대와 장소, 상황, 대상에 따라 달라지게 마련이다.

언젠가 나는 캐나다 친구와 서로 다른 데이트 문화에 대한 얘기를 한 적이 있다. 우리 문화에서는 서로 자주 연락하고 서로에 대한 열정과 연결성을 확인하는 일이 보통이라고 말이다. 그 이야기를 들은 캐나다 친구는 눈을 동그랗게 뜨고 이렇게 대답했다.

"만약에 내가 여자 친구에게 하루 세 번 이상 연락을 하거나 연락을 받길 기대하잖아? 그러면 내 여자 친구는 아마 두 가지를 바꿀걸. 일단 전화번호, 그다음엔 남자 친구. 그래도 내가 계속 연락을 한다면 나는 스토커로 고소당해도 할 말이 없어."

그는 데이트 관계에 있다고 하더라도 서로 간의 경계를 지키는 것이 엄격하게 준수되는 문화권에서 누군가를 만나 사랑하고 구애하는 방식을 택하고 있었다. 이는 개인주의적인 문화권에서 상식으로 통용되는 데이트 스크립트다. 그에 반해 집단주의 문화권에 가까운 우리는 성별에 상관없이 관계 의존적이고 경계 침범의 가능성이 높은 문화적 배경 아래 누군가를 만난다. 문화의 차이에 따라 자신의 사랑 방식, 구애 방식 역시 큰 차이가 있다는 것이다.

너에게 당연한 것이 나에게는 아닐 때

다른 어떤 관계보다 데이트 관계에는 한 남성과 한 여성의 마음속에 있는 이상적인 남성상과 이상적인 여성상이 투영된다. '남자는 이래야 한다', '여자는 이래야 한다'는 고정된 사고방식이 드러나고 남녀는 그에 맞춰 각자 구애 활동을 전개한다. 서로를 알아가고 관계를 발전시켜나간다는 것은 서로가 가진 데이트 스크립트가 얼마나 일치하거나 일치하지 않은지, 그리고 어디까지 맞춰가고 또 어느 부분은 포기해야 하는지를 알아가는 일과 다르지 않다.

여자의 데이트 스크립트를 살펴보면 그녀는 데이트 관계 속에서 여자를 '남자의 연락을 받는 존재', 즉 남자의 돌봄을 받고 남자에게 의지하는 존재로 보는 면이 강했다. 또 물리적으로 떨어져 있더라도 심리적으로 옆에 있음을 언제나 확인받고 싶어 했다. 사실 이런 사고방식은 그녀가 자라온 사회환경적 분위기와 그녀가 받은 교육 수준, 그녀가 현재 하고 있는 일, 앞으로의 가능성, 그리고 가장 중요하게는 그녀가 다른 관계에서 암묵적으로든 실제적으로든 발현하고 있는 인간상과 비교했을 때 조금 괴리가 있었다.

겉으로 그녀는 자기 생각을 가진 주체적인 현대 여성처럼 보였지만 남녀 관계에 대한 관념과 관계 도식에 있어서는 전근대적인 면이 많았다. 의식적으로는 독립적이고 주체적인 두 남녀가 만나 상호의존을 실현하는 단단한 관계를 만들어가고 싶다고 생각했지만 일단 관계가 시작되면 언제나 전적으로 기대고 돌봄을 받고 싶은 자신의 모순된 욕구를 만나게 되었다. 그녀는 남자에게 자꾸 기대고 싶어지는 마음과, 자신만큼 관계 의존적이거나 중심적이지 않은 남자의 모습 때문에 초조하고 불안한 감정을 느꼈다. 그러면서 자기 자신도 이해할 수 없는 이런 마음을 정리하기 어려울 때면 남자 친구에게 감정을 폭발시켰다.

여자의 원망과 서운함은 언제나 "과연 나를 사랑하기는 하느냐"는 다그침으로 귀결된다. 그러면 도대체 어떤 것 때문에 여자 친구의 감정이 상했는지 정확히 파악하지 못해 당황스러운 남자 친구는 몇 번의 잘못된 시도 끝에 "너를 사랑하(기는 하)지"라는 답을 줘야만 그녀의 감정이 풀린다는 것을 경험적으로 깨닫는다. 하지만 그의 마음속에는 언제까지 그녀의 이런 감정 폭발을 받아줘야 하는지 점점 더 의구심이 커진다.

한편으로 남자는 남자대로 이미 결혼한 남자 선배들의 푸념과 자신이 자라면서 봐왔던 가장의 무게에 눌린 아버지 세대의 외롭고 불안정한 노후를 지켜보며 불안해진다. '돈 버는 기계'로서의 기능만 수행하다 결국엔 사회에서도 가정에서도 퇴출되는 남자들의 이야기가 다름 아닌 자신의 이야기가 될까 봐 두렵기도 하다. 게다가 여자 친구의 애정 욕구와 감정 폭발에 대해 계속해서 확신을 줘야 하는 부담감이 점점 일상화되면서 결혼에 진입하기도 전에 이미 지쳐버리고 만다. 혹시 결혼이라는 관계 헌신에 대한 약속을 통해 '불공정 거래'에 사인을 하게 되는 것은 아닌지 움츠러들기도 한다.

그런 저울질 속에서 마음을 잡지 못하고 갈팡질팡하는 남자는 결국 '외로운 자유'가 '함께의 압박'보다 더 낫지 않을까 하는 마음을 조금씩 갖게 된다. 그럴 때 심리적으로 더 건강하고 단단한 남자라면 더 분명하고 담담하게 '(그러니까) 이별 선언' 혹은 '(그럼에도 불구하고) 관계 헌신' 중 하나를 택하겠지만 그렇지 못한 많은 남자들은 둘 사이를 어정쩡하게 오가며 '잠적'과 '귀환'을 되풀이한다. 여자의 전 남자 친구가 그랬던 것처럼 말이다.

생각보다 많은 사람들이 모순적인 데이트 스크립트의 충돌과 양립하기 어려운 남녀 관계의 관념 때문에 혼란스러워하고 있다. 가장 현대적인 모습을 하고 남자들과 다르지 않은 교육을 받았으며 남자 못지않은 직업을 가진 여성들이, 데이트 관계에만 진입하면 갑자기 독립성을 벗고 그에게 편입되는 삶 혹은 그와 하나가 되는 삶을 기대한다는 것은 매우 모순적이다. 하지만 전통적인 여성의 미덕이자 거의 유일한 생존 방식이 '남성에 대한 의존', '남성이라는 보호막 확보'이던 시간이 길었던 만큼 현대 여성의 의식 속에 여전히 이런 의존성의 잔재가 존재한다. 하지만 어떤 이유에서든 과도한 의존성은 결국 관계에 큰 부담이 된다.

위기의식 앞의 남과 여

／

관계 속에 있는 두 사람은 '고슴도치의 딜레마'를 경험한다. 너무 가까이에 달라붙어 있어 서로를 찌르고 숨 막히게 할 가능성과 너무 떨어져 있어서 외롭고 공허해질 가능성 사이에 서게 되는 것이다. 그리고 이 두 가지 욕구 갈등 사이에서 남녀는 모두 위기의식을 느낀다.

'콜드피트cold feet'는 이런 위기의식에 대한 남자의 마음과 대처 방식을 표현하는 영어 표현이다. 결혼 전 압박감을 느낀 남자가 위기의식을 느낀 나머지 차가워진 발을 느끼며 내면 깊은 곳에서 울려 퍼지는 "도망쳐" 소리에 반응하는 것을 말한다. 결혼식 날 나타나지 않는 남자, 결혼을 앞두고 갑자기 잠적해버린 남자, 오랜 연애 끝에도 프러포즈를 하지 않는 남자들의 마음을 대변한다.

관계 헌신을 앞둔 여자 역시 혼란스럽고 불안한 마음이 드는 것은 당연하다. '메리지블루marriage blue'는 결혼 후에 펼쳐질 육아와 가사노동, 시집살이에 대한 부담으로 심란한 예비신부의 마음을 반영한 표현이다. 이 심란함은 '과연 이 남자가 평생 나를 보살펴줄 괜찮은 남자인가', '과연 결혼이 자신을 더 행복하게 해줄 것인가'라는 의혹에 시달리는 여자의 내적 갈등을 반영한다.

두 가지 표현 모두 한 관계에 완전히 헌신하는 것에 대한 부담을 드러내지만 남녀가 이 갈등을 해결하는 방식은 서로 다르다. 메리지블루를 경험하는 여성들은 주변 사람들과 의논하거나 남성에게 더 의존하고 확인받는 행동을 하는 반면, 콜드피트를 느낀 남자들은 단독으로 행동한다. 일단 피하고 보는 것이다. 이처럼 남성과 여성은 어떤 것을 위기로 인식하는가에 있어서도 차이를 드러내지만 위기의식에 휩싸일 때 극복하는 방식 역시 다른 점을 보인다.

스트레스가 극심해질수록 우리는 자신에게 익숙했던 방식으로 회귀하게 된다. 그래서 관계 헌신이라는 결혼의 스트레스 앞에서 위기의식을 느낀 남성은 회피 욕구에 시달리게 된다. 게다가 결혼에 대한 스트레스를 느끼는 여성들의 관계 헌신에 대한 요구까지 더해지면 그들은 발바닥이 차가워지는 것을 느낀다. 막연한 두려움과 공포로 인해 "도망쳐"라는 내면의 신호에 반응하여 일단은 잠적을 감행하고 만다.

그 순간이 지나고 나면 남자들은 관계의 가능성과 관계가 주는 위로와 따스함, 관계 속 안정감에 대한 욕구가 되살아나서 어떤 방식으로든 변명거리를 만들어 다시 관계에 헌신하겠다는 약속과 다짐을 하기도 한다. 하지만 근본적인 문제가 해결되지 않는 한, 그 후에도 잠적과 추적은 반복될 가능성이 크다.

데이트 관계에서는 그럭저럭 감당할 수 있었던 부담이 결혼 앞에서는 더 커질 수밖에 없다. 그래서 현대의 많은 남성들은 점점 관계 헌신에 대한 부담을 크게 인식하며 결혼에 대한 의구심을 키운다. 이런 모습은 연애 관계에조차 나타난다. 쉽게 자신을 투신하지 못하고 '썸'이라는 관계 설정 아래 어떤 관계 규정도 회피하며 얼버무리는 남자의 모습이 요즘 들어 더 자주 나타나는 이유 역시 이런 부담과 관련이 있다. 그래서 요즘 남자들에게는 관계 회피에서 비롯된 문제가, 여자들에게는 관계 헌신에서 비롯된 문제가 나타난다. 그러기에 이런 상충되는 문제가 만나 잠적과 추적의 부정적인 관계 악순환을 야기한다.

어떤 면에서 관계에 자신을 투신하지 못하는 남자들은 관계에 더 쉽게 투신하는 여자들보다 더 혼란을 겪는다. 관계에서 헌신과 회피를 반복하며 오락가락한다는 것은 그만큼 그들이 마음을 잡지 못했음을 의미하기 때문이다. 게다가 사람은 아무리 독립적이고 뛰어나다 하더라도 혼자 살 수 없기 때문에 겉으로는 무척 회피적으로 보이더라도 관계성에 대한 욕구가 분명히 있다.

그런 면에서 관계에 너무 헌신하는 여자들의 문제보다는 관계에 온전히 헌신하지 못하는 남자들의 문제가 사실상 더 심각할 수도 있다.

서로의 접점을 찾아가는 일

한 남자와 한 여자가 만나 서로의 내면에 있는 갈등과 혼란을 스스로, 또 함께 정리해나가며 건강한 관계를 유지하는 것은 중요하고도 어려운 일이다. 그러기 위해서는 일단 누군가를 만나기 전에, 그리고 그 누군가에게 나의 욕망과 좌절을 투사하기 전에, 나 스스로 내 마음을 잘 정리해야만 한다. 나는 무엇을 원하는가? 나는 왜 이것을 '당연한 것'이라고 생각하는가? 위기를 느낄 때 나는 어떤 반응을 하는가? 집착하는가, 회피하는가? 그 반응은 어떤 결과를 가져오는가?

이런 질문을 스스로에게 던져보며 정체되어 있는 내 안의 미성숙한 면을 마주할 필요가 있다. 내 마음에 '당연한 것'으로 자리 잡은 숨겨진 남성상과 여성상, 그리고 남녀 관계에 대한 가치관을 냉정하게 돌아볼 줄 알아야 한다.

건강한 관계는 '너도 나, 나도 너(혹은 나), 우리도 우리'가 되어 서로 하나가 되는 것도 아니고 '너는 너, 나는 나, 우리는 별개'로 각자 따로 떨어지는 것도 아니다. '너는 너, 나는 나, 우리는 우리'로 서로의 세계를 공유하는 교집합을 늘려나가되 각자의 다른 세계를 존중하고 배려하며 '따로 또 같이' 하는 관계다. 이 경계를 잘 지키고 소통해나간다면 잠적과 추적을 반복하는 남녀 관계의 풍경은 달라질 수 있을 것이다.

이미 정해진 영화 스크립트라도 현장 상황에 따라, 관객 반응에 따라, 더 나은 스토리라인을 발견함에 따라 수정이 가능한 것처럼 우리 안의 데이트 스크립트 역시 상대와 상황에 따라 얼마든지 변할 수 있다. 남녀가 데이트 스크립트의 충돌로 인해 서로 부딪히고 싸우며 쟁취해야 하는 것은 자신의 데이트 스크립트를 일방적으로 관철시키는 것이 아닌 서로의 다른 데이트 스크립트 사이에서 찾아내는 '접점'이어야 한다는 점을 기억하자. 나의 데이트 스크립트도, 너의 데이트 스크립트도 아닌 우리의 데이트 스크립트를 찾고 반복적으로 수정해가며 나, 너, 우리를 만들어가야 한다. 그런 관계 속에서는 잠적도 추적도 드물다.

사랑을 방해하는 낮은 자존감

/

다부진 체격에 남자다운 얼굴을 한 스물여섯 그 남자는 여자 친구와 헤어진 뒤 상담실을 찾았다. 웃는 모습도 호쾌한 그는 체육관을 운영하고 있다고 했다. 그런데 겉으로 보이는 다부진 인상과는 달리 낮은 자존감 문제가 그의 오랜 고민이었다.

"선생님 앞이니까 숨기지 않고 이야기하도록 하겠습니다. 여자 친구와 헤어진 지는 세 달이 되었어요. 아직도 너무나 괴로워요. 잠도 잘 못 자고, 밥도 잘 못 먹고, 그래도 마음 다잡고 열심히 살려고 하는데, 이러다 여자 친구를 만나기 전으로 돌아가게 될까 봐 정말 두렵습니다. 그전에는 진짜 루저에 폐인이었거든요. 여자 친구를 만나고 나서 삶의 의미를 찾았고 목표가 생겼어요. 그래서 2년간 죽도록 노력한 끝에 이제 겨우 빚 없이 체육관을 운영하게 되었고 웬만큼 밥벌이를 하고 있습니다. 그런데 여자 친구가 더는 제 옆에 있을 수 없다며 떠났어요. 저를 만나는 내내 힘들었고 이제 더는 못 버티겠다는 거예요."

그녀가 그를 떠난 이유

어렸을 때 부모님이 이혼을 하고 고모 밑에서 큰 그는 청소년기에 무척 방황을 했다고 한다. 안정적으로 사랑받지 못한 많은 사람이 그렇듯, 그는 삶의 목표나 의미를 발견하는 일이 힘겨웠다. 남자는 헤어진 여자 친구를 만나기 전까지는 자신의 시간을 흩뿌리듯 순간적인 충동에 이끌리며 살았다고 했다. 그런데 자신에게 따뜻한 격려와 조언도 해주고 때로는 따끔한 충고도 해주는 여자 친구를 만나면서 삶의 중심을 잡게 되었다. 아마도 엄마의 빈자리를 채워주는 여자 친구의 모성애에 의지하게 된 것 같았다. 그런데 여자 친구는 무엇 때문에 지친 것일까?

"제가 자기 비하를 많이 해요. 열등감도 많고 질투도 잘 하고요. 전 정말 여자 친구를 행복하게 해주고 싶었거든요. 그런데 행복하려면 제 능력이 턱없이 부족한 것 같았어요. 못난 모습이지만 질투도 많이 해서 여자 친구를 구속하기도 하고 집착하기도 했지요. 좋아질수록 의심이 되기도 했거든요. 왜 나 같은 남자를 좋아할까. 내가 가진 게 없어서 나를 떠나는 건 아닐까. 그래서 여자 친구를 많이 괴롭게 했어요."

그는 자신의 결핍감, 열등감, 자기 비하 때문에 여자 친구의 사랑을 의심하고 관계 속에서 불안정한 모습을 보였던 것 같다. 당연히 이런 남자 친구를 만나는 것은 쉽지 않다. 어린 시절 경험한 '모성 결핍'과 그로 인한 '낮은 자존감'의 문제가 그의 마음속에서 질투심과 의심을 불러일으켰다. 이런 그의 불안정한 마음은 소중한 사랑을 지키고 싶기 때문에 나타나는 것이었지만 도리어 그런 마음 때문에 그는 사랑을 할 때마다 힘들었고 사랑하는 사람을 힘들게 했다. 남자의 낮은 자존감은 사랑을 비극적인 결말로 이끄는 가장 중요하고도 가장 흔한 원인이다. 또 그럴 때 낮은 자존감 때문에 파국을 맞은 사랑은 남자의 자존감을 전보다 더 큰 위기에 몰아 넣는다.

다른 면에 있어서는 문제가 없는데 유독 사랑 문제에 있어서는 이러한 어려움에 시달리는 남자들이 많다. 사랑을 할 때면 불타는 독점욕과 유치한 질투 망상 때문에 자기 자신은 물론 상대까지 괴롭게 하는 경우를 자주 보게 된다. 남자들의 그와 같은 질투는 흔한 것이기에 소심한 사랑의 표현으로 가볍게 받아들여지기도 하지만, 이런 질투가 뿌리 깊은 낮은 자존감 문제에서 비롯될 때는 사랑을 파괴시키는 극단적인 파급력을 가지기도 한다.

'오셀로 증후군'은 바로 이런 망상에 이르는 질투를 표현한 개념이다. 셰익스피어의 사대 비극 중 하나인《오셀로》에 나오는 인물인 오셀로가 불러온 비극에서 따온 개념인데, 이 이야기 속에서 오셀로는 질투에 눈이 먼 나머지 아내의 정절을 의심하고 결국 아내를 죽인다. 애정에 대한 너무 깊은 갈망과 뿌리 깊은 불신 사이에서 그 분열된 마음을 극복하지 못한 허약한 인물이 불러온 비극인 셈이다. 그의 허약한 내면은 스스로를 사랑하지 못하기에 타인의 사랑을 온전히 믿지 못하는 낮은 자존감 문제에서 비롯된다.

사랑의 가장 큰 내적 장벽, 낮은 자존감

낮은 자존감의 문제는 간단한 문제가 아니다. 사랑받아야 할 시기에 충분히 사랑받는 경험을 하지 못할 때 우리는 자신이 사랑받을 만한 사람이라는 인식을 가슴에 새기기 힘들다. 그리고 이런 낮은 자존감의 문제는 어김없이 우리의 애정 관계에서 문제로 떠오르게 된다. 극단적인 경우 남자들의 이런 내면적 문제는 공격적이고 외현적인 폭발의 방식으로 나타나기도 한다.

앞의 남자처럼 강렬한 질투와 의심 같은 정서적 폭력을 쓰기도 하지만, 또 어떤 남자들은 자신이 절실히 기댔던 대상이 자신의 사랑을 거절했다는 이유로 물리적 폭력을 쓰기도 한다. 데이트 폭력과 스토킹, 그리고 이별 살인 같은 현상은 거의 모두 이런 낮은 자존감을 가진 사람이 사랑에 좌절했을 때 나타난다. 또 어떤 남자들은 자기 비하와 여성 혐오증을 키우며 독신주의를 지향하기도 한다. 이들이 자신의 결핍과 상처를 들여다보고 보살피지 않는 한, 낮은 자존감 문제는 끊임없이 사랑을 뒤흔들 것이다.

다행히 앞의 남자는 자신에게 심리적 어려움이 있음을 인정했고 도움받을 필요가 있음을 알았다.

"전 정말 변하고 싶었어요. 그런데 혼자서는 도저히 변할 수가 없다는 것을 알았어요. 헤어지고 너무 힘들어서 닥치는 대로 책을 찾아 읽기 시작했습니다. 여자 친구가 했던 말 중에 '자존감 좀 챙기라'는 말이 기억났거든요. 책을 보니 정말 저에게 딱 맞는 말이더군요. 그조차도 여자 친구가 말해주기 전까지는 몰랐던 부분이었어요."

이 남자처럼 대부분의 남성들은 관계의 위기에 이르러서야 자신의 취약성을 인정하고 변화를 위한 도움을 청한다. 특히 마음을 기댔던 상대와 이별을 하고 나서 상처받은 마음을 스스로 추스르기 어려울 때 상담을 신청하는 경우가 많다. 그런데 그마저

도 남자에게 쉬운 일은 아니다. 남자들은 마음을 솔직하게 털어
놓고 다른 사람에게 도움을 청하는 것을 터부시하는 사회문화적
압력을 강하게 받고 있기 때문이다. 상황이 이러한데도 그가 용
기를 내어 도움을 청했다는 사실은 그만큼 문제를 절실히 해결하
고 싶었음을 의미하기도 한다.

그가 자존감이 낮은 이유

낮은 자존감은 크게 두 가지 관점에서 살펴볼 수 있다. 하나는
심리발달적인 결핍이고 다른 하나는 사회문화적인 압력이다.

사랑을 주고받는 관계의 부재 혹은 결핍. 자존감은 내가 사랑 받을
만하고 소중한 존재라는 믿음과 감정의 결정체이다. 이 마음은
어린 시절 안정된 관계 속 일관되고 따스한 상호작용을 통해 형
성된다. 이런 마음이 제대로 잡혀 있지 않을 때 우리는 다른 사람
의 사랑과 인정을 더 많이 갈구하고 확인하고 싶은 욕구에 시달
리게 된다. 분명 괜찮은 면이 많은 사람인데도 다른 사람의 반응
과 평가에 전전긍긍하고 부정적인 평가를 받았을 때 크게 실망한
다면 그는 그만큼 자존감이 낮은 것이다. 그는 자신의 낮은 자존
감을 타인의 호의적인 반응을 통해 보상받고 싶어 하며, 안정적
인 사랑을 받아본 경험이 적기 때문에 사랑을 받아들이고 사랑을

표현하는 데에 서투른 모습을 보이기도 한다.

사랑을 받아본 경험 없이 누군가에게 사랑을 주기란 어렵다. 우리는 받아본 적이 있는 것만 다른 사람에게 줄 수 있다. 그래서 낮은 자존감을 가진 사람들은 사랑을 '하기'보다 '받기' 위해 애쓰는 방식으로 관계를 한다. 그리고 바로 그런 이유 때문에 낮은 자존감을 가진 사람은 사랑을 주고받는 관계 속에서 좌충우돌하게 된다. 감정에 서투른 이들은 사랑을 확신하지 못하고 의심과 의혹, 불안을 쉽게 느끼며 사랑을 확인하기 위해 상대를 시험대에 올리려고 한다. '받기'에 주력하기 때문에 상대가 주지 않는 것에 더 주목하고 상대를 괴롭게 한다.

문제는 관계 속에서 그렇게 불안정한 모습을 보이는 사람의 욕구를 받아주고 변함없는 사랑을 해주기가 쉽지 않다는 데에 있다. 그렇기 때문에 낮은 자존감을 가진 사람은 사랑이 찾아와도 결국 놓치기가 쉽다. 또 그렇기 때문에 사랑을 통해 낮은 자존감이 해결되기보다는 오히려 심화되는 악순환을 경험하게 된다. 절실히 필요하지만 그 절실함이 오히려 그것을 얻는 데 방해가 되는 모순과 역설이 반복되는 것이다.

자기 자신에 대한 지나친 열등감. 사회문화적 관점에서도 그 원인을 살펴볼 수 있다. 그는 돈을 잘 벌고 능력이 우수한 소위 '잘나가는 남자'만이 사랑을 확보하고 지킬 수 있다는 생각이 강했다. 그래서 지나친 열등감에 사로잡혀 있었다. 아마도 그에게는 무조건적인 사랑을 받은 경험이 부족했기 때문에 마음속에 조건적 비교를 통한 열등감이 깊었던 것 같다.

그래서 그는 여자 친구가 좋아질수록 열등감을 더욱 심하게 느꼈다. 이렇게 못난 자신 옆에 있는 여자 친구가 이해가 되지 않아서 옆에 계속 있어 주었으면 하는 마음보다는 왜 자기를 떠나지 않는지에 대해 의심하게 되었던 것이다.

"저는 여자 친구를 위해서 저 자신을 더 잘난 사람으로 만들어야 한다고 생각했던 건데 여자 친구는 제가 자기를 너무 외롭게 했대요. 자기가 있는데도 뭔가 부족한 것처럼 행동하고 사랑도 자꾸 의심하니까 지쳤다고 하더군요. 여자 친구가 말은 그렇게 했지만 그래도 저는 아직도 제가 부족해서 그녀가 떠난 거란 생각이 들어요. 제가 조금 더 능력이 있었더라면 저희 집이 조금만 더 잘 살았더라면, 하는 못난 생각을 멈출 수 없네요."

그가 진정 부족했던 것

그가 부족한 것은 맞았다. 그에게는 자신에 대한 사랑과 여자 친구에 대한 믿음이 부족했다. 그는 그런 부족한 마음을 다스리기보다는 여자 친구의 사랑을 의심하고 질투하는 데에 마음을 탕

진했다. 자꾸만 자신의 부족한 면에 의기소침해하며 자신을 채워야 한다는 생각에 강박적으로 집착했다.

자존감은 자신이 중요하다고 생각하는 것을 스스로 가지고 있다고 느낄 때 얻을 수 있는 마음이기도 하다. 그런 측면에서 보면 그가 느꼈던 열등감은 그의 자존감을 흔들 수밖에 없었다. 자신에 대해 부정적으로 인식하고 관계에 대한 불안감에 휩쓸린 끝에 그는 자신이 가장 두려워했던 일을 오히려 자기 스스로 불러온 꼴이 되었다. 여자 친구에게 버림받은 것이다.

앞으로 그가 낮은 자존감의 문제를 해결하지 않는 한, 그는 또다시 사랑을 해도 같은 마음의 덫에 걸려 넘어질 가능성이 컸다. 타인의 사랑을 기꺼이 받아들이는 대신, 그 사랑을 의심하고 자기 자신을 작게 보며 자기 의혹과 불신에 괴로워할 수밖에 없을 것이다. 같은 실수를 반복하지 않기 위해 그는 자기 안에 있는 극단적인 관념과 상처로 뒤덮인 부정적인 자아상을 보다 균형적이고 건강한 방식으로 만들어나가야 했다.

건강한 사랑을 하는 데에 있어서 자존감만큼 중요한 덕목은 없다. 타인의 사랑을 받아들이기 위해서는 일단 내가 나 자신을 사랑스럽고 소중하게 바라볼 수 있어야 한다. 그렇지 않으면 아무리 큰 사랑이 와도 밑 빠진 독에 물이 새는 것처럼 금세 사라지고 말 것이다. 사랑받고 싶고 사랑을 지키고 싶다면 외부로부터 오는 사랑과 인정에 집착하고 타인의 사랑을 의심하는 대신, 스스로 자신을 사랑하며 기꺼이 받아들여야 한다.

그래도 괜찮다, 사랑스럽다!

/

남자는 자신의 낮은 자존감과 그로 인한 질투와 의심이 전 여자 친구와의 관계를 어떻게 무너뜨렸는지를 살핀 뒤에야 미련을 버리고 다시 앞으로 걸어나갈 수 있었다. 처음에 그는 스스로를 긍정적인 방향으로 바꾸어나감으로써 헤어진 여자 친구를 되찾고 싶어 했지만, 그가 자신을 보는 관점이 달라지고 세상을 보는 관점 또한 더 밝고 튼튼해지면서 세상은 그에게 다르게 다가왔다.

그는 점점 더 긍정적이고 균형 잡힌 자아상과 세계관을 가지게 되었다. 그렇게 스스로의 삶에 대해 여유를 가지게 된 그는 자신이 전 여자 친구를 떠나보내지 못하는 이유가 사랑이 아닌 미련, 자존심, 열등감, 자격지심이 뭉쳐진 낮은 자존감 때문임을 보게 되었다. 이를 통해 그는 비로소 옛 여자 친구를 마음에서 떠나보내게 되었다. 그러면서 자연스레 그 자리를 새로운 여자 친구와의 새로운 관계 맺기로 채울 수 있었다.

"이제는 더 이상 제가 부족하다는 생각 때문에 옆에 있는 여자 친구를 외롭게 하거나 괴롭게 하지 않아요. 부족한 것을 같이 나눌 수 있는 여유도 가지게 된 것 같아요. 부족하지 않다는 건 아니지만 이젠 부족해도 괜찮다고 생각해요. 그렇게 인정하고 나니 상대가 나를 부족하다고 거부하면 어쩌나 하는 공포에서도 벗어난 것 같아요."

나 자신이 사랑받을 만한 소중한 사람임을 스스로 '확신'할 때 우리는 타인의 사랑을 '확인'하는 것에 매달리지 않게 된다. 그리고 그때에야 비로소 사랑을 '받는' 것에만 집중하는 것이 아니라 '주는' 기쁨을 알게 된다. 타인의 사랑과 인정에 일희일비하게 된다면, 스스로에 대한 열등감과 자기비하에 시달리고 있다면, 또 무엇보다 내 열등감과 낮은 자존감 때문에 지금 내 옆에 있는 사람을 괴롭히고 있다면 다시 생각해보자. 그들은 내가 완벽하기 때문이 아니라 완벽하지 않기 때문에 내 곁에 있다. 그들이 내 옆에 존재한다는 사실 자체가 "그래도 괜찮다", "그래도 사랑스럽다"는 메시지임을 잊지 말자.

2장

허세 부리는 소년

게임하는 남자의 숨은 욕구

오늘도 여자는 컴퓨터 게임을 하고 있는 남편의 뒤통수를 보며 한숨을 짓는다. 아이가 태어난 지 100일. 밤낮이 바뀌는 건 기본이고, 외출은커녕 식사할 시간도 없이 살고 있다. 이렇게 여자는 180도 달라진 생활에 허둥대고 있는데, 남편은 아기가 태어나기 전前이나 후後나 틈만 나면 컴퓨터 게임에 몰두한다. 사실 남편은 회사도 잘 다니고 육아도 완전히 나 몰라라 하지는 않는다. 그래도 잠까지 줄여가며 게임에 빠져 있는 모습을 보면 종종 서운하고 가끔은 화가 난다.

친구들이나 친정 식구들에게 얘기를 하면 "남자들은 다들 그런다. 그래도 네 남편 정도면 양반이다"라는 말이 돌아온다. 아무리 주변에서 이렇게 말한다고 해도 여자는 남편을 이해하기가 쉽지 않다. 여자에게 게임이란 재미도 의미도 없는 것이기 때문이다. 여자는 상담실에 와서도 남편이 '게임하는 것만 빼면 괜찮은 남자'라고 이야기했다. 게임에 관한 한, 그녀는 꽤 고정적이고 일방적인 관점을 지니고 있었다.

게임을 하니까 괜찮은 남자

앞의 아내는 게임을 무조건 부정적인 관점으로 바라봤지만, 사실 남자에게 게임은 중요할 뿐 아니라 그 자체로 긍정적인 역할을 하는 측면이 있다. 그중 가장 중요한 것은 '실패 내성'의 차원에서 확인할 수 있다. 게임은 남자가 어렸을 때부터 그가 일상에서 경험하는 크고 작은 실패와 실수로 인한 좌절감을 극복해나갈 마음의 힘을 준다. 남자들은 게임을 통해 자신을 둘러싼 사회를 인식해왔고 그 사회에서 작은 실패를 헤쳐 나갈 힘을 쌓고 연습을 한다. 그런 면에서 그녀의 남편은 '게임하는 것만 빼면 괜찮은 남자'가 아니라 '게임을 하기 때문에 괜찮은 남자'일 수 있다. 게임을 통해 감정을 조절하고 성취 전략을 세워나감으로써 괜찮은 남자가 되었는지도 모른다는 것이다.

이런 이야기를 하자 여자는 자신의 관점을 바꿔보겠다고 말하며 돌아갔다. 그러나 그녀가 마음으로 남편의 게임을 받아들이기는 쉽지 않은 것 같았다. 왜냐하면 그녀가 마음을 크게 쓰는 실패의 영역과 남편이 마음을 크게 쓰는 실패의 영역이 다르기 때문이다. 남녀는 실패에 대한 내성을 키우는 방식에 있어서도 근본적인 차이를 보인다. 이를 더 자세히 살펴보기 위해서는 남녀가 느끼는 실패 공포의 차이를 알 필요가 있다.

여자는 관계, 남자는 성취

우리가 살면서 마주하는 공포는 크게 두 가지 영역에서 나타난다. 하나는 '관계'이고 다른 하나는 '성취'이다. 두 가지 영역 모두 건강하고 행복한 삶을 살아가는 데에 필수적이고, 둘 중 한 영역에서라도 실패했다고 느끼면 우리는 크게 좌절한다. 관계도, 성취도 중요한 만큼 우리는 그 두 가지 모두의 성공을 강렬하게 열망하고 실패를 두려워한다. 그런데 영역에 따라 남녀가 경험하는 실패의 타격은 조금 다르다.

여성은 대부분 성취의 실패보다도 관계 영역에서의 실패를 매우 두려워한다. 상담실에 오는 여성들은 저마다 다른 문제를 호소하는 것 같지만 사실 근본적으로는 대부분 관계 문제를 갖고 있다. 관계가 흔들릴 때 여성들은 모든 면에서 흔들리기 시작한다. 여성들이 상담실을 더 쉽게 찾는 이유도 힘들다고 느끼는 영역이 '관계'이기 때문이다. 그들은 상담이라는 '관계를 통한 문제 해결'을 추구하는 경향성이 남성보다 크다(물론 자신의 어려움을 토로하는 행위가 여성적인 성역할 기대와 충돌하지 않고 일치하기 때문인 면도 크다). 말하자면 아무리 남들의 부러움을 한몸에 받고 있는 멋진 커리어 우먼일지라도 남자 친구와 헤어질까 봐 과도하게 두려워하고 심리적으로 크게 흔들리는 경우가 생각보다 많다는 것이다. 전반적으로 여성에게는 성취 영역보다 관계 영역에서의 실패 감각이 더 예리한 고통을 주는 공포로 다가온다.

반면 남성들은 관계 영역보다 성취 영역의 실패에 더 큰 공포를 느낀다. 그 이유는 그가 관계를 성취보다 덜 중요하게 생각해서가 아니라, 남성들에게 있어서 관계의 성공은 성취의 성공 뒤에 자연히 따라오는 것으로 인식되기 때문이다. 관계가 무너지면 성취를 의미 없게 여기기 쉬운 여성과 달리, 남성은 성취가 무너지면 관계도 무너질 수 있다는 공포 때문에 관계보다 성취에 더 큰 방점을 찍는다. 관계의 안정성을 위해 더욱 필수적으로 성취를 확보하려는 것이다. 결과적으로 남성들은 관계 영역보다 성취 영역을 더 중요하게 느끼고 이 영역에서의 실패 가능성에 촉각을 더욱 곤두세운다. 이렇듯 남성에게 있어 성취는 심리적, 실제적 생존을 좌우한다.

남자와 여자를 뒤흔드는 공포

성취성을 획득하면 관계성도 확보하게 되는 남성과 달리, 여성은 성취성과 관계성이 반드시 함께 가는 것이 아님을 경험하는 경우가 많다. 여성에게 있어서는 오히려 성취도가 높다는 것이 관계성 획득을 더 어렵게 하고 관계에 치명적인 악영향을 끼치기도 한다. 공부를 많이 한 남자가 결혼을 못할까 봐 걱정하는 일은 별로 없지만 공부를 많이 한 여자가 결혼 시기를 놓치거나 짝을 찾지 못할까 봐 걱정하는 경우는 많다. 그리고 이 걱정과 공포는 꽤 실제적이어서 여성의 성취 포부와 커리어 결정에 큰 영향을 미친다. 여자들은 취업의 압박에 결혼의 압박이라는 변수를 따로 설정해야 하기 때문이다.

혹자는 이러한 여성들의 상황을 '취집'이라는 편리한 선택지가 추가된 유리한 상황이라고 분석할 수도 있다. 그러나 남성들과 같은 교육을 받고, 비슷한 수준의 성취 포부를 품었으며, 같은 대우를 약속받았던 여성들은 결국에는 자신의 성취성과 관계성 사이에서 타협점을 찾기 위해 고군분투해야 하는 상황에 처하게 된다. 취업을 하고 성취를 향해 달려가는 일이 자신에게 중요한 연애, 결혼, 출산의 관계성을 성취하는 데에 짐이 되지 않도록 조절하고 감안해야 하는 것이다. 현대의 여성들은 자신의 남자 형제들과 동등한 교육을 받으며 차별 없는 포부를 품도록 독려받은 첫 번째 세대지만 막상 자신의 성취성을 펼치는 데 있어서는 여전히 이중적인 메시지를 해독하고 계산해내야 하는 복잡하고도 무거운 사실에 부딪힐 수밖에 없는 것이다.

남성들에게는 여성들과는 또 다른 단순하지만 무거운 과제가 부과된다. 요즘처럼 장기화된 불황과 치열한 생존 경쟁의 압박이 심화된 시대에서는 모든 사람에게 안정적인 일자리에 대한 압박이 있다. 그런데 이 압력은 특히 남자에게 더 거세고 가차 없는 방식으로 다가온다. 남자들은 '취업'이라는 성취의 전제조건이 마련되지 않으면 연애, 결혼, 출산 등등 그 뒤를 잇는 관계성 이슈들에서도 줄줄이 실패할 거라는 공포감에 크게 휘둘린다.

본능은 달라지지 않는다

여성들이 사회에 진출하고 남성들의 어깨에만 지워지던 성취와 생계 부양의 의무가 조금은 가벼워졌다고 해도 여전히 사회는 남성들에게 더 큰 성취를 기대한다. 그렇기 때문에 남자들은 그만큼 더 큰 질식감을 느낄 수밖에 없다. 그래서 남자들은 직업을 통해 '자아실현'을 하고 싶어 하는 여자들의 순진한 직업적 포부와 '취집'이라는 대안을 고려할 수 있는 상황이 가끔은 부럽다. 또 가끔은 자신의 삶이 억울해지기까지 한다. 여자들에 비해 남자의 취업은 '생존'과 직결되는 비장한 목표가 되고, '관계'의 성패를 좌우하는 중요한 기준이 되기에 남자들은 직업을 통해 자아를 찾기보다는 오히려 자아를 버려야 한다는 위기의식에 시달린다. 성취의 실패는 곧 관계의 실패, 그리고 자아의 실패로 연결되는 것이다.

그럴수록 성취에 매달리는 남자의 경향성, 관계에 매달리는 여자의 경향성은 각자 다른 방향으로 심화된다. 여자는 이제 새롭게 얻은 자기 능력을 기반으로 인류 역사상 최초로 남자 없이 홀로서기를 할 수 있는 사회문화 및 경제적인 조건을 갖췄다. 하지만 그럼에도 관계성에 의존해온 마음의 유산과 여전한 사회문화적 분위기, 그리고 타인과의 친밀한 관계를 갈망하는 본능적 욕구로 인해 관계성은 여성의 마음속에서 여전히 성취성만큼이나 (때로는 성취성보다 더) 중요하게 자리 잡는다. 따라서 뛰어난 여성, 홀로서기가 충분히 가능한 여성조차 관계에 집중하는 것은 당연한 일이다.

남성들의 상황 또한 달라졌다. 이제 맞벌이 가정은 특수한 것이 아닌 보편적으로 고려해볼 만한 가정 형태로 자리 잡았다. 하지만 그럼에도 여전히 남자가 가정의 생계를 꾸리는 일차적 부양자여야 한다는 압박은 남성들의 마음속에 여전하다. 자신보다 경제적인 능력이 뛰어난 아내를 맞이할 수 있다고 해도 '남자=가정 부양자'라는 인식이 우리 사회 속에 오래 지속되어왔고 사람들의 마음속에 오래 내면화된 이상, 남성이 자신의 성취성에 대한 불안으로부터 자유로울 수 없는 것이다. 이처럼 현대 여성과 남성의 마음속에서 성취성과 관계성을 둘러싼 욕망과 공포는 다르게 펼쳐진다. 그러기에 여성은 관계의 실패에, 남성은 성취의 실패에 집중한다.

잘 들여다보면 우리 삶에는 성공이 드물다. 욕망을 실현하는 과정에는 뚜렷한 성공을 실감하기보다는 날카로운 실패의 감각을 느낄 때가 훨씬 더 많다. 아무리 성공적으로 보이는 사람이라도 그 사람의 일상이 모조리 성공으로 채워진 것은 아니다. 누구나 성공보다는 실패가 훨씬 더 많은 일상을 살고 있다. 그렇기 때문에 우리에게는 '그럼에도 불구하고' 다시 일어설 마음의 힘과, 실패가 주는 스트레스를 견디고 일상의 위로를 구하는 좋은 습관이 필요하다. 특히 여자들에게는 관계 속 실패를 이겨내는 힘을 키우는 것이, 남자들에게는 성취 속 실패를 이겨내는 힘을 키우는 것이 더욱 중요하다. 바로 그런 점에서 '실패 내성'이 중요하다. 말하자면 여자에겐 관계의 성공과 실패를 연습할 수 있는 기회가, 남자에겐 성취의 성공과 실패를 연습할 수 있는 기회가 절실하다.

그렇다면 우리는 실패 내성을 어떻게 키워가고 있을까?

가상현실 속 실패의 의미

/

우리에게는 관계와 성취의 성공과 실패를 시뮬레이션해볼 수 있는 가장 손쉽고 재미있고 안전한 공간이 있다. 바로 드라마와 게임이다. 여자들이 드라마를 보는 동안 남자들은 게임을 한다. "남자들은 왜 게임을 좋아하는가?"라는 질문은 "여자들은 왜 드라마를 좋아하는가?"라는 질문에 준하는 질문이라는 것이다.

여자들에게 있어 드라마 속 가상공간은 관계의 대리인들을 세워서 성공과 실패를 시뮬레이션해보는 공간이다. 반면 남자에게 게임 속 가상공간은 성취의 성공과 실패를 시뮬레이션해보는 공간이 된다. 지금 현실에서 느끼는 좌절감과 분명하게 쥐어지지 않는 성취의 애타는 감각 때문에 불편해진 마음은 내려놓고, 안전하게 몰입하고 안전하게 실패하고 통쾌한 성공의 감각을 경험해볼 수 있는 기회의 공간인 셈이다. 그래서 남자들은 게임을 좋아한다. 여자의 드라마처럼 남자의 게임은 일단은 재미있고 성공하면 짜릿하다. 실패하더라도 실제적인 타격이 없이 심리적으로도 안전하고 안정적이다.

남자들은 여자들이 왜 그렇게 드라마나 로맨스 영화에 몰입하며 시간과 에너지, 그리고 감정을 쏟는지 이해하지 못한다고 말하고 여자들은 남자들이 왜 그렇게 경쟁하고 다투고 이기고 지는 게임 시나리오에 몰입하는지 이해하지 못한다고 말한다. 그러나 결국 이런 시간들을 통해 남자와 여자는 현실 속에서 뜻대로 안 되는 관계, 마음대로 되지 않는 성취로부터의 좌절감을 견디고 스트레스를 조절하며 현실로 돌아갈 힘을 얻는다. 환상과 가상의 세계에서 자신의 공포를 마주하거나 무시하는 법을 연습하고 그 시간을 통해 위로받은 홀가분한 마음으로 다시금 현실에 몰두하고 희망을 품을 에너지를 얻는 것이다.

물론 환상과 가상의 세계 속에 너무 몰두한 나머지 현실로 돌아올 출구를 잊는다면 당연히 문제가 된다. 하지만 애초부터 우리가 어떤 행위에 흥미를 느끼는 것은 그 행위 아래에서 우리가 심리적, 실제적 이득을 얻기 때문임을 기억해야 한다. '게임하는 것만 빼면' 괜찮은 남자인 것이 아니라 '게임을 하기에' 괜찮은 남자가 될 수도 있다는 것이다.

다른 듯 같은 욕구

내게는 네 살 터울의 남동생이 있는데, 함께 자라면서 몇 가지 이해가 되지 않는 모습들이 있었다. 하나는 컴퓨터 게임을 좋아하는 모습이고 다른 하나는 프로레슬링이나 권투 등 과격한 운동을 좋아하는 모습, 그리고 잔인하고 끔찍한 혈투가 난무하는 영화를 아무렇지도 않게 즐기는 모습이었다. 하지만 돌이켜보면 여자로서 내가 그러했듯, 남동생 또한 또래의 남자 아이들에게 익숙한 상징과 기호, 행위들에 몰두함으로써 남자라는 존재를 둘러싼 각종 압력과 관념, 정보 속에서 사회화 과정을 거치고 있었던 것이 아닐까 한다. 난무하는 사회의 압력 속에서 서서히 균형감각을 맞춰가며 남자가 되어가는 과정을 거치고 있었던 것이다.

아이가 남자가 되어가는 과정 속에서 마주하는 남자다움의 압력과 남자로서 마주하는 실패 공포는 언젠가 그 아이가 한 가정을 대표해서 성취와 싸움을 해내야 하는 대상이 되어야 한다는 보편적이고도 개인적인 목표의식과 어떤 식으로든 맞닿아 있다. 그것이 의식적이었든 무의식적이었든 남자들은 거친 것, 성패가 분명하게 드러나는 것에 대비할 필요가 있다. 그래서 이런 필요에 일치하고 충실한 모습으로, 여자들은 쉽게 이해하지 못하는 남자의 세계에 빠져든 것이다.

변신 로봇과 온갖 종류의 자동차, 날카로운 이빨이 달린 공룡들의 이야기에 너무 쉽게 본능적으로 매료되는 아들의 모습과 소꿉놀이를 하며 단짝지어 노는 또래 여자 아이들의 모습을 보면서 나는 다시 한 번 느낀다. 남자들은 아마도 우리 사회에 공기처럼 떠다니는 남자다움에 대한 상징과 압력들을 아주 어렸을 때부터 감지하고 흡수했을 거라는 사실을 말이다. 그들은 놀이를 통해 자기 안의 욕망을 조각해나가고, 그 욕망에 딸린 실패 공포에 대한 내성을 기른다.

단순히 남녀가 생물학적, 기질적으로 다르게 태어났음을 이야기하는 것이 아니다. 사회화가 남녀의 의식 속에 매우 일찍부터 스며들었다는 얘기를 하는 것이다. 더군다나 진화심리학적으로 보자면 이 이야기는 사나운 맹수와 전면전을 해내야 했던 남자 원시인의 숙명과 경험이 현대 남자들의 유전자 어딘가, 집단 무의식 어딘가에 깊이 새겨져 있을 가능성과 맞닿아 있다. 현대의 남성들이 밀림이 아닌 컴퓨터 앞에서 하루 중 대부분의 시간을 보낸다고 해도 그들은 여전히 이 과업을 자신과 자신에게 딸린 식솔을 책임지기 위한 숙명으로 본다. 오랜 옛날 그들이 아프리카 사바나를 배회할 때 필요했던 야생성과 아드레날린의 폭주, 테스토스테론의 질주를 풀 심리적인 공간으로서도 이들은 남성스러운 뭔가를 필요로 한다.

그러니 프로레슬링과 권투, 축구, 싸우고 때리고 부수는 컴퓨터 게임에 집중하며 스트레스를 풀겠다는 남자들을 보면서, 오히려 스트레스가 쌓여가는 나를 포함한 여자들은, 이런 남자들을 좀 다른 관점에서 볼 필요가 있다. 언젠가는 직접 싸울 상황에 직면할 것이고 그러니 싸움을 대비해야 한다고 생각하는 남자들의 욕망과 공포는 어찌 보면 더 치열하고 외로운 것일지도 모른다. 이런한 남성적인 성취 목표는 관계 목표보다 더 무서운 단순성을 전제로 하기 때문이다.

오랫동안 남편의 게임 때문에 마음이 상했던 여자 입장에서는 이런 설명이 마음에 와 닿지 않을지도 모른다. 하지만 적어도 게임을 무조건 부정적으로 보고 게임하는 남편의 모습에서 '관계 실패'의 징후를 읽지는 않았으면 한다. '게임의 승리'와 '관계의 실패'는 엄연히 별개의 문제다. 남성들은 자신의 성취 게임과 관계 목표를 섞어서 생각하지 않는다. 단순한 목표의식을 가진 그들은 "게임이야? 나야?"라는 질문에서 왜 꼭 하나만 골라야 하는지 이해하지 못한다. 게임은 그들이 여자를 만나기 훨씬 전부터 해왔던 활동이기 때문이다.

모든 시간을 함께 보내야만 관계가 성공적인 것은 아니다. 진정한 관계의 성공은 서로가 가진 차이를 배려하고 인정하는 데에서 나온다. 또 서로 시간을 보내는 방식은 다르지만 그 방식 밑에 깔린 공포와 욕구는 같음을 기억하자.

홀로됨의 공포

잘 들여다보면 남녀에게 서로 다른 형태로 나타나는 공포는 결국 '홀로 남겨지는 것에 대한 공포'로부터 시작했음을 알 수 있다. 우리가 하는 모든 행위는 혼자 남겨지는 데 대한 공포를 해소하고 함께하고 싶은 욕구를 담고 있다. 혼자가 되고 싶지 않기에 그토록 관계에도 성취에도 매달리게 된다는 것이다.

성역할 기대와 사회적 압력의 차이로 인해 서로 다른 형태로 드러날 뿐, 누군가와 친밀감을 나누고 안정적인 관계를 맺으며 내 안의 성취 능력과 포부를 최대한 잘 펼치고 싶은 욕망은 누구에게나 공통적이다. 그런 욕망을 구현하는 삶에 부합하지 못한 일상을 살고 있다고 느낄수록 우리는 실패 공포에 시달리며 삶을 맥없이 살게 된다.

실패 공포를 극복하고 내성을 길러 성공에 이르기까지의 전략이 아무리 다르다 하더라도, 결국 남자와 여자는 서로 같은 것을 원한다. 그리고 결국 우리 모두에게는 성취와 관계, 두 가지 모두가 필요하다. 그렇게 우리는 혼자가 아닌 '함께'를 확인해간다.

남자의 인정 욕구와 거짓말

사람은 누구나 타인과 진심 어린 관계를 맺고 싶어 한다. 좋은 관계를 맺기 위한 첫째 조건은 잘났든 못났든 내 모습을 감추지 않고 그대로 드러내는 것이다. 하지만 자신을 드러내는 일은 생각보다 힘들다. 우리는 더 사랑받고 싶은 욕망과 거절당할까 봐 두려운 마음에 시달리며 좋지 않은 모습은 감추고 좋은 모습만 드러내고 싶은 유혹에 자주 시달린다.

특히 스스로 못났다고 생각하는 부분에 대해 허심탄회하게 드러내기는 더더욱 쉽지 않다. 우리는 거절당하거나 멀어지거나 평가받을 수도 있다는 두려움 때문에 자주 머뭇거린다. 그래서 우리가 맺는 모든 관계는 언제나 예쁘고 빛나는 모습을 보여주는 것에서 시작되지만, 결국에는 못나고 부족한 모습을 드러내는 것을 통해 깊어진다.

스스로를 솔직하게 드러낼 용기를 갖지 못할 때 관계는 이런저런 거짓말과 허세, 진심이 아닌 몸짓들로 채워진다. 받아들여지지 못할까 봐 거짓말을 하게 되지만 결국 그 거짓말 때문에 친밀감을 나누는 관계로부터 더 멀어진다. 사랑받기 위해 했던 거짓말로 인해 결국 사랑의 좌절을 겪게 되는 것이다.

상습적으로 거짓된 말과 행동을 하는 반사회적 인격 장애를 뜻하는 '리플리 증후군'만큼 이를 파괴적으로 보여주는 심리 현상이 없다. 리플리 증후군에 더 취약한 성별이 정해진 것은 아니지만 유독 리플리 증후군으로 문제를 일으키는 사람 중에는 남자가 많은 것 같다. 또 요즘 들어 그런 징후를 더 자주 발견하기도 한다. 아마도 그것은 요즘 남자들이 겪는 사회문화적 압박이 그만큼 크다는 것을 말해주는 것이 아닐까? 자신을 있는 그대로 드러내는 용기를 갖지 못한 채 거짓말을 동원해서라도 자신을 포장해야 한다는 압박에 시달리는 남자들의 연약한 자아가 리플리 증후군을 통해 나타나는 것이다.

그는 왜 리플리가 되었는가?

여자 친구의 소개로 상담실을 찾아오게 된 그 남자는 리플리 증후군의 전형을 보여주는 사람이었다. 그의 여자 친구는 그가 병적인 거짓말쟁이여서 도움이 필요하다고 이야기했다. 그녀는 그때까지 만나온 남자 친구의 실체를 발견한 뒤로 큰 충격과 상처를 받았다. 상담 시간을 잡고 통화까지 했지만 남자를 직접 만난 건 그로부터 한참 뒤였다. 그는 이런저런 핑계를 대며 상담을 차일피일 미루다가 한 달이 지난 뒤에야 상담실에 왔다. 그는 그즈음 상담 신청을 대신 해주었던 여자 친구와 헤어졌다고 했다.

그는 자신의 이야기를 순서대로 들려주었다. 여자 친구가 이야기한 것처럼 그 모든 이야기의 핵심은 '거짓말'에 있었다. 시작은 스무 살 때였다.

"제가 대학을 예상 외로 참 잘 갔어요. 운이 좋았는지 수능 점수가 평소보다 훨씬 잘 나와서 어려울 거라고 생각했던 대학에 붙어버린 거예요. 공부를 잘한 것도 아니고 성실한 것도 아니었는데 말이죠. 제가 의도한 건 아니었지만 어쩌면 이게 거짓말의 시작이었다는 생각이 들어요. 반에서 중간도 못 하던 애가 운 좋게 전교에서 상위권 애들이나 목표로 하던 대학에 가게 됐으니까요. 그 뒤로 갑자기 사람들의 시선이 달라졌어요. 부모님도 선생님도 오랜만에 만난 친척들도 저를 대하는 태도가 그때부터 완전히 달라지더라고요."

그전까지는 별다른 기대나 관심을 받지 못했던 그가 좋은 대학에 들어가게 되면서 받게 된 사람들의 기대와 관심은 그의 세계관을 뒤흔들었다. 기분이 좋았던 것도 잠시, 그는 점점 자신에 대한 불안감과 다른 사람들에 대한 냉소를 크게 느꼈다. 이전의 자신이 '별 볼 일 없는 존재'였다는 것을 새삼 느끼게 되었고, '별 볼 일 있는 존재'가 된 것 역시 자신의 노력 때문이 아닌 운 좋게 얻은 것이라는 생각 때문에 혼란스럽기도 했다. 게다가 그런 혼란 속에서 혼자 서울로 올라와 생활을 하게 되면서 쉽사리 마음을 잡지 못하고 방황했다.

그는 이 일을 계기로 능력과 성공이 얼마나 중요한지 깨달았고, 그 기준에서 절대로 낙오되면 안 된다는 생각에 사로잡혔다. 하지만 애초에 공부에 뜻이 있던 것이 아니었기에 앞으로의 삶이 막막하게만 느껴졌다. 성공해야 한다는 막연한 목표의식은 있었지만 그 목표를 채우기 위해 필요한 구체적인 계획과 실천력이 그에게는 없었다.

학교에서는 사투리 섞인 말투 때문에 학교 친구들에게 은근히 무시를 당하는 것 같아 자존심이 상했다. 친구를 잘 사귀지 못해 학교에 적응하지 못했고, 그래서 수업도 자주 빼먹었다. 결국 두 번이나 연달아 학사 경고를 맞고는 휴학을 했다. 하지만 부모님이나 주변 사람들에게는 이 모든 사실을 말하지 않았다. 이즈음엔 자신의 모습이 한심하게 느껴져 정신을 차려야겠다는 생각으로 군에 입대하려고 했다. 하지만 이번에도 운이 좋았던 건지 나

빴던 건지, 허리 디스크와 결막염 판정을 받아 공익근무요원이
되었다.

"그때는 운이 좋았다는 생각도 했어요. 지금은 저 같은 결격사유가 있
어도 현역으로 군대를 가거든요. 다행이다 싶었어요. 저처럼 학교 꼬
박꼬박 다니는 것도 힘들어하는 애가 군 생활을 잘할 수 있을지 두렵
기도 했거든요. 또 공익이면 시간도 있으니까 공부를 해야겠다는 생
각도 했어요. 학고를 맞고 보니 취업에 불리하겠다 싶어서 공무원 시
험을 볼까 고민했거든요. 지금 생각하면 어려운 환경에도 처해보고
조직에 들어가서 버텨보기도 했어야 한단 생각도 들어요."

화려한 이상과 초라한 현실

그렇게 시작하게 된 공익근무요원 시절부터 그는 본격적으로
연애를 시작했고 연애를 하면서 더욱 본격적으로 거짓말을 하기
시작했다. 준수한 외모에 다정한 말투를 하고 그럴듯하게 자신
의 배경이나 학력 등에 대해 거짓말을 덧붙이면 쉽게 여자 친구
의 마음을 빼앗을 수 있었다. 처음에는 작은 거짓말을 했지만 상
대가 이를 믿으면 믿을수록 점점 더 대담한 거짓말도 하게 되었
다. 하지만 거짓말은 초반 만남을 쉽게 이끌어가도록 도와주기는

했지만 계속해서 관계를 이어나가게 하지는 못했다. 그는 언제나 거짓말이 들통나기 전에 관계를 그만두거나 상대가 먼저 관계에 염증을 느끼도록 방치했다. 시간이 갈수록 스스로에 대한 자신감은 없어지고 자괴감도 커졌다.

반짝반짝 빛나는 거짓말로 자신을 포장하다 보면 어느 순간에는 '진짜 나'가 더 초라하게 느껴질 수밖에 없다. 그 역시 초라한 자신을 느꼈고, 결국 그 사실을 감추기 위해 더 크고 빛나는 거짓말을 해야 했다. 이렇게 거짓말을 하며 스스로에게 떳떳하지 못하다 보니 그에게는 마음을 나눌 친구도 없었다. 그렇게 고립은 더 큰 거짓말로 이어졌다. 거짓말을 하지 않은 관계가 없었기 때문에 거짓말을 하지 않아도 괜찮은 관계 경험의 가능성은 점점 더 작아졌다. 스스로에 대한 자괴감과 타인에 대한 불신감, 관계에 대한 냉소감은 그의 마음속에서 더 층층이 쌓여갔다.

공익근무가 끝나고 학교로 돌아간 남자는 어렵게 졸업은 했지만 취업에 어려움이 많았다. 그래서 집에는 공무원 시험을 준비한다고 하고 졸업 후 4년이라는 시간을 그냥 흘려보냈다.

지방에 계신 부모님은 그가 어떻게 시간을 보내는지 알지 못한 채 자리를 잡지 못하는 아들을 보며 속만 태웠다. 그래서 시험을 포기해도 좋으니 차라리 집으로 내려오라고 권유했다. 하지만 그는 집으로 내려가고 싶지 않았고, 급기야 여자 친구들에게 하던 거짓말을 부모님에게도 하기 시작했다. 취업을 했다고 거짓말을 하고 매달 용돈도 보내겠다고 큰 소리를 치고는 정말 1년 동안 꼬박꼬박 100만 원씩 보냈다. 그 돈은 제2, 제3금융권에서 어마어마한 이자를 물며 빌린 돈이었다. 그렇게 1년여가 지나고 마침내 부모님이 이 사실을 알게 되었다. 그의 거짓을 알아차리고 본가에 연락을 한 그의 전 여자 친구 덕분에 말이다.

모든 것이 들통난 뒤 그는 자기 자신에 대해 부끄러움을 느꼈고 절실히 변화하고 싶어 했다. 하지만 변화는 쉽지 않았다. 그의 거짓말 속에는 그가 꿈꾸는 환상이 담겨 있었기 때문이다. 전혀 현실적이지 않은 자신의 환상에 비해 초라한 현실을 받아들이는 것이 그에게는 너무 힘든 과제였다. 그래서 내게 자주 이런 말을 했다.

"누가 별 볼 일 없는 집에 돈도 없고 대학도 겨우 졸업하고 의욕까지 없는 남자를 좋아하겠어요?"

자신의 연약한 거짓말에 대해 변명하고 후퇴하고 싶어지는 자신의 마음을 합리화하기 위해 되뇌는 말이었다. 그런데 사실 그의 이런 판단은 세상이 돌아가는 이치와 사랑이라는 감정이 펼쳐지는 삶의 조건들을 반영하는 것이기도 했다. 우리는 성실하지 않은 사람을 반기지 않을 뿐 아니라 안정적인 생활 기반이 없는 사람과는 미래를 약속하지 않는다. 그가 자신의 조건을 직시하고 이를 뚫고 나가 현실적인 바탕을 만들어나가려는 노력을 하지 않는 한, 앞으로 그에게 주어질 기회는 많지 않을 것이다. 그가 진짜 사랑을 하고 진짜 삶을 살며 진짜 자기 자신을 펼치려면 지금까지 거짓으로 치장했던 것들을 내려놓고 포기해야 한다. 크고 반짝이는 가짜 자기를 내려놓고 한없이 초라해 보이는 진짜 자기를 받아들이는 고난의 과정을 견뎌야 하는 것이다. 그것은 결국 더 나은 자신을 만들어나가는 과정이다.

그의 행동은 분명히 심리적으로도 윤리적으로도 잘못된 행동이었다. 세상에는 이상적인 사랑에 조금이라도 가까워지기 위해 노력하는 수많은 성실한 연인들이 있다. 하지만 이와 반대로 쉽게 사랑을 얻으려고 거짓말 전략을 쓴 그는 자기 기만적이고 자기중심적인 사람이다. 그랬기에 타인에게는 물론 자기 자신에게도 상처를 입혔다. 지금 당장은 거짓으로 누군가의 환심을 살 수 있을지 몰라도 그런 전략은 결국에 실패할 수밖에 없다. 그 역시 그것을 알았기에 언제나 불안할 수밖에 없었고 자신이 그토록 원하는 사랑에 대해서도 냉소적일 수밖에 없었다.

리플리 증후군에 빠진 이유

그 남자의 거짓말은 다음의 네 가지 이유에서 비롯된 것 같다.

첫째, 비현실적인 자아이상. 거짓말의 방어를 많이 쓰는 사람들은 자아이상이 극단적으로 높고 비현실적인 면이 있다. 자아이상이란 '스스로 도달하고 싶어 하는 이상적인 내 모습'이라고 할 수 있다. 누구나 자신의 현실을 더 멋지고 아름답고 능력 있는 모습으로 변화시키고 싶어 하고 이를 통해 다른 사람의 인정과 사랑을 받고 싶어 한다. 하지만 이런 자아이상이 현실에 바탕을 두지 않고 지나치게 환상에 치우쳐 있다면 의욕과 목표의식보다 좌절과 냉소감을 얻기 쉽다. 보통 리플리들은 비현실적인 자아이상을 스스로에게 부여한다.

둘째, 열등감, 수치심, 그리고 좌절감. 현실과 이상 사이에서 느끼는 좌절감이 클 뿐 아니라 이를 받아들이지 못할 때 우리는 거짓으로 스스로를 방어하고 싶은 충동을 느낀다. 리플리들은 자신을 상처 입히고 열등감에 휩싸이게 하고 수치심과 좌절감에 젖게 하는 비교의식을 많이 느끼고 다른 사람의 평가에 민감하게 반응한다. 좌절과 열등, 수치심의 악순환이 그들의 마음속에 반복되는 것이다.

셋째, 빈약한 윤리의식과 초자아. 이들의 도덕관념은 느슨하고 도덕적 판단과 행동의 기준이 되는 초자아가 제대로 기능하지 못하는 측면이 강하다. 원하는 것을 얻기 위해 수단과 방법을 가리지 않고 자신의 상처에 깊이 매몰되어 있기 때문에 자신의 행동으로 인해 다른 사람이 상처받을 수 있다는 사실을 크게 인식하지 못한다. 이를 뒤늦게 느끼고 자책하기도 하지만 순간적인 충동에 사로잡힐 때에는 스스로를 제어하지 못한다. 자신의 행동에 선을 긋고 책임의식을 느끼는 확고한 내면의 기준이 없는 것이다.

넷째, 좋은 관계 경험과 관계 기술 부족. 이들은 관계에 서투른 모습을 보인다. 안정적이고 신뢰를 주고받는 관계 경험이 부족하다는 것 역시 이들을 거짓말에 취약하게 만든다. 이들은 거짓말로 자신을 포장한 뒤 맺은 피상적 관계에만 익숙하기 때문에 그런 피상적 관계가 주는 공허함에 대비되는 진짜 관계 속 충만감에 대한 감각이 없다.

연약한 마음을 방어하다

진실과 진심을 제대로 마주하기 위해서는 이를 외면하지 않고 똑바로 보는 용기와 의지가 필요하다. 어느 정도의 방어는 나 자신을 더 건강하게 해주는 측면이 있지만 나를 드러내고 신뢰를 느껴야 할 관계에서마저 이런 방어의 가면을 자주 쓰게 된다면 문제가 된다. 꼭 거짓말이 아니어도 우리는 자기 안의 불편한 진실과 진심을 있는 그대로 마주하기 힘들 때 다양한 방어의 유혹에 빠진다. 진실이 주는 불편함의 파급으로부터 스스로를 보호하고 싶기에 자신을 있는 그대로 드러내는 대신 다음과 같은 방어를 통해 스스로를 보호하려는 것이다.

합리화   책임을 느껴야 할 부분에서 벗어나기 위해 문제의 원인
을 제대로 짚어주지 않고 자신의 행동을 정당화한다. 예
를 들어 자기가 바람피운 이유를 상대의 무심함 탓으로
돌리는 경우가 있다.

투사   관계에서는 자신이 느끼는 불편하고 어두운 욕망을 스스
로 받아들일 수 없을 때 상대 탓으로 돌리는 경우가 많다.
자신의 마음과 상대의 마음을 제대로 분리하지 못하고 자
신이 받아들이기 불편한 마음을 상대에게 전가시키는 것
이다. 예를 들어 배우자나 연인의 진심을 의심하는 경우,
진실하지 않은 자신의 마음을 통해 상대의 마음을 미루어
짐작하고는 탓을 돌리는 경우가 있다. 의처증이나 의부증
환자들도 대부분 자기 안의 외도 심리를 인정하기보다는
상대를 의심한다.

보상   자신의 어떤 특성이나 행동이 불러올 수 있는 결핍을 채
우거나 되돌리기 위해 노력하는 것을 말한다. 어떤 사람
은 자신의 냉정하고 이기적인 점이 불러올 부정적인 결과
를 보상하기 위해 일부러 더 다정하고 보살피는 역할을

수행하려고 한다. 그런데 이러한 노력이 지나칠 경우 스스로를 지치게 할 뿐 아니라 상대방에게도 혼란을 줄 수 있다.

부정　　실제로 존재하는 상황을 받아들이기 거부하는 모습을 말한다. 이별 통보를 받고도 마치 이별하지 않은 것처럼 행동하거나 상대가 자신을 좋아하지 않는다는 것을 보여주는 명백한 상황임에도 이를 받아들이지 않는 경우가 이에 해당한다.

주지화　　스트레스 상황을 견디기 힘들 때 감정적인 요소는 모두 배제하고 논리적이고 분석적인 모습으로 상황을 판단하려는 방어를 의미한다. 예를 들어 연인과의 이별을 앞두고 연인의 모습을 논리적으로 분석함으로써 상처로 인해 무너지는 자신의 마음을 방어하는 경우가 있다.

내가 이룬 것들이 가짜가 아닐까

거짓말과 관련해서 리플리 증후군만큼이나 남자들의 내면에 존재하는 내적 불안과 방어심리를 반영한 심리로 '사기꾼 증후군

imposter syndrome'이라는 게 있다. 리플리 증후군이 연약한 자아를 감추고자 가짜이면서 진짜 행세를 하는 심리 현상이라면, 사기꾼 증후군은 진짜이면서도 가짜가 아닐까 하는 자기 의혹에 휩싸이는 자아의 연약함을 감추는 심리 현상을 말한다.

리플리들이 가짜 성공으로 자신을 연출한다면 사기꾼 증후군에 빠진 사람들은 이미 자신이 이룬 성공에 대해 스스로 의혹을 가진다. 자신의 능력이 실제로는 보잘것없을지도 모른다는 불안감에 휩싸여 자신이 혹시 리플리가 아닌지 자문한다. 이들은 "사람들이 나를 제대로 알게 되면 내가 무능력하다는 걸 금방 알아차릴 것이다", "나는 사실 착하지 않다는 사실을 언젠가는 사람들이 알게 될지도 몰라"라는 자기 의혹에 매몰되어 있다.

리플리들이 의도적으로 타인을 속인다면 사기꾼들은 실제로는 그렇지 않으면서 자신이 다른 사람을 속이고 있는 것 같다고 느끼며 스스로를 사기꾼으로 바라본다. 이런 사기꾼 증후군은 성공한 기업가나 사회적으로 좋은 평판과 명성을 가진 사람들이 은밀히 가지는 내면의 갈등이다. 이들은 자신의 성공을 피나는 노력과 갈고닦은 재능이 아닌 운이나 우연으로 평가절하하기도 한다. 그러면서도 자신의 능력이나 인품에 대한 타인의 높은 기대에 대해 큰 불안감과 불편감을 느낀다.

내가 아는 어떤 남자는 승진에 누락되었다는 사실을 알고 오히려 안도감을 느꼈다는 이야기를 했다.

사기꾼 증후군에 빠진 사람들은 자신의 능력이 실제로는
보잘것없을지도 모른다는 불안감에 휩싸여 자신이 혹시 리플리가 아닌지 자문한다.

"이번에 승진을 못 하게 되었다는 걸 알고 사실은 다행이라고 생각했어요. 사람들 앞에서 아쉽다는 얘기를 하기도 했지만 집으로 돌아가는 길에 온몸에 긴장이 풀리는 것 같은 느낌을 받았지요. 이번에 승진하면 전보다 더 크고 중요한 프로젝트를 맡아야 하는데 그게 너무 부담이었나 봐요. 사실 지금 이 자리에 온 것도 제 능력보다는 운이 좋아서라고 생각하거든요. 언젠가는 사람들이 진짜 내 실력을 알아차리고 크게 실망할 날이 올 것 같은 불길한 예감이 들어요."

이런 불안과 의혹 때문에 그는 승진을 부담스러워하는 마음에 사로잡혀 있었던 것이다. 승진하면 그 직책에 걸맞은 능력을 보여야 한다는 압박이 그를 짓눌렀다. 그는 객관적으로는 충분한 능력이 있었음에도 자신이 그전까지 쌓아온 능력이 거짓이고 거품이어서 자신의 무능력과 실패가 만천하에 드러나는 것, 발각되는 것에 대한 두려움을 크게 느꼈다. 이런 마음은 겉으로는 자신만만해 보이는 성공한 사람들이 마음속에 은밀히 담고 있는 내적 불안과 갈등을 대변한다.

성취에 대한 압박을 크게 받는 남자들일수록 이를 표현할 수 있는 언어와 대상을 갖지 못한다. 그래서 이들의 마음속에서 이런 사기꾼 증후군은 점점 더 크게 자리 잡아 그들로 하여금 자기소외감을 느끼게 한다.

리플리 증후군이 실제로 없는 능력이나 스펙을 거짓으로 제시하고자 하는 충동에 휘둘리는 남자들에게 나타나는 증후군이라면 사기꾼 증후군은 실제로 능력도 있고 노력도 하면서 자신이 가짜일까 봐 두려워 불안에 휘둘리는 남자들의 모습을 보여준다. 두 경우 모두 자아이상과 성취에 대한 압박이 높은 반면, 이에 대한 현실적인 균형감각을 유지해나갈 만큼 자아가 단단하지 않기 때문에 나타나는 현상이다. 평가와 실패, 실망은 두렵고 타인의 인정과 사랑을 얻고자 하는 욕구는 강할 때, 이런 마음에 휘둘리는 것이다.

우리에겐 용기가 필요하다

거짓말은 나쁘다. 거짓말 하는 남자도 나쁘다. 하지만 애초에 그들이 연출한 거짓의 언어와 몸짓은 더 사랑받고 싶다는 욕망에서 비롯되었다. 욕망은 잘못이 없다. 다만 욕망을 추구하는 방식이 왜곡되었기에 거짓을 통해 확보한 사랑과 관심 역시 왜곡된 방향으로 흐르고 결국 그것이 우리를 고립시킨다. 더 사랑받고, 덜 거절당하기 위해 했던 거짓말이 결국에는 더 근본적인 거절과 사랑의 좌절을 불러오는 것이다.

있는 그대로를 말하는 용기는 자기 자신에 대한 신뢰와 상대에 대한 진심, 그리고 사랑이라는 관계에 대한 희망에서 비롯된다.

나에 대한 신뢰가 적을수록, 상대를 아끼고 사랑하는 마음이 적을수록, 사랑에 거는 희망이 적을수록 우리는 거짓말로 나를 포장하고 거짓으로 관계에 임하며 마음에 겹겹이 방어막을 친다. 하지만 아직 완성되지 않았고 여전히 부족하다고 해도 자기 자신과 타인을 믿으며 있는 그대로의 모습을 드러내는 연습을 해보아야 한다.

모든 사람의 마음속에는 리플리와 사기꾼이 있다. 나를 더 멋진 모습으로 제시하기 위해 우리는 진실과 거짓말, 현실과 이상 사이에서 균형감각을 잃고 방어적인 모습을 보인다. 짧은 시간 내에 깊은 인상을 남겨야 하는 일회성 짙고 피상적인 관계가 많아질수록, 멋진 모습만이 받아들여질 거라는 압력을 크게 느낄수록 자아가 약한 사람은 리플리가 되거나 사기꾼이 될 가능성이 크다. 이런 덫에 걸려 넘어지지 않으려면 무엇보다 용기가 필요하다. 거짓을 거절하는 용기와 진심을 고백하는 용기 말이다.

특별함에 사로잡힌 남자

/

여자는 반년 동안 사귄 남자 친구와 헤어져야 하는 이유를 다음과 같이 적어보았다.

- 자신이 틀렸을 때조차 틀렸다는 사실을 인정하지 않는다.
- 사랑한다, 보고 싶다, 미안하다, 고맙다는 표현에 인색하다.
- 자신은 다른 사람과 달리 특별하다고 믿고 특별한 대우를 받고 싶어 한다.
- 다른 사람의 힘겨움에 대해서 정서적 공감을 해주지 않는다.
- 원하는 것을 이야기하지 않아도 다른 사람이 알아주길 바란다.
- 다른 사람의 거절을 쉽게 받아들이지 못한다.
- 주는 것보다 받는 것을 당연하게 여긴다.

• 마마보이다.

여자의 남자 친구는 전형적인 나르시시스트의 특성을 가지고 있었다. 나르시시스트들은 관계 속에서 착취적이고 자기중심적인 특성을 보인다. 그들은 자기중심적인 만큼 타인의 감정이나 입장을 배려하지 못하고 옆에 있는 사람의 감정을 착취한다. 그래서 그들 옆에 있다 보면 사람들은 피곤을 느낀다.

이 관계 속에서 여자는 불행했다. 자신이 연애 관계에서 기대했던 많은 것들이 커다란 실망과 슬픔으로 돌아왔다. 위의 리스트만 보면 왜 이런 남자를 반년 동안이나 사귀었을까 하는 생각도 든다. 하지만 여자는 그런 사실을 깨닫고 나서도 남자 친구와 헤어지지 못하고 시간을 끌었다. 왜냐하면 그녀는 사랑할 때 자기 주관이 없어 상대의 욕구에 끌려 다니기 쉬운 '에코'였기 때문이었다.

비극적 한 쌍의 만남

나르시시즘이라는 용어는 그리스로마 신화에 등장하는 나르키소스의 이야기에서 나왔다. 그는 자신의 멋진 모습에 반한 나머지 온통 자신에게만 관심이 집중되어 있던 남자였다. 그러다가 결국 호수에 비친 자신의 모습에 홀려 빠져 죽고 말았다. 그의 죽음은 자기밖에 모르는 사람의 비극적 말로를 상징한다.

에코는 그런 나르키소스를 연모하는 요정이었다. 자기밖에 모르는 사람을 사랑하는 이가 늘 그러하듯 에코는 상대가 자신을 봐주기를 기대하며 헌신적인 모습을 보였지만 결국 그녀는 사랑을 돌려받지 못했다. 에코라는 이름 그대로 메아리 역할만 하게 된 것이다.

나르시시스트는 자신을 비춰주고 받쳐주는 타인을 필요로 하기 때문에 관계를 시작하는 이유도, 유지하는 이유도, 끝내는 이유도 모두 자기 욕구를 충족시키는 데 초점이 맞춰져 있다. 그는 자신에 대한 타인의 기대와 찬사, 인정, 보살핌, 특별한 대우에 익숙하다. 따라서 그는 심리적으로 자기 안에 갇혀 홀로서기를 할 수 없는 의존적이고 미성숙한 남자를 상징한다(물론 남자만 이런 속성을 가진 것은 아니다. 하지만 연인 관계에서는 남자가 이런 모습을 보이는 경우가 많다).

나르시시스트와의 관계 속에서 에코가 행복할 리는 없다. 하지만 많은 에코들이 그를 떠나지 못한다. 왜냐하면 에코 역시 이 관계에서 얻는 것이 있기 때문이다(겉으로 보기에는 그녀 쪽에서 많은 것을 잃는 것처럼 보이지만 사실 우리는 자기에게 돌아오는 이익 없이는 어떠한 행동도 하지 않는다). 그녀는 자신이 비춰주고 받쳐줌으로써 자기 자신과 동일시할 멋진 타인과의 관계를 필요로 하는 관계 의존적이고 집착적인 여자였다. 그녀는 자신을 잃어가면서까지 대상을 얻고 싶었던 것이다. 자기중심적인 남자와 타인중심적인 여자의 공생 관계는 이렇게 시작되고 유지된다.

너무 많은 기대로 인한 비극

앞에서 여자가 언급한 나르시시스트 남자 친구의 특성을 다시 한 번 살펴보자. 만약 이것이 다섯 살 아이의 특성이라면 문제될 게 없다. 오히려 발달과정에서 당연히 거쳐야 할 정상적인 모습이다.

모든 아이들은 발달과정상, 자신이 세상에서 가장 특별하고 세상이 자신을 중심으로 돌아간다고 착각할 필요가 있다. 그리고 그 착각은 충분히 보호받을 필요가 있다. 다른 누군가에게 뭔가를 해줘야 한다는 생각 없이, 자기 욕구에만 집중하고 자기만 옳다고 우겨보는 시기를 통해 점점 자기중심성에서 벗어나 타인을 공감하고 배려하는 방식을 배울 수 있기 때문이다. 하지만 이런 자기중심적인 마음이 과잉 충족되거나 과잉 결핍될 때, 아이는 이 시기에 고착된다. 영원히 철들지 않는 어른 아이가 되거나 너무 일찍 철들어버린 애어른이 되는 것이다.

남성중심의 가부장적 배경과 심리발달적 환경을 고려해보건대, 전통적으로 남자는 자기중심적인 나르시시스트가, 여자는 나르시시스트를 받쳐주는 타인중심적인 에코가 되기 쉬운 조건 속에 있었다. 이런 분위기 속에서 자란 남자들은 전반적으로 특별함에 대한 기대를 너무 많이 받기 때문에 생기는 비극에 취약하다. 타인의 기대와 사랑이 너무 넘친 나머지 어른 아이가 될 위험이 큰 것이다. 반면 여자들은 기대를 받지 못하기 때문에 생기는 비극에 취약한 나머지 애어른이 될 위험이 크다. 자신이 아닌 타인에게 집중하며 자기희생적이고 퍼주기만 하는 사랑, 결과로 돌아오지 않는 관계를 너무 오래 감내하는 문제를 갖게 되는 것이다.

남자는 남자 아이라는 이유로, 장남이라는 이유로, 대를 이을 사람이라는 이유로 집안의 모든 기대를 한몸에 받았고 이를 뒷받침하기 위한 교육적, 심리적 혜택과 차별화된 대우를 받았다. 많은 것이 그를 중심으로 돌아갔을 것이다. 반면 여자는 여자 아이라는 이유로, 아들을 바라는 딸 부잣집에서 어중간한 순서로 태어났다는 이유로, 대를 잇지 못하고 다른 집안에 시집을 가버리는 존재라는 이유로 집안의 기대를 받지 못했을 것이다. 자기가 중심이 되는 경험 없이 언제나 보조 역할에 충실해야 했을 것이다. 이런 심리환경적 차이는 그대로 그들 삶의 패턴을 형성했다.

다행히 최근에는 사회가 남녀 모두에게 차별 없이 동등한 교육과 기대가 주어지는 분위기로 바뀌있다. 하지만 그렇다고 해도 전통적인 관념의 잔재가 쉽게 사라진 것은 아니다. 부모 세대의 관념, 변화한 것 같지만 여전히 존재하는 여성에 대한 차별, 그리고 그 속에서 노골적으로든 암묵적으로든 남자가 더 특별하다는 무의식적인 관념을 가진 여성들의 심리가 여전히 여성은 물론 남성에게도 영향을 미친다.

겉으로 보기에 이런 조건은 남성들에게 유리할 것 같지만 꼭 그런 것만은 아니다. 남자들은 영영 다섯 살에 머무를 수도 없고 과도한 기대와 관심, 찬사 밑에 깔린 조건의 그림자를 인식하지 않을 수 없기 때문이다. 한 집안의 기대주들은 마음에 큰 부담을 안을 수밖에 없다. 그렇기 때문에 남자들은 기대를 받을수록 기대로부터 자유로울 수 없고 인정과 찬사라는 타인이 주는 심리적 양분에 집착하게 된다.

게다가 "너는 특별해"라는 특별함에 대한 기대는 어느 순간부터 "너는 특별해야 해"라는 압박으로 전환되고 이런 기대를 내면화함으로써 "나는 특별하다(해야 한다)"라는 자기중심적이고 자기애적인 욕구와 기준을 마음에 품게 된다. 이런 욕구와 기준이 지나치게 높을 때 남자들은 관계 속에서 타인의 반응에 민감하게 반응하면서도 자기중심적인 모습을 보인다. 이런 나르시시스트의 모순과 역설이 그들의 마음속에 자기 자신도 쉽게 이해하기 어려운 불안감을 심어주기도 한다. 자기 자신을 어리게 보면서도 겉으로는 어른스러운 척해야 하고 기대를 과민하게 인식하고 인정에 목마른 모습을 보이면서도 겉으로는 무심한 척해야 하는 분열감이 그들의 마음속에 도사리고 있는 것이다.

한편 자신에 대한 기대가 없거나 적다는 것 역시 또 다른 비극을 낳는다. 아무도 나에게 진지한 기대를 하지 않고 나를 특별하게 여겨주는 시선이 없는 곳에서 우리는 혼자서 끝까지 뭔가를 붙잡고 가기 쉽지 않다. 특히나 이런 무관심을 한 가정 내에서 차별적으로 감내해야 하는 환경 속에 있었다면 사람은 누구나 수치심과 열등감, 알 수 없는 억울함에 시달리고 다른 사람의 관심과 사랑에 목말라할 수밖에 없다.

이런 배경 속에서 여자들은 남자들과는 다른 방식으로 타인의 기대에 민감해진다. 조금이라도 자신에게 긍정적인 기대를 던지는 타인의 욕구에 맞춰 자신의 욕구를 희생시키는 일이 여자들 사이에서 쉽게 나타난다. 여자들은 영혼이 담기지 않은 "너는 특별해"라는 말 한마디에도 쉽게 마음이 현혹될 만큼 낮은 자존감을 지닌 경우가 많다. 그렇기에 이런 여자들의 마음을 간파한 나쁜 남자들의 유혹에 쉽게 빠지고 오랫동안 헤어나오지 못한다. 왜 그토록 똑똑한 여자들이 관계 문제에 있어서는 그토록 어리석어지는지, 왜 많은 여자들이 관계 속에서 많은 희생을 하면서도 정당한 대우를 요구하지 못하는지에 관한 문제가 바로 이런 발달 과정상의 결핍 경험과 연결된 경우가 많다.

여자들은 특별한 대상을 기다리며 그들을 감내하고 보조하면서 자신을 찾으려고 애쓸 뿐 자신도 그 대상 못지않게 특별한 존재라는 사실을 진심으로 받아들여본 적이 없는 것이다. 스스로를 너무 특별하게 생각하는 것도, 스스로의 특별함을 너무 깨닫지 못하는 것도 관계 속에서 문제가 된다. 중요한 것은 내가 특별한 만큼 다른 사람도 특별하고, 다른 사람이 특별한 만큼 나도 특별하며 모든 존재는 성별이나 경험 등의 조건에 상관없이 특별하다는 '특별함의 보편성'이라는 전제를 잊지 않는 것이다.

이렇게 적당하지 않은 기대는 공통적으로 우리의 마음속에 타인의 인정에 대한 갈구를 불러일으킨다. 자신이 너무 특별하다고 생각한 사람은 인정받지 못하는 상황을 견디기 어려워하고, 자신이 특별하지 않다고 생각하는 사람은 인정받기 위해 자기희생을 불사하는 것이다.

이처럼 어느 한 성별에게는 지나친 기대를, 다른 성별에게는 결핍된 기대를 던지는 배경으로 자리 잡고 있는 가부장제는 남녀 모두의 심리에 부정적인 영향을 미쳤다. 성별에 기초한 차별이 아니더라도, 무조건적인 사랑과 관심을 받아야 하는 예민하고 어린 시기에 경험한 차별대우는 우리에게 깊은 상처를 남겼고 삶의 태도에 크나큰 영향을 미쳤다. 즉 타인의 시선과 관점을 내면화한 뒤 그 시선의 울타리에 갇힌 삶을 살게 한 것이다.

기대라는 조건화

아이의 삶은 태어나기 이전부터 부모의 기대라는 심리적 울타리로 규정지어진다. 아이가 뱃속에 있을 때부터 부모는 아이에 대해 이런저런 기대를 한다. 성별을 궁금해하고 생김새를 궁금해 하고 어떤 특성을 가지길 기대한다.

자기 힘으로 뭔가를 할 수 없기 때문에 다른 사람에게 생존을 전적으로 의탁해야 하는 무력한 존재로 태어난 아기는 부모의 기 대라는 심리적 환경 속에서 일차적으로 성장하고 사회의 기대라 는 심리적 환경 속에서 이차적으로 성장한다. 이런 관점에서 보 면 사람에게 타인의 인정이라는 것은 심리적 자양분과 같다고 할 수 있다. 기대를 초월해 '자기 자신'으로 산다는 것, 인정과 찬사 에 좌우되지 않는다는 것은 불가능에 가까운 일이다.

그럼에도 어떤 사람은 타인의 기대와 인정에 더 민감하고 지나 치게 마음을 쓴 나머지 이런저런 정서적, 관계적 문제에 부딪힌 다. 적절한 기대와 적절한 욕구 좌절이라는 안정적인 심리환경이 아니라, 과도하게 큰 기대나 과도하게 결핍된 기대가 타인의 기 대에 대한 민감성에 영향을 미친 것이다.

이런 불안정한 환경 속에서, 기대에 민감할수록 우리는 눈치를 많이 보는 사람, 쉽게 불안해지고 우울해지는 사람, 관계 속에서 쉽게 착취당하는 사람, 공격적인 모습을 보이는 사람, 기대를 채 우기 위해 강박적인 모습을 보이는 사람, 자신을 위한 선택을 하 지 못하는 사람이 되기 쉽다. 매사에 자신감이 없고 선택에 있어 서 의존적인 모습을 보이는 것도 기대에 과도하게 민감하기 때문이다. 이렇게 타인의 기대에 대해 건강한 균형 감각을 가지는 것은 중요하다.

남녀가 모두 타인의 반응에 대한 민감성이라는 공통의 문제에 부딪히게 되는 한편, 발달적 조건과 사회적 압력에 따라 이런 민감성을 비치는 방식은 크게 달라진다. 보통 여자들은 타인의 기대에 대한 민감성과 인정을 갈구하는 마음을 잘 받아들였다. 그래서 타인 지향적인 민감성을 발달시키고 과도하게 표현해왔다. 그에 반해 남자들은 욕구를 솔직하고 허심탄회하게 드러내는 것이 어려운 사회문화적 조건에 마음의 막을 하나 더 쳐야 했다. '남자다움'이라는 남성성의 이상 때문에 자신이 타인의 반응에 의존적이고 민감하다는 사실을 인정하기가 어려운 것이다.

그러나 자신의 욕구에 솔직할 수 있어야 그 욕구에 극단적으로 휘둘리지 않을 수 있다. 남자들은 자신이 기대에 민감하기에 그 기대를 채우기 위해 너무 애쓰고 있다는 사실을 인식하지 못할 때가 많다. 자신의 인정 욕구를 인정하고 드러내는 것이 쉽지 않기 때문이다. 그런 면에서 남자들은 기대에 크게 휘둘리는 불안정한 심리를 가질 수도 있다. 자기 안의 인정 욕구를 있는 그대로 받아들이고 인정하고 요구하기 힘들기 때문에 그 욕구에 더 시달리는 것이다.

이런 해결되지 않는 욕구와 표현의 모순 사이에서 갈등할 때 남자들은 나르시시스트의 뻔뻔함과 자기중심성 속에 자신을 숨긴다. 미안해도 미안하다고 말하지 않고, 틀렸을 때에도 틀렸다고 인정하지 않고, 자신과 타인 사이의 공통점과 공감대를 찾기보다는 자신과 타인을 차별화하며 특권을 요구하고 타인과 자신을 분리하려고 한다. 그렇게 원하는 것을 표현하지 않으면서 얻으려고 하는 모순을 드러낸다.

또한 나르시시스트들은 가만히 있어도 자신을 특별하게 여겨주고 자신을 중심으로 돌아가던 과거의 가족 분위기를 현재의 관계 속에서 재현하고 싶어 한다. 그러면서 자기 마음속 특별함에 대한 부담감을 상대가 알아서 인정해주길 원하는 유아적인 마음이 있어 관계 속에서 갈등하기도 한다.

헤어져야 행복한 관계

사실 남녀를 불문하고 사람은 누구나 특별해지고 싶어 하는 나르시시즘의 환상을 마음속에 품고 있다. 하지만 우리는 어느 한 시기에 이런 천상천하 유아독존적인 환상을 내려놓고 "너도 나도 모두 특별하면서 평범하다"는 특별함의 평범성을 깨닫는 성숙의 과정을 자연스레 거치게 된다. 하지만 유아적인 자기중심성과 환상을 내려놓지 못하고 그대로 발달적 정지 상태에 머물게 된 사람들은 왕자병에 걸린 나르시시스트가 된다(여성도 마찬가지다. 공주병에 걸렸다는 평가를 받는 사람들은 보통 이런 나르시시즘적 욕구가 과잉 충족이나 과잉 결핍된 환경 속에서 자랐고 특별함에서 평범함으로 전환할 성숙의 기회가 주어지지 않은 경우가 대부분이다).

이 욕구를 품고 있는 한, 남자들은 타인의 거절에 대한 자기애적 상처에 더 취약해지고, 자신이 옳지 않음을 인정하기 힘들어하고, 미안하다는 말, 사랑한다는 말, 힘들다는 말을 잘하지 못한다. 다 큰 남자들이 부모님, 특히 엄마로부터 심리적으로 완전히 독립하지 못하고 마마보이가 되는 이유도 여기에 있다. 엄마야말로 자신을 무조건적으로 특별하게 봐주며 미성숙한 자기애적 욕구를 받아주는 거의 최초이자 유일한 대상이다. 그래서 다 크고 난 이후에도 실질적이든 심리적이든 자신을 특별하게 인정해주는 엄마 주변을 계속 배회하는 것이다.

전통적인 가부장 사회에서는 나르시시스트와 에코의 공생적 관계를 대변하는 커플이 많았다면 요즘 사회에서는 남녀 모두 나르시시스트적인 욕구에서 한 발짝도 벗어나지 못한 나르시시스트 커플들을 더 많이 본다. 특별함에 대한 나르시시즘적 욕구에 대한 환상을 깨고 현실적인 성숙을 이루어나갈 기회를 제때에 받지 못한 채 몸만 어른이 된 어른 아이들이 그만큼 많기 때문일 것이다.

많은 심리전문가들이 현대 사회를 나르시시즘의 사회라고 규정할 만큼, 성인이 된 이후에도 나르시시즘을 벗지 못하고 타인의 반응에 민감하며 자신의 실수나 여린 감정을 표현하는 데 서툰 사람들을 많이 보게 된다. 그들은 사랑을 할 때 언제나 큰 문제에 부딪힌다. 인정을 갈구하면서도 받으려고만 하고 자신의 욕구에 맞춰서만 상황을 판단할 뿐 사랑을 주고 포용하는 성숙한 면모를 갖지 못했기 때문이다.

나르시시스트이든 에코이든 모두 성숙의 과제를 안고 있다. 이들이 심리적으로 보다 성숙해지면 서로를 선택하지 않을 수도 있고 서로에 대한 질긴 갈망과 아픈 상처에서 더 쉽게 벗어날 수 있다. 서로의 미성숙을 영속화시키는 불행한 관계에 있는 나르시시스트와 에코의 만남도, 서로가 서로의 인정과 보살핌을 갈구하지만 정작 상대의 감정을 착취하는 나르시시스트와 나르시시스트의 만남도 좋은 관계로 발전하기는 어렵다. 이들은 성숙과 행복을 위해 서로가 서로에게서 벗어날 필요가 있다.

에코와 나르키소스의 심리적 과제

당신이 만약 에코의 특성을 많이 가지고 있다면 일단 자신이 나르시시스트 연인만 만나고 있는 것은 아닌지 살펴보자. 혹시 내가 만나는 연인이 나를 만나기 전에는 나르시시스트가 아니었는데 나를 만나면서 점점 나르시시스트의 면모를 보이지는 않는지 살피는 것도 중요하다. 관계는 상대적이기 때문에 내가 에코의 성향이 강한 만큼 애초에 나르시시스트가 아니었던 상대도 나와의 관계에서만큼은 나르시시스트로 변모해갈 가능성이 있다.

누군가는 에코를 착하고 희생적이라고 볼지 모르지만 에코의 진짜 심리를 살펴보면 그 극단적인 타인 중심성 밑에는 진정 타인을 위하는 마음보다는 의존할 타인을 필요로 하고 타인의 인정에 목마른 자기중심적인 마음이 있다. 이런 점을 솔직하게 바라보지 않는 한, 에코는 불행한 관계를 계속 놓지 못할 것이다.

누군가가 불행한 관계 속에서 벗어나지 못하는 이유는 그 관계 속 자기 역할에서 얻는 나름의 심리적인 이득이 있기 때문이다. 하지만 과거의 패턴을 끊고 다르게 살기 위해서는 그 심리적 이득을 포기하고 새로운 결단을 내리는 용기와 의지, 실천이 반드시 필요하다.

당신이 만약 나르키소스라면 앞서 여자가 쓴 리스트의 내용과 반대로 행동해보는 연습을 해야 할 것이다.

- 자신이 틀렸을 때는 틀렸다고 인정해야 한다.
- 사랑한다, 보고 싶다, 미안하다, 고맙다는 표현을 더 많이 해야 한다.
- 다른 사람들 역시 특별하다는 사실을 받아들이고 특권의식을 내려놓아야 한다.
- 다른 사람의 힘겨움에 대해서 정서적 공감을 하기 위해 노력해

야 한다.

- 원하는 것이 있으면 다른 사람에게 이야기해야 한다.
- 다른 사람의 거절을 받아들일 줄도 알아야 한다.
- 내가 이미 받고 있는 것에 감사해야 한다.
- 마마보이가 아닌 어른이 되어야 한다.

건강한 나르시시즘을 향해

/

앞에서는 병리적 나르시시즘으로 분류할 만한 나르시시즘의 부정적인 면에 초점을 맞추었지만 나를 사랑하고 특별하게 여기는 나르시시즘은 사실 건강한 측면이 더 많은 심리적 개념이다. 다만 건강한 나르시시즘과 병리적 나르시시즘을 구분하는 가장 큰 기준은 '자신만'을 특별하게 여기는지 아니면 자신만큼 '타인도' 특별하게 느낄 수 있는지에서 판가름난다. 진정 자신을 소중히 여기는 사람은 타인도 그만큼 소중한 존재임을 안다.

가부장제는 주로 남성에게 과도한 특별함을 부여하고 그에 따른 권리와 의무를 강조함으로써 왜곡된 집단적 나르시시즘의 특권과 부담을 동시에 지웠다. 이런 배경 속에서 우열과 승패를 가르는 왜곡된 나르시시즘이 싹트기 쉬웠다.

개인이 건강한 나르시시즘을 펼칠 수 있는 사회야말로 진정 건강한 사회다. 그 속에서 우리는 남성적이든 여성적이든, 환경이 내 삶이 부여한 조건의 한계에서 벗어나, 우리 마음의 정체된 지점에서 한 걸음씩 더 나아갈 수 있다.

진정한 어른이 된다는 것은 관심을 받지 않아도 관심을 줄 수 있는 사람이 된다는 것을, 사랑받지 못했어도 사랑을 줄 수 있는 능력을 구하는 것을, 또 나만 특별한 것이 아니라 모두가 특별하다는 사실을 자연스럽게 받아들이게 되는 것을 의미하므로.

둔감하고 무심한 남자들을 위해

/

대학 시절 교환학생으로 영국에서 몇 달간 생활한 적이 있었다. 그때 나는 세계 각지에서 온 유학생들과 함께 지내며 이전까지 겪어보지 못한 다양한 생각과 관점을 만날 수 있었다. 이런 경험은 한국의 사회문화적 관념을 뒤집어볼 수 있는 좋은 기회가 되었다.

다양한 학생들 중에서도 특히 나에게 가장 큰 충격과 영감을 주었던 친구가 하나 있다. 바로 나보다 두 살 어린 중국인 남학생이었는데, 그는 꼭 우리나라 80년대 학생 잡지에나 나올 법한 촌스러운 모범생 분위기에 은테 안경을 끼고 언제나 남을 가르치듯 진지한 말투로 말했다. 나쁘게 얘기하면 자기중심적이었고 좋게 보자면 매사에 자신감이 넘쳤다. 낯선 외국생활로 인해 어딘지 위

축되어 보이는 다른 유학생들과는 달리 그는 언제나 담담하고 단
호해 보였다.

내복 입고 다니는 아이

／

나와 친구들은 그의 촌스러운 모습과 서툰 영어 발음을 은근히
놀리며 무시하기도 했다. 하지만 그 애에게는 결코 무시 못 할 남
다른 아우라가 있었다. 그는 한 층마다 일고여덟 명의 학생들이
부엌과 화장실을 공유하는 기숙사에 살면서도 다른 친구들의 시
선은 아랑곳하지 않은 채 언제나 후줄근한 내복을 입고 다녔다.
스물두 살 남자가 기숙사에서 내복을 입고 돌아다니는 것도 이상
한데, 당당하기까지 하다니 정말 충격적이었다. 다른 사람의 시
선 때문에 마음의 지형이 쉽게 달라지며 타인의 시선에서 완전히
자유롭지 못한 한국 학생이라면 절대 있을 수 없는 일이었으니까
말이다.

그는 기숙사 파티가 있는 날 나가서 함께 놀자는 다른 친구들
의 제안을 단칼에 거절하는 유일한 아이이기도 했다. 타지에서
느끼는 외로움과 공허함 때문에라도 다른 친구들과 어울리고 싶
은 욕구가 클 만도 한데 그는 맛있는 음식과 흥겨운 음악, 애써 초
대해준 친구들의 성의까지 깡그리 무시하고 방문을 걸어 잠근 채

자기 할 일에 집중했다. 파티를 할 생각에 상기되어 있는 다른 학생들 사이를 지나 부엌에서 미리 덥혀놓은 만두를 꺼내 자기 방으로 바로 들어가버리는 모습은 그를 유명한 괴짜로 만들었다.

하지만 그 모습을 놀리거나 조롱할 수는 없었다. 그가 다른 친구들의 어떠한 반응에도 흔들리지 않고 개의치 않았기 때문이다. 게다가 학기 말이 되자 그가 모든 유학생은 물론 영국 학생들까지 제치고 1등을 했다는 소식이 들렸다. 한 학기 만에 영어조차 서툴던 그가 그런 성취를 했다는 것은 정말 충격적인 소식이었고, 결국 나와 친구들은 은근히 그를 무시했던 태도를 깊이 반성할 수밖에 없었다.

그에게는 다른 사람의 시선과는 상관없이 자신에게 중요하다고 생각하는 것을 선별하고 몰두할 수 있는 힘이 있었다. 필요한 것에 집중할 수 있었고, 불필요한 것에는 마음을 쓰지 않는 단호함이 있었으며, 누가 뭐래도 자신이 맞는다고 생각하는 것을 실천할 의지도 있었다. 그리고 또 생각해보면 그는 정말 필요할 때조차 다른 사람과 어울리지 않는 것도 아니었다. 그가 1등을 했다는 소식을 전하던 친구는 이런 얘기도 덧붙였다.

"그러고 보니 걔가 수업에 갈 때도 내복을 입는 건 아니잖아."

민감성이 꼭 뛰어나야만 할까?

사회적 민감성은 타인의 입장을 고려하고 배려하고 타인의 관점을 받아들이는 특성을 말한다. 공감의 기초가 되고 사회성 형성에 중요한 요소가 되기 때문에 개인의 기질적 특성을 판단하는 데 중요한 요소로 작용한다. 우리가 흔히 "눈치가 있다", "눈치가 없다"고 하는 말은 이 사회적 민감성을 이야기하는 것이라고 볼 수 있다. 대체로 여성들이 많이 이야기하고 비판하는 남성들의 특성 가운데 하나가 둔한 사회적 민감성과 그로 인한 공감 부족이 아닌가 싶다.

하지만 내가 영국에서 만난 중국인 친구처럼 한쪽에서는 사회적 민감성이 떨어지는 것처럼 보이는 면이 다른 한쪽에서는 긍정적으로 작용하기도 한다. 그 친구는 다른 사람의 시선이나 평가에 마음을 덜 쓴 대신 그 에너지를 자신에게 쏟을 수 있었다. 덕분에 자기 의심 대신 근자감(근거 없는 자신감)을 장착하며 일상을 살았고 다른 사람의 페이스에 말려들 필요 없이 오로지 자신을 위한 목표의식에 집중할 수 있었다.

이러한 모습은 그 친구가 가진 기질이나 성격적인 특성, 또 세상의 중심을 자신으로 놓는 중국사람 특유의 중화사상이 반영된 것일 수도 있다. 하지만 그의 근자감은 높은 사회적 민감성의 한계와 사회적 둔감성의 이득을 동시에 보여준다. 민감성이 뛰어난 사람들이 그렇지 못한 사람들의 눈치 없음을 타박하고 있지만(주로 민감성이 뛰어난 여성이 민감성이 뛰어나지 못한 남성에게), 사실 사회적 민감성 혹은 둔감성에는 긍정적인 측면과 부정적인 측면이 동시에 존재한다.

민감성의 득과 실

목표 집중력과 사회적 민감성은 대치되는 개념이 아니지만 꽤 양립하기 힘든 가치들이다. 보통 사회적 민감성이 강한 여성일수록 자기 목표를 향해 가는 도중에 삼천포로 빠지는 일이 많다. 여성들은 목표를 향해 직선이 아닌 곡선으로 된 길을 가는 경향이 강하다. 반면 사회적 민감성이 떨어진다고 하는 (그래서 사회적 둔감성을 보유한) 남성들은 이런 면에서 목표를 성취하고 집중하는 데에 더 유리하다.

예를 들어 내가 중요한 시험을 앞두고 있는데 가까운 사람이 도움을 요청해 왔다. 그럴 때 어떻게 행동해야 할까? 이런 딜레마를 해결하는 방식을 살펴보면 개인의 사회적 민감성을 알아볼 수 있다. 도움을 요청한 사람의 난처함에 마음을 쓴다면 내 시험을 잘 치를 수가 없고, 도움은 외면한 채 내 시험에만 집중한다면 매정한 사람이 되기 쉽다.

보통 이런 딜레마 앞에서 여성적이고 관계적인 특성을 지닌 사람은 타인의 부탁을 거절하지 못하고 타인이 처한 곤경에 마음을 쓰게 된다. 간혹 부탁을 거절한다 하더라도 자신의 거절 때문에 그 사람이 상처 입지는 않았을지, 그래서 자신 역시 나중에 거절 당하는 것은 아닐지 불안해한다. 심한 경우에는 아예 자기 일은 뒷전으로 두고 타인을 돕는 일에 팔을 걷어붙이는 '오지랖'을 보여주기도 한다.

이런 해결 방식에는 분명 득과 실이 있다. 자기희생을 하는 데다 손해까지 보게 되지만, 거꾸로 바로 이런 면 때문에 다른 사람의 마음을 얻게 되는 것이다. 여성은 이런 면을 발휘하여 관계 속 돌봄에 더 유능해지고 이를 통해 가치를 발견한다. 동시에 여러 군데에 마음을 쓰고 집중하는 멀티태스킹 능력이 발달하기도 했다. 사회적 민감성이 있다는 것은 다른 사람의 마음에 잘 공감하고 그 사람의 감정을 잘 다독이도록 발달된 촉수를 가지고 있음을 뜻한다. 하지만 이런 경우 하나의 일에 집중적으로 노력할 때 얻을 수 있는 전문성을 확보하기 어려워지고, 성취의 결실을 맺기도 힘들어진다. 여러 사안에 동시에 마음 쓰며 감정적 스트레스를 얻고 그로 인해 성취의 한계에 부딪힐 가능성이 큰 것이다. 민감성은 이렇게 양면성을 지닌다.

반면 남성들은 자기 목표를 추진하고 집중력을 발휘하는 데에 조금 더 단호하고 냉정하다. 자기 것과 타인의 것을 잘 가르고 자신을 중심에 두고 일 처리를 한다. 주변 상황에 영향을 받지 않기 때문에 여성들의 원망을 얻기도 하지만, 또 그렇게 자기 페이스를 지킨 덕분에 사회적으로 자기 관리를 철저히 할 수 있었다. 낮은 민감성과 높은 과제 집중력은 공적 영역에서 남성들을 빛나게 한다.

하지만 사적 영역에서 이런 둔감성은 다소 부정적인 요소로 작용한다. 아이를 키우는 엄마들은 남성들이 왜 그렇게 둔감하고 눈치 없으며 하나밖에 모르는지 이해할 수 없다고 자주 하소연한다. 그리고 때때로 왜 그렇게 재미도 없고 의미도 없고 들으면 기분만 나빠지는 눈치 없는 농담을 던지는지, 또 그러고도 자신이 무엇을 잘못했는지 왜 알지 못하는지 분개하기도 한다. 이 모든 것이 남성의 낮은 사회적 민감성(혹은 사회적 둔감성)에서 비롯된다.

그렇다고 해서 남자들을 무조건 타박할 일은 아니다. 남성들은 기질적으로 여성에 비해 낮은 사회적 민감성을 지녔고, 진화론적으로 산으로 들로 나가서 사나운 맹수라는 목표물에만 집중함으로써 자신은 물론 딸린 식솔들의 생존을 책임져왔다. 또 사회문화적으로 사회적 민감성을 갖출 것에 대한 요구나 압박이 여성들에 비해 덜했을 뿐 아니라 둔감해야 오히려 더 남자답다고 인정받는 분위기 속에 자라났다. 게다가 사회적 민감성이 낮은 '덕분에' 더 잘하고 집중할 수 있었다는 점은 결코 무시할 수 없는 사실이다.

남자에게는 한 번에 하나씩만

언젠가 한 남자 선배가 이런 말을 했다.

"여자들은 다섯 개의 일이 있으면 한꺼번에 다섯 개를 동시에 생각하고 해결해내려고 하는 것 같아. 정말 대단한데 스트레스가 많아 보여. 남자들은 그렇게 하라고 해도 못 하거든. 남자들은 다섯 개를 동시에 보기는커녕 한 번에 하나씩밖에 못 보니까 말이야."

선배는 결혼한 뒤 아내가 자신에게 하소연하는 내용을 들으며 이런 결론에 도달하게 되었다고 했다. 그는 여자들이 언제나 여러 가지를 동시에 하려 하는 마음 때문에 오히려 압도되는 것 같다고도 말했다. 그래서 감정적 스트레스가 더 많은 것 같다고 말이다. 게다가 그런 면을 앞세워 아내가 자신을 몰아세울 때는 마치 테니스공 여러 개를 동시에 맞고 있는 듯한 감정에 압도되기도 한다고 했다.

"처음에는 너무 이해가 안 돼서 제발 한 번에 하나씩만 얘기하라고 했어. 요점만 간단히 얘기해달라고. 너는 한 번에 여러 개가 보일지 몰라도 나는 그중에 하나 건지기도 힘들다고 하면서 말이야."

한꺼번에 다섯 가지를 보는 여자와 한 번에 하나에만 집중하는 남자 사이에는 그 차이를 감안한 배려가 있어야 한다. 남자들에게 한 번에 여러 가지 질문을 던지고 여러 과업을 나열하면 여자가 원하는 결과를 얻어내기 힘들다. 그런데 이를 이해하지 못하고 오히려 상대가 자신에게 관심이 없다거나 무심하다고 비난한다면 차이는 결국 갈등으로 번질 수밖에 없다. 그런 남자들에게는 한 번에 하나씩만 구체적인 요구를 제시해야 한다.

또 선배의 지적처럼 한꺼번에 너무 많은 것을 고려하려고 할 때 느끼는 압박감과 자기희생의 측면을 감안한다면 여성은 남성의 단호한 둔감성을 비판할 것이 아니라 오히려 배워야 할지도 모른다. 여성의 사회 진출이 활발해지고 불가피해진 지금, 남자들처럼 단호한 가지치기를 해야만 감정적 스트레스에 압도되지 않고 목표에 더 집중할 수 있기 때문이다.

둔감성과 민감성 사이

남자들의 둔감성이나 그와 연결된 근자감을 떠올리면 생각나는 일이 하나 더 있다. 바로 대학 첫 미팅이다. 그때 미팅 상대는 소위 명문대 학생들이었는데 그중 한 남학생의 태도가 눈에 띄었다. 그는 두꺼운 안경에 아저씨들이나 입을 것 같은 배바지를 입고 있었는데, 허름한 외모에도 불구하고 스스로에 대한 자부심과 뿌듯함이 넘쳐났다. 과할 정도로 자신만만한 말투, 다른 사람을 배려하지 않는 태도로 일관했기에 나는 그 앞에 앉아 있는 것조차 불편했다.

그때는 그의 태도가 너무나 불쾌했지만 지금 생각해보면 사회적 민감성을 발휘하며 과도하게 남을 배려하느라 불편한 자리를 꾸역꾸역 지키고 있었던 나보다 과도한 근자감을 뿜내며 자기에게 몰두했던 그가 사회적인 성취 면에서 더 편하게 성공에 도달했을 것 같다. 뿐만 아니라 스스로에 대한 소모적인 의혹에도 시달리지 않았을 것이다. 그때 나는 타인에게 민폐를 덜 끼칠 가능성, 관계 속에서 배제되지 않을 가능성을 확보하기 위해 그의 태도를 비난하며 그와는 전혀 상반된 사회적 매너를 기르기 위해 애썼다. 하지만 사실 나에게 더 필요했던 것은 사회적으로 더 둔감해지고 나 자신에게 좀 더 민감해지는 것이었다. 이는 사회적 민감성에 치중하느라 내가 나의 대변자가 아닌 가장 냉정한 평가자가 되어 괴로운 시간을 보내고 난 후에야 배우게 된 삶의 태도였다. 그리고 이런 민감성과 관계 의존성은 강력한 존재감을 내뿜던 여자들이 어느 순간 여러 사회적 통계에서 미미한 영향력을 드러내는 이유와 연결된다.

남자들은 학창시절 여자보다 더 낮은 성적표를 받았을지라도 결국에는 더 높은 연봉을 받게 될 확률도, 커리어를 끝까지 밀고 나갈 확률도, 연봉 협상 테이블에서 당당하게 원하는 것을 요구할 확률도 더 높다. 반면 이런저런 관계 문제 때문에 심리적으로 타격 입을 확률과 스스로에 대한 자신감 없이 타인의 눈치를 볼 확률은 여자가 남자보다 높다.

우울증 발병률만 봐도 그렇다. 전 세계적으로 여성의 우울증 발병률은 남성에 비해 2~3배 높은데 이런 높은 수치는 사춘기 시점부터 더욱 본격적으로 나타난다. 물론 여기에는 다양한 이유와 변수가 존재하지만 이 모든 현상을 야기하는 남녀의 대표적인 차이가 매우 자주 타인의 반응에 대한 민감성에서 시작된다는 사실은 분명하다. 바로 그 시점부터 여자들은 타인의 반응에 더욱 민감하게 반응하며 본격적으로 자기 의혹에 시달리는 것이다.

타인으로부터 예쁘다는 한마디를 듣기 위해 거울 앞에서 초조한 시간을 보내는 동안, 자신의 능력을 자신 있게 어필하지 못하고 타인의 부정적 반응을 예상하여 자기검열을 하는 동안, 자기 자신에게 써야 할 에너지를 타인에게 쏟으며 스스로를 방치하는 동안 여자들의 마음은 이리저리 흩어진다. 반면에 둔감하고 무심하고 단순하게 자기 자신에게 집중할 수 있었던 사람들은 그러한 태도 덕분에 목표를 향해 묵묵히 앞으로 나아갈 수 있다. 그 단순성이야말로 여성들이 남성들을 보며 비난하는 둔감성과 다른 사람들이 재수 없어하는 근자감을 대변한다. 이런 사람들은 남들의 평가가 어떻더라도 별로 신경을 쓰지 않기 때문에 좀 더 효율적인 방식으로 마음의 부침을 덜며 자기 목표에 순조롭게 도달할 수 있을 것이다.

스스로에 대한 의혹과 타인의 반응에 대한 민감성, 온갖 열등 감을 달고 있던 스무 살의 내가 꼭 남이 뭐라 하든 자기 얘기만 쏟아내는 그 남학생처럼 될 필요는 없었다. 하지만 적어도 그때 이 사실을 깨달았더라면 더 좋았을 것 같다. 누가 뭐라고 하든 스스로에 대한 자신감 넘치는 태도를 유지하는 것이 나의 마음을 돌보는 데는 물론 성취에도 좋은 영향을 미친다는 사실을 말이다.

지금 사회는 예전과 달라서 남자들에게도 민감성이 중요하게 강조된다. 행복의 기준이 변화한 데다 이제 더는 자신만만한 태도와 능력이 있다고 해서 모든 것을 눈감아주는 분위기가 아니기 때문이다. 더구나 사람은 아무리 능력이 뛰어나다고 해도 타인과 함께 살아야 하기 때문에 어느 정도는 관계 민감성과 타인에 대한 배려, 그리고 스스로에 대한 겸손을 지녀야 한다.

1등을 했던 그 중국인 친구도 언제까지나 다른 친구들의 초대를 거부하고 자기 방에서 자기 목표 안에만 갇혀 지낼 수는 없을 것이고, 배바지를 입었던 그 남학생 역시 좋아하는 사람과 데이트를 하고 결혼을 하고 아이를 돌보는 과정에서 자신의 마음을 타인을 위해 내어주고 타인의 페이스에 자신의 페이스를 기꺼이 맞추는 시간이 필요함을 자연스럽게 배워야 했을 것이다.

다만 우리가 반드시 갖추어야 할 것은 어느 한쪽으로 치우치지 않는 균형 감각이다. 적절한 민감성과 적절한 둔감성 사이에서 줄타기를 하며 나의 목표를 성취하고 타인의 사랑과 인정도 확보하는 것. 이 과제는 둔감한 남자에게든, 민감한 여자에게든 누구에게나 중요하다.

커다란 남성과 아담한 여성

／

여자는 남자 친구를 '이과장'이라고 불렀다. 직함이 '과장'이어 서가 아니라 과장법이 너무 심하기 때문이다. 남자 친구의 과장 법은 그다지 정교하지 않아서 언제나 쉽게 탄로가 난다. 이런 그 의 모습이 때론 웃기기도 하고 때론 귀엽기도 하지만 왜 저렇게 이야기를 하는 건지 여자는 종종 이해가 되지 않는다.

"남자 친구는 허풍이 심한 것 같아요. 잘하는 게 하나 있으면 엄청 과 장해서 이야기하고 자꾸 이것저것 해주겠다고 말해요. 저는 솔직히 그걸 믿지도 않고 바라지도 않지만 너무 그렇게 얘기를 하니까 믿음 이 더 깨질 지경이에요. 악의가 있어서 그런 건 아니라는 걸 알고는 있지만 이제는 무슨 말을 해도 신뢰가 잘 안 가요. 사람들이 그런 남자 친구를 경솔하고 신중하지 못한 사람으로 볼까 봐 걱정도 되고요."

여자는 잘 몰랐던 것 같다. 남자 친구가 자신에 대해 부풀려서 말해야 조금 더 인정과 사랑을 받을 수 있다는 결론을 얻게 되기까지 그만의 경험 세계가 있다는 사실을. 그가 있는 그대로를 이야기할 때보다 조금 튀고 욕을 먹더라도 자신을 좀 더 나은 사람으로 포장하여 드러내었을 때 더 좋은 대우를 받은 적이 있다는 사실을. 그리고 이것이 바로 그가 살면서 암묵적으로 깨달은 생존 전략이라는 사실을. 마치 천적의 눈에 띄어 잡아먹힐 위험을 감수하면서도 화려한 깃털을 펼쳐 최대한 눈에 띄고 싶어 하는 공작새의 본능처럼, 남자 친구의 과장법 또한 어쩔 수 없는 수컷의 본능이라는 사실을.

한편 남자는 여자 친구가 이해되지 않는 면이 많다고 했다. 여자 친구는 외모나 성격, 능력 등 모든 면에서 남들에게 뒤지지 않는데도 자기 자신에 대해 낮춰서 표현하는 경우가 많았다. 이런 모습을 겸손하다고 볼 수도 있겠지만 그의 눈에는 그저 답답해 보일 뿐이었다. 충분히 자신을 드러내도 되는 상황에서도 그녀는 자신을 내보이기를 꺼렸다. 성향이 그렇다 보니 데이트를 할 때조차 그녀는 자신의 생각을 잘 드러내지 않았다.

"누군가는 여자 친구가 순종적이어서 편하겠다고 할 수 있겠지요. 저도 처음에는 싸울 일도 없고 해서 좋다고 생각했어요. 그런데 이제는 함께 시간을 보내도 답답하기만 하고 재미가 없어요."

그는 잘 몰랐던 것 같다. 여자 친구가 집단에서 소외되지 않기 위해서는 자신을 드러내기보다 감추는 편이 더 나은 전략일 수 있었다는 사실을. 남녀 관계에서조차 그녀는 여자로서 '드러내기'보다 '감추기' 전략이 더 유효하다는 압력을 받고 있다는 사실을. 그리고 그전까지 다른 모든 관계에서 감추고 축소하는 전략을 사용해온 그녀에게 자신을 있는 그대로 드러내는 일은 결코 쉽지 않은 일이라는 사실을.

거울을 보며 웃는 남자와 우는 여자

남자와 여자가 서로 이해하지 못하는 것은 당연하다. 보통 여자들은 대화를 할 때 자신을 축소시키는 '자기 비하(축소법)' 전략을 많이 쓰고 남자들은 자신을 돋보이게 하기 위해 '자기 과시(과장법)' 전략을 많이 쓰기 때문이다.

여자들은 보통 자신의 장점이나 능력에 대해서 있는 그대로를 드러내기보다는 되도록 축소하거나 평가절하한다. 또 다른 사람이 자신에 대해 평가할 것을 대비해서 방어적으로 이야기한다.

외모나 능력, 성격에 이르기까지 여자들은 보통 자신에 대해 야박하게 평가한다. 적어도 다른 사람 앞에서는 드러내놓고 자기자신을 높게 평가하지 않는다. 속마음은 그렇지 않더라도 가차없고 엄격한 자기반성을 거친 이후에야 나올 법한 표현을 주로쓴다.

또 그러면서도 타인의 장점이나 능력에 대해서는 실제보다 더부풀려서 긍정적으로 평가하고 표현한다. 빈말이라도 "예뻐졌다"거나 "잘하더라"고 말을 덧붙이는 등 자신을 내세우기보다 타인을 치켜세우며 대화하는 것이다(물론 모든 여자가 모든 상황에서 그런 것은 아니다. 나르시시즘에 빠진 공주병 여자는 그렇지 않을 것이다. 하지만 그런 특성을 가진 여자라도 자기 자랑과 과장은 은근한 방식으로한다. 노골적인 과장은 여성적 전략이 아니다).

속마음은 다르다 하더라도, 겉으로 여자들은 자신이 주목받는것을 피하는 경향이 있다. 실제보다 과장되게 인식되는 것이 불편하기 때문이다. 이런 전략이 지나칠 경우엔 자신을 너무 낮춘나머지 답답한 지경에 이르기도 한다. 할 줄 안다고, 관심 있다고, 나는 이런 사람이라고 말도 못 하고 들러리나 배경으로 물러나버리는 것이다. 왜 여자들은 이렇게 관계 속에서 자기 비하를 하는걸까? 이유는 단순하다. 그래야 여자들 사이에서 배제되지 않고받아들여지고 그들과 친해질 수 있기 때문이다.

반면 남자들의 방법은 이와 다르다. 남자들은 자신을 드러내고

여자는 자신의 부족한 면이 자신을
대변한다고 생각하는 경향이 있는 반면,
남자는 자신의 멋진 면이 자신을 대변한다고
생각하는 경향이 있다.

돋보이게 하는 방식으로 자기 PR이 확실한 '자기 제시' 전략을 쓰는 경우가 많다. 남자들은 자신의 능력에 대해서 "할 수 있다"는 포부를 거리낌 없이 드러낼 뿐 아니라 때로는 자신의 능력이나 특성을 실제보다 부풀리고 과장해서 제시하기도 한다.

이와 관련해서 인터넷에 떠도는 남녀 차이에 대한 사진 중에 이런 게 있다. 완벽한 몸매를 가진 여자가 거울에 비친 자신을 보며 "나는 너무 뚱뚱해" 하며 우울한 표정을 짓고, 배나오고 약간 비만에 짤막한 몸을 가진 남자는 거울을 보며 "이 정도면 멋있어" 하며 만족스러워한다. 여자는 자신의 부족한 면이 자신을 대변한다고 생각하는 경향이 있는 반면, 남자는 자신의 멋진 면이 자신을 대변한다고 생각하는 경향이 있다. 적어도 겉으로 드러나는 면에 있어서는 여성은 과도하게 겸손하고 남성은 놀랄 만큼 자신감에 넘친다.

이렇게 우리 사회에서 여자는 자기 비하, 남자는 자기 과시 방법으로 자기를 인식하고 표현하는 것에 익숙하다. 그렇기 때문에 우리는 쉽게 의기소침해지는 여성들과 쉽게 붕 뜨는 남성을 종종 마주하게 된다. 그런데 자기 비하가 심한 여성이 들러리나 배경으로 전락해버리는 것과 같이 남성의 경우에도 지나친 과시가 때로는 부정적으로 평가되기도 한다.

자기 과시의 부작용

과장법이 심한 남자들은 피상적이거나 거만해 보이고 재수 없다는 평가를 자주 받는다. 또 지나친 경우, 자기 과시에서 더 나아가 타인을 비하하기도 하기 때문에 곁에 있는 사람들을 불편하게 한다. 뿐만 아니라 과장법이 진실과 현실이 아닌 환상에 크게 기초하는 경우 남자는 결국 자기표현의 덫에 빠지게 된다. "할 수 있다"고 자신하며 크게 부풀려놓았던 이상적인 자기 모습과 그에 비해 초라하고 남루한 실제 자기 모습 사이의 간극을 메워내는 어려운 과제를 풀어나가야 하기 때문이다.

남자는 스스로 느끼는 모순 때문에 자기 자신을 사기꾼처럼 느끼기도 한다. 그래서 많은 남자들이 과장과 비하 사이, 우월과 열등 사이에서 불안정한 자아를 갖고 있다. 지키지 못할 약속을 너무 많이 해버려서, 과장법을 벗고 자신의 민낯을 드러내는 진실한 관계로부터 점점 더 멀어지는 내적 딜레마를 마주하게 되는 것이다.

이는 두꺼운 화장을 한 화려한 얼굴로만 사람들을 만나다 보니 허심탄회하게 민낯을 드러내기 두려워진 여자들의 외적 딜레마를 연상시킨다. 화장을 하지 않고는 동네의 슈퍼도 가기 꺼려진다고 말하는 여자들처럼, 과장하지 않고는 입을 열기 힘들어 스스로를 불안한 덫에 가두는 내적 딜레마에 빠진 남자는 쉽게 불안해지고 쉽게 흥분한다. 정도의 차이가 있을 뿐 거의 모든 남자들이 이런 딜레마에 빠져 있을 것이다. 그 방식이 은근한가, 노골적인가의 차이만 있을 뿐이다.

유리한 전략을 취하다

/

왜 남자들은 과장법을, 여자들은 축소법을 통해 관계하는 방식을 선호해왔을까? 거기에는 성 역할 이상과 고정관념, 또 그로 인한 이익과 불이익이 크게 영향을 미친다. 우리 사회에서 남자다움은 과장법과, 여자다움은 축소법과 연결되는 측면이 있다. 남자는 자신의 몸집을 실제보다 부풀려야 환영을 받거나 이익을 얻었고, 여자는 자신의 몸집을 실제보다 축소시키지 않을 경우 불이익을 경험하는 일이 많았다(여기에서 몸집은 물리적, 신체적인 몸집을 의미하기도 하고 심리적, 능력적인 몸집을 상징하기도 한다).

전통적으로 이상적인 여자의 모습은 아담한 체구에 조용하고 조신하게 행동하는 것으로 묘사되었고, 이상적인 남자의 모습은 건장한 체구에 유능하고 활발하게 행동하는 것으로 묘사되었다. 이러한 이상적인 모습에 부합하지 않는 남녀는 부정적인 평가를 받거나 불이익을 당하는 경우가 많았다. 과거에는 이런 이상에 대한 압력이 보다 가차 없고 처벌적이었다. 현대에는 많은 변화가 생겼지만, 그래도 '작고 아담한' 여성과 '크고 강한' 남성을 지향하는 분위기는 여전하다. 목소리가 큰 여성에 대해서는 물론 목소리가 작은 남성에 대해서도 은근한 심리적 차별과 거부감이 있다는 것이다.

또한 남자들에게는 성취성이, 여자들에게는 관계성이 강조되었던 점 역시 남자의 과장 전략과 여자의 축소 전략을 강화시키는 면이 컸다. 남자들은 '나'라는 단독자로 자신을 다른 사람과 차별화해서 제시해야만 하는 상황을 더 많이 경험한 반면, 여자들은 '우리'라는 관계 속 조화와 균형을 위해 자신을 드러내지 않아야 받아들여지는 상황을 많이 경험했다. 그러다 보니 이런 사회적 분위기에서 경험한 실제적, 심리적 이득과 불이익은 여성과 남성에게 다른 자아 관념과 행동 경향성을 심어주게 되었다.

사람들은 자신을 둘러싼 무수한 압력과 기대 속에서 자신의 환경과 경험을 기반으로 최상의 전략을 선택하고 연습한다. 다시 말해 우리는 우리가 경험적으로 인식한 사회적 채찍과 당근에 따라 서로 다른 행동 방식을 선택하게 된 것이다. 이 과정은 대부분 무의식적으로 일어나고 패턴화되며, 선택은 언제나 개인의 심리적 생존과 맞닿아 있다. 남자의 과장법과 여자의 축소법은 각자 이익과 불이익을 겪으며 자신에게 유리한 방향으로 습득한 생존 전략인 셈이다.

약한 척과 강한 척의 굴레

/

　우리 부모님 세대까지 별 이의 없이 통용되던 말 중에 "남자는 머리, 여자는 목", "남자는 여자하기 나름이다" 같은 말들이 있다. 얼핏 남자가 주인공인 것 같지만 그런 남자를 좌지우지할 수 있는 진짜 주인공은 여자일지도 모른다는 뜻을 담고 있다. 여기에는 원하는 것을 관철시키기 위해 자신을 드러내지 않는 전략이 필요한 여자와, 원하지 않는 상황에서도 스스로를 드러내도록 전략의 조종을 당하는 남자의 모습이 담겨 있다. 예전 시대의 한계를 감안하자면 어쩌면 이것은 남녀의 가장 현명한 생존 전략이었을지도 모른다.

　그때 여자들은 약한 척을 일상적으로 하다 보니 스스로를 정말 약한 존재로 생각했다(그 시대 여성에게 '강하다'는 칭송이 허락된 유일한 영역은 남자를 거치지 않고도 자신을 드러내도 되는 '모성'의 영역이었다. 그때는 "여자는 약하지만 엄마는 강하다"와 같이 약한 여자와 강한 엄마를 동시에 기대하게 하는 이중적인 압력이 존재했다. 사실 지금도 그러한 압력은 숭고하게 간직되고 있다). 그 시대의 여성들은 남자 뒤에 숨어서 "난 못해. 자기는 역시 잘해"라는 식으로 교묘하게 속삭이는 것을 미덕으로 삼았다(또 그러면서도 한편으로는 그런 겉과 속이 다른 '여우 근성'을 스스로 비난하기도 하고 다른 여성에게 투사하여 비난하기를 일상적으로 하기도 했다. '여자의 적은 여자'라는, 여자들 사이의 위화감을 묘사하고 조장하는 말 역시 이런 겉과 속의 불일치를 견디도록 요구하는 이중적인 압력과 여성들이 환경에 적응하기 위해 택한 전략의 한계 때문에 나왔다).

또한 남자들은 강한 척을 일상적으로 하다 보니 스스로를 강하다고 착각했고 약함을 감추기 위해 언제나 무거운 갑옷을 입은 채 힘겹고 답답한 일상을 살아야 했다. 두려움과 불안을 드러낼 수 없었고 사람들과 함께 있어도 언제나 외로울 수밖에 없었다. 과장법 밑에 자기 안의 두려움과 불안을 감춰야 하는 남자들은 그런 면에서 실상은 여자들보다 더 큰 두려움과 불안을 마주할 수밖에 없었다.

우리는 언제나 관계에서 상대적인 구도를 취하게 된다. 그 때문에 어느 한쪽이 과장법을 쓴다면 다른 한쪽은 어쩔 수 없이 축소법을 쓰게 된다. 그래서 과장법이 심한 남자는 축소법에 능한 여자와 환상의 짝꿍이 되는 경우가 많다. 허풍이 심한 남자 곁에는 보통 그를 떠받드는 자존감 낮은 여자가 있다. 그들은 자기들의 관계 속에서 각자 기존에 가지고 있던 과장법과 축소법의 경향성을 더 고착화시킨다. 남자의 과장법은 축소법을 쓰는 여자를 통해 보완되고 여자의 축소법은 남자의 과장법을 통해 완성된다. 겉으로는 궁합이 잘 맞는 것 같지만, 사실은 있는 그대로를 느끼고 표현할 수 없는 피상성과 분열감을 강화시킨다.

이제는 있는 그대로 표현해도 된다

/

시대는 변했다. 남성적 영역과 여성적 영역을 나누던 이분법적 분리는 구시대적인 관념으로 전락했고 현대는 무한 경쟁의 자기 PR 시대일 뿐 아니라 무한 정보의 시대이기 때문에 축소든 과장이든 자신을 투명하게 드러내는 것이 결국 가장 좋은 전략이다. 여성의 성취나 사회적 진출이 활발해졌고 남자를 가장이기 이전에 연약함과 감수성을 지닌 한 사람으로 보는 일도 충분히 가능해졌다.

따라서 이제 우리에게 필요한 것은 부담을 함께 나누어 가지고 서로를 있는 그대로 인정하며 각자가 할 줄 아는 것, 잘하는 것에 맞춰 역할을 분담하는 일이다. 실제보다 과장하는 것도 억지스럽고 실제보다 축소하는 것도 부자연스럽다.

앞서 과장법과 축소법은 생존 전략이라고 했다. 하지만 우리가 관계 속에서 진정 편해지면 그전까지 우리가 우리를 감추거나 과장하기 위해 취해왔던 전략이 필요 없다는 사실을 가슴으로 실감하게 된다. 과장법과 축소법이 아닌 일치법을 써도 괜찮다는 사실을 경험적으로 알게 되는 것이다.

있는 그대로를 말해도 받아들여진다는 경험을 하기 위해서는 실제로 과장과 축소를 벗어보는 용기와 결단이 필요하다. 그렇게 했을 때 우리는 관계 속에서 우리를 가리던 모든 불투명한 역할과 전략의 가면을 내려놓을 수 있게 되고 비로소 투명해진다. 마침내 진정한 의미의 우리 자신이 될 수 있는 것이다.

3장

가장은
영웅이고 싶다

실패할까 봐 불안한 남성

남자는 깊은 우울감과 대인기피증 때문에 상담실을 찾았다. 그는 어릴 때 영재교육원을 다니고 외고에 진학할 정도로 수재였고 좋은 대학까지 졸업했다. 하지만 너무 어렸을 때부터 주변 사람들의 큰 기대를 받아왔고 실패를 해본 적이 거의 없었기에 실패에 무척 취약했다. 두 차례 도전했던 고시에 실패한 뒤, 그는 실의에 빠졌다.

최근에는 3개월의 인턴 과정 끝에 정직원으로 채용되지 못하여 깊은 좌절감에 휩싸였다. 사실 별로 좋은 조건은 아니었기 때문에 정직원이 되었다고 해도 다른 곳을 알아볼 생각이었다. 하지만 그마저도 거절당하자 큰 위기감에 내몰렸다. 그때부터 그는 가까운 친구들과도 연락을 끊은 채 자기 안에 갇히기 시작했다.

사람들이 자신의 모습에서 실패를 보는 것을 견딜 수가 없었던 것이다.

우리를 억압하는 '슈드비 사고'

무엇이 그를 이토록 좌절하게 한 걸까? 그의 좌절을 설명하는 가장 핵심적인 키워드는 바로 '수행 불안'이었다. 수행 불안은 많은 사람들이 일상적으로 느끼는 내적 불안을 대변한다. 그런데 그중에서도 특히 남자들에게서 수행 불안과 관련하여 복잡하고 뒤틀려 있으며 쉽게 뿌리 뽑기 어려운 강박관념을 보게 된다. 아직까지 우리 사회에서는 능력에 대한 부담이 여자보다 남자에게 여전히 더 크고 거센 압력으로 작용하기 때문이다. 말하자면 우리 사회에서 '무능력한 남자'라는 인식은 '무능력한 여자'라는 인식보다 더 개인에게 치명타를 입힌다.

능력에 대한 사회적 압력을 내면화시킨 남자들은 '슈드비 사고 should be thinking(반드시 그래야만 한다는 강박관념)'에 취약하다. 이 사고는 경직되고 극단적이다. 우리 마음이 불편할 때 그 내면을 들여다보면 '해야 한다'는 전제가 도사리고 있는 경우가 많다. 사람마다 품고 있는 슈드비 목록이 조금씩 다르긴 하지만, 남자들은 보통 성취와 관련한 슈드비 목록을, 여자들은 보통 관계와 관련한 슈드비 목록을 가진 경우가 많다. 스스로 무능력하다고 느끼는 남자의 수치심과 자존심의 타격은 스스로 사랑받지 못하는 여자라고 느끼는 수치심과 자존심의 타격에 버금가는 상처를 준다. 그리고 이런 리스트 속 전제들은 서로 촘촘하고 정교하게 얽혀 있는 경우가 많다. 예를 들어 "결혼을 해야 한다"는 근본적인 슈드비 사고를 가진 여성은 "여자는 선택받기 위해 예뻐야 한다"라든지 "다이어트를 해서 살을 빼야 한다"와 같은 연결된 사고를 품고 자기 자신을 비판적으로 바라본다.

능력주의의 빛과 그림자

／

그 남자가 가지고 있는 슈드비 사고들 역시 서로 정교하게 이어져 있었다. 그중 핵심적인 전제가 되는 사고는 다음과 같은 것들이 있다. 첫째, 나는 가정의 기대주이다. 둘째, 나는 나로써 증명해야 한다. 셋째, 남자에게는 돈 버는 능력이 꼭 있어야 한다. 넷째, 누구나 능력을 끌어올리기 위해 최선을 다해야 한다.

"저는 집안이 잘사는 것도 아니고 외모가 뛰어난 것도 아니잖아요. 그러니 진짜 믿을 것은 제 능력 하나죠. 근데 뭐 하나 내세울 것도 없고 직업조차 변변치 않으니 이제 정말 끝인 것 같아요. 사람들을 만나

'요즘 뭐하냐?'는 질문을 받으면 정말 자괴감에 빠져요. 공부 잘했던 놈이니까 뭔가 하고 있겠지 생각하는 것 같은데, 그렇질 않으니까 답답하죠."

남자가 가진 삶의 강력한 전제들은 모두 자신을 둘러싼 환경의 압력을 그대로 내면화하고 동일시한 끝에 중요하게 자리 잡은 것이었다. 그는 가난하고 내세울 것 없는 가정의 장남이었고, 친척들 중 유일하게 명문대에 입학한 기대주였다. 유교적 가족주의라는 테두리 속에서 가족의 관심과 인정이 그를 향해 쏟아졌다.

그는 이를 바탕으로 자신의 존재 기반을 형성하고 자존심을 유지해왔다. 하지만 이제 그 관심과 인정이 그에게 큰 부담이 되고 있다. 그래서 그는 자신을 향한 가족들의 관심과 인정에도 모순적인 마음이 있다. 자신을 든든히 받쳐주지 못하는 가족이 답답하고 불안하면서도 자신이 가족을 짊어지고 가야 한다는 생각을 놓을 수 없었다.

남자의 마음속에는 가장의 능력을 기반으로 한 가부장제가 깊숙이 자리 잡고 있었다. 그는 연애나 결혼은 남자의 기반이 탄탄해진 뒤에야 가능한 것이고 그렇지 않으면 거절당하는 것이 당연하다고 생각했다. 남자는 인정 욕구가 큰 만큼 거절의 공포와 불안도 컸다. 또 이런 관념은 주변 사람들과의 관계에도 영향을 미쳤다. 그는 다른 사람들의 거절이 두려워 거절당하기 전에 자신이 먼저 그들을 거절해야 한다고 생각했다. 자신이 먼저 나서서 관계를 끝냈던 것이다.

이처럼 성취에서든 관계에서든 제대로 된 실패와 거절을 감당해본 적이 없었던 남자는 겉보다 속이 훨씬 더 무르고 연약했으며 방어적이었다.

부메랑이 되어 돌아온 능력주의

능력주의 역시 그에게 중요한 관념이었다. 그는 자기계발을 중요시했고 능력을 끌어올리기 위해 성실하고 체계적인 노력을 쏟지 않는 사람들을 비난했다. 한편으로는 자기 능력이 아닌 다른 방식을 통해 성공한 사람들을 보며 억울함을 느끼기도 했다. 하지만 결국엔 자신이 기댈 것은 자기 자신밖에 없으므로 억울하더라도 더 노력해야 결과를 내는 수밖에 없다고 다짐하곤 했다.

남자에게 성취의 실패는 곧 자신의 실패를 의미했다. 그는 자신을 둘러싸고 있는 사회 시스템이 자신에게 불리하고 불합리하게 돌아간다는 사실을 인지할 때조차, 더 노력하지 않고 능력을 키우지 못한 자신을 탓했다. 사회적 구조를 탓하기에 그는 이미 그 구조에 너무 익숙했고 여전히 그 속에서 인정받기를 원했던 것이다.

그 결과 남자는 한 기업의 취업 전형에서 떨어진 것을 자기 인생의 실패로 받아들였다. 실패에 서투르고 취약했던 만큼 그는 너무 쉽게 무너졌다. 노력을 하지 않은 것도 아니지만 자신이 어떠한 노력을 기울였는지와는 상관없이 그저 무능력한 사람이 되어버린 것 같았다. 결과 중심적 패배감에 빠진 것이다. 그전까지는 그를 보호해주고 그에게 원동력이 되었던 '능력주의', '성과주의', '결과주의'라는 삶의 전제가 이제는 부메랑처럼 돌아와 그를 상처 입히고 좌절시키고 있었다.

그는 자기계발서에서 강조하는 능력을 끌어올려야 한다는 관념을 스스로에게도 적용했지만 타인에게도 가차없이 적용했다. 타인의 무능력을 배격했고 노력을 하지 않는 나태함을 비난했으며 결과로 증명되지 않는 노력은 인정하지 않았다. 그래서 남자는 자신이 성취와 결과를 가지고 남을 비판했던 것처럼 자신 또한 비판당하고 조롱받을 것이라 예상했다. 그렇게 실패와 좌절에 묻힌 그는 사람들 앞에 설 수 없다고 느꼈다. 그전까지 그를 지탱해준 관념, 열심히 스스로를 채찍질하며 시험에 대비해온 시간, 성취에 충분한 힘을 쏟지 않는 사람들을 비난하는 기반이 되었던 관념과 강박들이 이제는 자신을 겨누는 아프고 뾰족한 화살이 된 것이다.

남자에게 성취의 실패는 곧 자신의 실패를 의미했다.

남자의 수행 불안

/

'임포텐스^{impotence}'는 발기부전을 의미하는 용어다. 성적인 수행의 어려움을 진단하기 위해 나타난 개념이지만 현대의 남성들에게는 단순한 성적 수행의 어려움 이상의 의미를 지닌다. 이 말은 딱딱하게 발기된 성기를 정상이라고 보고 남자의 성공, 성취를 둘러싼 적극성, 의욕, 공격성을 당연시하는 관념에 비춰 자신을 초라하게 보는 '고개 숙인' 남성상을 부각시킨다. 단순히 신체적인 문제에 국한되는 것이 아니라 남성의 모든 행위 밑에 깔린 '남자라면 당연히'라는 관념이 불러오는 수행 불안을 아우르는 심리적이고 상징적인 의미를 지니는 것이다.

수행은 심리의 영향을 받고 심리는 수행에 영향을 미친다. 타인의 높은 기대를 미리 예상하면 그 기대에 맞춰 수행을 해내야 한다는 부담 때문에 상황에 몰입하기가 힘들어진다. 자신을 온전히 투여할 수도 없고 원하는 결과를 얻기는 더 힘들어진다. 임포텐스는 탁월한 능력을 발휘하지 않으면 존재 가치를 느낄 수 없는 모든 남성적 의기소침과 수행 불안을 대변한다. 그것은 실제적인 기대라기보다는 관계 속에서 타인이 자신에게 가지고 있고 이를 충족시켜야만 한다고 내면화한 강박관념 때문에 한없이 위축되고 불안해지는 마음, 그래서 관계에서 '단절'과 '철수'를 결정하게 되는 마음이다.

기대에 민감한 사람들, 기대를 과도하게 예상하는 사람들, 기대에 대한 경직된 관념과 전제를 가진 사람들이 이에 취약하다. 특히 한 집단의 기대주였던 남자들일수록 임포텐스의 공포에 더 크게 시달린다. 이들은 자신의 능력을 강박적으로 확인하거나 상대의 긍정적인 반응마저 의심하며 더 큰 수행 불안에 시달린다. 또 그럴수록 임포텐스는 더욱 심화된다.

실패는 정말 관계를 망칠까?

남자도 그랬다. 그는 외부의 스트레스를 많이 경험할수록 여자 친구와의 관계에서 더 예민한 모습을 보였다. 상대의 반응에 민감하게 반응하고 집착할수록 관계는 더욱 악화되었다. 여자 친구는 그를 위로하고 싶어 했지만 그럴수록 더욱 의기소침해진 그는 결국 여자 친구와도 헤어졌다. 뿐만 아니라 친구들이나 가족 관계에서도 스스로를 소외시켰다. 상대가 헤어지자고 해서가 아니라 상대가 원하는 것(이라고 그가 짐작한 것)을 자신이 채워줄 수 없다고 생각했기 때문이었다.

그의 짐작이 맞을 수도 있다. 실패는 거절의 직접적인 이유가 되지 않더라도 거절을 야기하는 다른 상황들을 불러온다. 실제로 많은 커플들이 실패 후 헤어진다. 하지만 그들이 단순히 생각하는 것처럼 실패 자체는 관계 단절의 직접적인 이유가 아니다. 어떤 관계는 실패를 통해 더 굳건해지기도 한다. 그보다는 실패를 둘러싼 관념이 그전까지 유지해오던 관계의 구조를 떠받드는 관념과 일치하지 못하기에 실패 후 관계 역시 함께 붕괴되는 것이다.

그는 스스로 자신의 실패를 마주할 수 없어서 여자 친구 역시 자신의 실패를 견디지 못할 것이라 '짐작'했고 자신의 짐작이 맞는다는 것을 확인하기도 전에 먼저 헤어지자고 했다. 차마 자신의 무능력을 여자 친구에게 보여줄 수도 없고 무능력으로 인해 거절당하는 상황을 맞을 수도 없었던 것이다. 그보다는 "사랑하니까 보내주는 거야"라고 포장하거나 "능력이 없다는 이유로 나를 차버린 냉정한 여자"라고 비난하며 실패에 대한 부정적인 감정을 타인에게 투사하는 식으로 자기 자존심을 지키려 했다. 스스로에게 솔직하지 못한 채 마지막 보루와 같은 자존심을 지키고 싶었던 것이다.

힘을 내기 위해 힘을 빼기

상담을 받으면서 남자는 자신이 가진 삶에 대한 전제가 자신의 일상 속 감정과 행동에 어마어마한 영향을 미치고 있음을 차차 인식하게 되었다. 그러면서 그전까지 자신이 품어왔던 경직된 관넘을 느슨하게 풀어놓을 필요가 있음을 깨달았다. 그렇지 않으면 앞으로도 계속 사람들 앞에 나서기 힘들 것이며 내적인 불안 또한 더 커질 것이었다.

"그렇다고 해도 인정받는 것, 능력을 키우기 위해 노력하는 것, 밥벌이를 해내는 것은 너무 중요한 것이라 포기할 수는 없어요. 저는 앞으로도 저를 증명하는 삶을 살아야 할 것 같고 또 그럴 거예요. 하지만 스스로를 너무 외롭고 절박하게 만들어서는 안 되겠다 싶네요. 너무 저 자신에게 높은 기대를 해온 것 같아요."

마음이 느슨해지자 여자 친구에게 미안한 마음이 드는 한편, 그리운 마음이 들었다. 그리고 예전 같았으면 자존심 때문에라도 먼저 연락해서 마음을 전하지 못했을 테지만 이번만큼은 자존심을 내려놓고 자신의 마음을 전해야겠다고 마음먹었다. 그렇게 그는 여자 친구와 다시 만나기 시작했고 얼마 지나지 않아 원하던 다른 회사에도 들어가게 되었다.

"이상한 일이죠. 그렇게 '이거 아니면 안 된다' 하고 절박할 때는 절대로 안 되던 것들이 '됐으면 좋겠지만 안 되도 어쩔 수 없다'고 편하게 마음을 먹자 갑자기 잘 풀리기 시작했어요. 삶에 대한 긴장감이 풀렸고 날카로웠던 마음도 조금 나아졌어요. 그냥 제가 생각의 강도를 풀었을 뿐인데 말이에요."

그렇게 그는 힘이 들어갈 때마다 오히려 힘을 빼야 한다는 마음의 역설을 배웠다. 관계에 있어서든, 성취에 있어서든 꼭 쥐려 했기에 오히려 먼저 놓아버리고 싶었던 극단적인 마음에서 벗어나 스스로에게든 다른 사람에게든 여유를 주면서 느슨해지는 것을 매일 연습했다. 힘들어본 경험, 실패에 좌절해본 경험, 좌절을 딛고 일어서본 경험을 토대로 이제는 함부로 다른 사람의 힘겨움과 무능력, 나태함을 속단하거나 평가하지도 않았다. 그런 마음이 결국엔 자기 자신에게 겨누는 활이 될 수 있음을 경험했기 때문이다.

불안은 우리를 긴장하게 한다. 긴장은 사실 잘하고 싶기에 나타나는 마음이다. 하지만 그 마음이 지나쳐 강박으로 흐를 때 우리는 수행을 그르치게 된다. 수행을 잘하기 위해서는 능력을 갈고 닦고 연습하는 것도 중요하지만, 때때로 그보다 더 중요한 것은 능력을 둘러싼 나의 관념을 잘 정비하는 것이다.

그러니 혹시 주변에서 누군가가 수행 불안에 시달리고 있다면 그토록 힘든 감정을 느끼게 하는 삶의 전제가 무엇인지 한번 물어보라. 수행 불안을 크게 보이는 사람일수록 그가 가진 삶의 전제는 '슈드비 사고' 구조에 경직되고 극단적인 방식으로 걸려 있을 가능성이 크다. 그런 전제를 가지게 된 데에는 그만의 개인적인 경험이 있을 테니 섣불리 비판하거나 설득하지는 않는 것이 좋다. 다만 생각과 감정의 강도를 조금 느슨하게 할 필요가 있고, 그래도 된다고 이야기해주자.

과제의 중요함과 책임의 묵직함에 눌려 여유를 갖기 어려울수록, 이런저런 강박관념과 수행 불안이 우리를 괴롭힐수록, 우리에게는 크게 심호흡을 하고 긴장을 푸는 연습이 필요하다. 역설적이지만 잘하기 위해 우리는 잘해야 한다는 마음을 버려야 한다. 힘을 내기 위해 힘을 빼야 한다.

남자는 쿨하고 싶다

/

"저희 남편은 은근 뒤끝이 심해요. 연애 때는 이 사람이 굉장히 섬세하고 자상한 사람이라고 생각했었는데 살다 보니 그게 소심한 거였다는 걸 알았어요. 사소한 말 한마디에도 잘 삐치고 혼자 꿍해 있는데 남자가 너무 쪼잔해 보이는 거 있죠? 남자답게 좀 쿨했으면 좋겠는데 왜 그렇게 소심한지 모르겠어요."

언젠가부터 '쿨하다'는 것은 여자에게든 남자에게든 긍정적인 덕목으로 자리 잡았다. 그런데 남자에게 '쿨하지 못하다'는 표현이 따라붙는 순간 이것은 심리적 타격이 큰 낙인이 된다.

이런 낙인에는 여러모로 모순점이 많다. 쿨하다는 것은 관계에 어느 정도 무심하고 연연하지 않을 때 도달할 수 있는 심리 상태이기 때문이다. 여자들은 남자들이 관계에 더 많이 신경을 써주고 자상하고 세심하길 원하면서도 그런 면이 조금 지나치거나 자신의 뜻에 맞지 않을 때에는 "쿨하지 못하다"거나 "쪼잔하다"거나 "남자가 왜 그래"라면서 비난한다. 그렇기 때문에 남자 입장에서는 그것이 억울하고 혼란스러운 이중 구속일 수도 있다.

쿨함이라는 안전한 방어

쿨한 남자들에 대한 평가가 긍정적이기만 한 것만도 아니다. 쿨한 남자들에 대해서는 "무심하다", "차갑다"는 평가가 따라붙기 때문이다. 가만히 보면 이런 평가들이 결국에는 상대에 대한 이해보다 자신의 개인적이고 변덕스러운 욕구에 기반을 둔 것임을 알 수 있다. 나에 대한 배려와 관심이 좋을 때는 상대를 세심하다고 평가하지만 싫을 때는 소심하다고 평가한다. 또 나의 욕구와 기분에 맞춰 세심할 때는 세심하고 쿨할 때에는 쿨하게 대해줬으면 한다.

그런데 당연하게도 우리는 이런 상반된 덕목을 동시에 가질 수는 없는 데다 상대의 변덕스러운 욕구에 딱 들어맞게 자신을 자유자재로 바꾸는 것이 불가능하다. 그래서 우리는 관계 속에서 여러 갈등과 딜레마에 빠진다. 특히 우리가 가지고 있는 자연스러운 특성에 대해 "남자가 왜 그래" 혹은 "여자가 왜 그래"라는 단서가 붙으면 있는 그대로의 나를 펼치는 일은 결코 쉽지 않다.

이런 분위기 속에서 남자들은 적어도 쿨한 남자들에 대해서는 '남자가'라는 단서의 부정적 뉘앙스가 따라 붙지 않는다는 사실을 발견한다. 자신을 드러내지 않고 거리를 두는 쿨함이 가장 안전한 방식인 것처럼 느끼는 것이다. 그래서 많은 남자들이 속으로는 쿨하지 못할지라도 겉으로는 쿨함을 유지하려 애쓴다. 남자들에게 있어 솔직하게 자기 안의 유치한 공상과 소심한 걱정, 관계 속 민감함을 드러내는 것은 스스로를 취약하게 만드는 일이다. 그래서 이 땅의 소심한 남자들은 편하게 자신을 드러내는 대신 쿨한 척한다.

남자들에게 쿨하고 대범하고 둔감하기를 요구하는 사회 압력과 이상이 강하면 강할수록 여기에 자신을 맞추기 어려운 남자들은 내면과 외면의 불일치와 분열감을 더 크게 경험한다. 그럴 때 남자들은 홀로 고립되어 자기만의 세계에 갇힌다. 본래는 세심하고 자상할 수도 있었던 그들이 소심하고 쪼잔해지고 결국에는 고립되어 괴팍해지는 것이다.

미묘하고 불편한 감정에 대해

불면증을 오랫동안 앓아온 그 남자는 관계 속에서 상대의 감정 전이를 쉽게 느꼈고 민감한 편이었다. 그는 갈등을 두려워했고 자기주장을 쉽게 하지 못했다. 그러다 보니 항상 사람들 사이에서 샌드위치가 된 느낌이었고 쉽게 지쳤다. 가장 큰 문제는 이미 지나간 일을 마음속에서 반복 재생하는 면이었다. 그의 마음속에는 거의 항상 '내가 왜 그랬을까'라는 생각의 기류가 깔려 있었고 매일 흐린 날씨 아래 있는 것처럼 우울하고 힘들었다.

예를 들자면 이런 식이다. 최근에 그는 자신을 대하는 회사 동료의 태도가 예전 같지 않음을 느꼈다. 동료는 인사를 해도 잘 받아주지 않고 먼저 자신에게 다가와 말을 걸지도 않았다. 심지어 업무상 대화가 필요할 때조차 자신을 피하는 느낌이다. 느낌이 그럴 뿐 정말로 확인할 수는 없었기에 그는 홀로 고민스러웠다. 그는 언제나 이런 불확실하고 미묘하지만 부정적인 타인의 반응에 쉽게 불안해지고 초조해지곤 했다. 하지만 이번에 더 힘들었던 이유는 그가 친해지고 싶었던 동료와의 일이기 때문이었다.

대부분의 사람들이 살면서 한 번쯤은 이런 미묘한 불편을 느껴 봤을 것이다. 그런데 이런 마음속 불편감에 대해 사람들은 각기 다르게 반응한다. 미묘한 차이를 감지하지 못할 정도로 둔한 사람도 있고, 또 그런 감정을 느꼈을 때 아무 거리낌 없이 바로 확인해보는 사람도 있다. 남자는 때로 둔감한 사람들이 부럽다고 했다. 처음부터 이 미묘한 차이를 민감하게 인식하지 못한다면 괴로워할 일도 적을 것 같았기 때문이다. 하지만 그는 이미 민감한 사람이었다.

이런 경우 자기 마음속 반쪽짜리 불분명한 정보를 가지고 지레짐작함으로써 괴로워하고 불안해하며 전전긍긍하는 데 에너지를 쏟기보다 그 미묘함을 직접 확인하는 편이 오히려 더 나을 것이다. 하지만 그는 미묘한 것을 민감하게 감지하면서도 이를 확인해볼 용기가 없었다. 그래서 스스로에게 느끼는 답답함과 타인의 반응에 대한 불안은 시간이 갈수록 점점 더 커져갔다.

남자는 이런 감정을 느낄 때 그것이 정말인지 확인해볼 생각을 전혀 하지 않고 살았다. 그전까지 모든 관계에서 그는 이런 불편한 상황을 내적 갈등의 테두리에서만 해결하려 했다. 과거에 일어났던 일들, 그 속에서 자신이 했던 말과 행동, 그에 대한 상대의 반응을 마치 슬로모션을 돌리듯 천천히 되감아보며 반성하는 것이다. 그러다가 풀리지 않는 부분이 생기면 직접적인 방식이 아닌 에두른 방식으로 상대의 생각과 의도를 알아내려 애쓰며 전전긍긍했다.

이번에도 그랬다. 그의 마음속에는 부정적인 생각이 꼬리에 꼬리를 물고 이어졌다. '지난 PT 때 내가 한 말이 너무 셌나? 점심 같이 먹자고 한 걸 거절해서 그런가? 그때 소화가 안 돼서 그런 거였는데 제대로 얘기를 했어야 했나?' 이런저런 생각을 하며 너무 답답했지만 당사자에게 확인해볼 생각도 못 하고 주변 사람에게 이야기할 수도 없었다. 기껏해야 옆 사람에게 무심하게 "김주임 요즘 힘든 일 있나요?"라고 물어본 게 다였다. 이런 질문을 해봤자 애매모호한 답만 얻는다는 걸 알면서도 말이다.

그러면서 '내가 너무 사소한 일에 민감한가?'라는 생각에 스스로에 대해서도 부정적인 감정과 관념을 쌓아갔다. 되새김질이 계속될수록 마음은 불편해지고 에너지는 빠진다. 그는 너무 괴로운 나머지 부서를 옮길 생각까지 하게 되었다.

더 깊은 수렁에 빠지다

'반추사고rumination rut'라는 개념이 있다. 관계에 대한 과거 지향적 되새김질을 뜻하는 이런 특성은 여성의 우울증을 이해하는 중요한 개념으로 제시되었다. 남자가 빠져 있는 마음의 힘겨움은 바로 이런 반추사고에서 비롯된다.

여성의 우울증을 오랫동안 연구해온 수잔 노렌헉시마Susan Nolen-Hoeksema는 관계 지향적인 여성들이 관계에 대해 계속해서 반추사고를 하기 때문에 우울감에 더 쉽게 휘말리고 빠져나오기 힘들어한다고 했다. 정답이 있는 문제라면 반추사고는 건강하고 건설적인 방식으로 우리에게 영향을 미칠 것이다. 하지만 관계 문제처럼 딱 떨어지는 정답도 없고, 행동을 취한 이후에도 다양한 변수를 생각해야 하는 데다, 그대로 두면 생각이 꼬리에 꼬리를 물고 이어지기 쉬운 과제에 마음을 많이 쏟다 보면 마음이 더욱더 힘들어진다.

이럴 때 반추사고는 부정적인 감정과 생각의 연쇄 작용을 불러일으킨다. 되새김질을 많이 하는 사람일수록 자신의 실수나 흠에 대해서 더 많은 생각을 하게 되고 스스로에 대해 더 비판적인 관점을 가지게 되며 자신의 관점보다는 타인의 관점에서 문제를 바라보기 쉽다. 그러면 자기 자신에 대한 긍정적인 관점을 유지하기가 쉽지 않다. 소심하고 세심한 사람일수록 이런 반추사고에 빠져 있는 경우가 많다.

여성들이 이런 특성을 가지고 있을 때 우울과 불안 같은 정서적 문제로 발전되기가 쉽다는 것을 밝히는 연구는 많이 있다. 하지만 남자가 이런 특성을 가질 때 어떤 결과가 나타나는지를 드러낸 연구는 거의 없다. 실제로 상담 안팎에서 만나는 많은 남자들 가운데에는 반추사고에 빠져 잘 헤어 나오지 못하고 여자들보다 더 심각한 정서적 타격을 받는 경우가 많은데도 말이다.

이들은 표현의 통로가 막혀 있는 데다가 대범하지 못하고 소심하다는 평가를 두려워하기 때문에 자신의 마음에 대해서도 솔직하기 쉽지 않다. 그리고 이런 평가를 예상하며 반추사고를 많이 하는 소심하고 세심한 감수성을 지닌 남자들은 더 큰 감정적 위기에 빠지고 더 어렵게 도움을 청한다. 결국 되새김질의 덫에 빠진 남자들은 내적 전쟁과 외적 전쟁을 모두 치르게 된다. 이들이 자기 느낌을 허심탄회하게 이야기하기 위해서는 자기 자신과는 물론 외부의 평가적 시선과도 싸워야 하기 때문이다.

되새김질의 덫에서 빠져나오기

되새김질의 덫에서 빠져나오는 가장 좋은 방법은 생각을 멈추고 행동하는 것, 당사자에게 직접 확인하는 것이다. 그게 여의치 않다면 당사자가 아닌 다른 사람에게 어려움을 털어놓는 것도 좋다.

사실 첫 번째 방법은 용기가 필요할 뿐 아니라 안전하지 않다고 느끼기 때문에 많은 사람들이 두 번째 방법을 택한다. 또는 두 번째 방법을 통해 첫 번째 방법을 감행할지 말지 결정한다. 이것이 바로 우리가 수다를 통해 성취하는 것이다. 우리는 수다를 통해 마음 어딘가에 걸려 있어 소화되지 않고 남아 있는 인식과 감정들을 나눈다. 내가 뭘 잘못한 건지, 내가 너무 민감한 건 아닌지, 해결할 수 있는 더 나은 방법은 없는지, 의혹과 불안으로 가득한 답 없는 질문을 꺼내어 함께 살펴보는 것이다.

그렇게 함으로써 사실은 별것 아닌데 혼자 부풀려 생각했던 많은 불편한 감각들이 해소되고, 혼자서는 생각해보지 못했던 상황의 이면 행동을 다른 관점, 넓은 관점으로 보게 된다. 또 나를 더잘 받아들이게 되고 다른 사람을 더 잘 이해하게 된다. 그러면 소화되지 않았던 일이 어느 순간 개운하게 소화되고, 이해되지 않았던 누군가의 마음이 이해되며, 나 스스로 나를 밀어내던 마음과도 화해하게 된다. 좋은 수다의 본질은 이런 것이다.

그런데 여자들에게 이런 수다의 기회와 수다를 나눌 대상, 수다가 허용되는 범위는 넓은 반면, 남자들에게는 그렇지 않은 경우가 많다. 남자다움은 수다와 대치되는 면이 있을 뿐 아니라 남자의 수다나 수다스러운 남자에 대해서는 불편해하는 분위기가 있기 때문이다.

앞에서 이야기한 남자가 불편한 감정이 있으면서도 내적인 되새김질만 반복하며 더 크게 그 감정을 키워갔던 이유 역시 사회적으로 남자에게 수다의 허용치가 적었기 때문이다. 물론 자기표현에 서툰 내성적 성격과 과거에 자신의 마음을 꺼내놓았다가 불리해진 경험 때문이기도 할 것이다. 어쨌든 남자는 살면서 어느누구에게도 자신의 미묘하면서도 불편한 감각을 쉽게 이야기할수 없었다. 경험의 빈약함은 표현 통로의 빈약함은 물론 표현 방식의 빈약함을 불러와 그의 마음속에 악순환을 일으켰다.

그런 면에서 예민하고 민감하여 관계 속에서 되새김질의 덫에잘 빠지는 남자들은 심리적으로 취약하다. 그는 남자다움에 대치

되는 자신의 본질적인 특성을 더 예민하게 감지하기 시작하는 아동 청소년기부터 본격적으로 우울과 불안으로 뒤덮이게 되고, 멜랑꼴리한 기분을 풍기며 안으로는 자기 소외를 경험하고 밖으로는 가까이 있어도 먼 사람인 듯한 느낌을 주는 청장년기를 거치게 된다. 주변 사람들은 이들을 말수 없는 사람, 감정에 무딘 사람으로 인식할지 모르지만 사실 그들은 느끼는 것이 너무 많아 할 말이 많지만 이를 표현할 자기 언어가 부족하고 받아주는 대상도 없었을 뿐이다. 이 남자 역시 이런 압력에 갇혀 우울해하고 있었다.

성공적인 대화의 경험

／

남자에게 필요한 것은 일단 두 가지였다. 하나는 '물어도 괜찮다. 표현해도 괜찮다. 민감해도 괜찮다'는 마음가짐과 '묻는 기술'이었다. 그러기 위해서는 남자다움의 경직된 덫에서 한 발짝 빠져나올 필요가 있었다. 밖으로 꺼내어 확인하는 것이 주는 이득과 되새김질이 가져오는 불이익을 확실히 저울질해보아야 했다. 느끼는 것을 모두 표현해낼 필요는 없지만 적어도 석연치 않은 것에 대해 주변 사람들과 나눈다면 스스로를 더 잘 이해하는 것은 물론 다른 사람에 대한 오해를 하지 않게 된다.

그는 오래 고민하고 마음으로 시뮬레이션을 돌려본 끝에 결국 그 동료에게 커피를 마시자고 제안했다. 그리고 일을 하면서 불편한 점이 없는지 일단 부드럽게 물었다. 이렇게 보편적인 배려의 질문을 먼저 던진 뒤 남자는 자신의 불편한 마음에 집중하기보다 일단 상대의 말을 듣기 위해 애썼다. 알고 보니 동료는 요즘 회사 일뿐 아니라 가정에서도 스트레스를 크게 받고 있다고 했다. 자신을 대하는 태도가 전과 달라서 걱정했다고 남자가 자신의 마음을 표현했더니 걱정했던 것과는 달리 동료는 자신의 미묘한 변화를 인식해주고 걱정해주어 고맙다고 했다.

거기에서 용기를 얻은 그는 마지막으로 혹시 자신이 지난 PT 때 평가를 너무 야박하게 해서 상처를 받은 것이 아닌지 물었다. 하지만 그간 그의 짐작과 고뇌가 무색할 정도로 동료는 그가 무슨 말을 했는지조차 기억하지 못했다. 한결 홀가분해진 마음으로 그는 앞으로 힘든 일이 있으면 돕고 싶다는 의사를 전한 뒤 대화를 마무리했다. 그는 이 대화를 자기 인생 최초로 불편한 마음을 솔직하게 전한 성공적인 대화였다고 했다. 앞으로도 비슷한 일이 생기면 같은 방식으로 대처해도 괜찮겠다는 경험을 한 것이다.

여자의 시선을 두려워하는 민감한 남자들

그가 불편한 마음을 꺼내어 묻는 일을 더 망설였던 이유는 그

동료가 자신과 성별이 다른 여자였기 때문이다. 그는 자신이 솔직하게 자신의 불편감을 꺼내어 물으면 상대방이 "왜 저래?" 하고 반응할 것이라 예상했다.

남자들은 자신의 감수성을 바라보는 여자들의 시선을 두려워한다. 이러한 점은 둔감한 남성의 경우에도 마찬가지다. 그것은 여자와 이야기를 나누는 것이 익숙하지 않기 때문이기도 하고, 여자의 거절과 거부를 두려워하기 때문이기도 하다.

남자들은 여자에게 이성으로서의 관심이 있든 없든 상관없이 여자들이 "왜 저래?"라고 부정적인 반응을 할 것을 예상한다. 그 이유는 남자들이 실제로 경험했던, 남자들의 감수성에 대한 여자들의 이중 잣대 때문이다. 앞의 남자 역시 과거에 암묵적으로든, 직접적으로든 관계 속에서 여리고 고민하는 섬세한 감정을 드러냈을 때 여자들의 "왜 저래?" 반응을 얻은 경험이 있었다.

사실 되새김질은 관계를 더 잘하고 싶고 관계가 그만큼 소중하기 때문에 하게 되는 것이다. 그리고 그것은 자기반성과 성찰, 그리고 타인에 대한 배려와 타인을 향한 민감성으로 드러난다. 여성들이 열광하는 세심하고 감성적이며 로맨틱한 남성들은 어느 정도 이런 반추사고에 기대어 타인의 마음에 닿으려는 내면적 노력을 하는 사람들이라 할 수 있다.

따라서 남자가 민감성을 발휘해주고 부드러운 친밀감과 공감력을 가져주길 원한다면 그런 남자들에 대해 갖고 있던 이중 잣대를 내려놓아야 한다. 그러면 그가 단순히 내성적이거나 멜랑콜리하거나 과묵한 것이 아니라, 민감하고 섬세한 촉수를 가지고 내 마음에 와 닿기를 원하지만 단지 방법을 잘 몰라 홀로 고민하는 시간을 많이 가지는 남자라는 사실을 알게 될 것이다.

슈퍼맨이어야 하는 남자

남자는 불행한 결혼 생활을 끝내고 싶은 마음에 상담을 시작했다. 그는 자신에게 너무 집착하고 의존적인 모습을 보이는 아내에게 결혼 초기부터 질려서 오랫동안 이혼을 생각해왔다. 그런데 이혼을 하는 데에 가장 결정적인 기준으로 그가 제시한 것이 좀 특이했다.

그 부부에게는 아직 아이가 없었는데 이혼을 할지 말지 고민하고 있던 때에 남자는 둘 중 한 사람이 불임일 가능성이 있다는 이야기를 들었다. 그는 곧 있을 정밀 검사를 통해 누가 원인인지 밝혀낸 뒤 그 결과에 따라 이혼을 결정하겠다고 말했다. 만약 아이가 생기지 않는 것이 자기 때문이라면 그대로 이혼을 할 것이고 아내 때문이라면 결혼을 유지하겠다는 것이다. 아내에게 핸디캡

이 있을 경우엔 자신이 아내를 끝까지 책임져야 한다고 생각했다. 그에게 결혼(또는 결혼 생활 유지)이란 누군가를 구원하고 구제하는 일이었다.

처음에 그 이야기를 들었을 때에는 쉽게 이해가 되지 않았다. 하지만 이내 그의 의지와 결정은 남자의 사랑에 깔려 있는 자기희생의 마조히즘을 보여주는 것임을 알 수 있었다. 이런 특성은 가부장적 사고와도 묘하게 결합되어 있다.

내가 아니면 안 될 거야

좋아하는 사람이 생겼을 때 남자들은 보통 장난을 치고 싶어한다. 감정 표현에 서툰 남자일수록 마음을 짓궂게 표현한다. 좋아하는 사람에게는 부드러워지는 여자와 달리, 남자는 좋아하는 사람에게 거친 모습을 보인다. 표현이 서툴러서만은 아니다. 남자의 짓궂은 장난 이면에는 좋아하는 사람이 나로 인해 괴로워지고 곤란해지는 모습을 보고 싶어 하는 약간의 가학적이 마음도 들어 있다. 이는 사랑하는 사람에 대한 자기 통제감을 확인하기 위해 나타나는 방식이기도 하다. 좋아하는 사람을 괴롭히는 데에서 느끼는 묘한 사디즘Sadism이 나타나는 남자의 사랑과 비교해서 여자들의 사랑은 여성적 마조히즘Masochism의 모습을 보여준다. 그런데 때로 어떤 남자의 사랑 방식에는 쉽게 이해하기 어려운 극단적인 자기희생적 마조히즘이 발견되기도 한다. 바로 구원자 콤플렉스로 대변되는 남자의 보호본능이 사랑 안에서 활성화될 때이다.

여성적 마조히즘이 희생하고 참고 감내하는 소극적 희생으로 나타나는 것과는 다르게, 남성적 마조히즘은 '남자인 내가 여자를 보호해야 한다'는 적극적인 희생의 전제를 깔고 있다. 남성적 마조히즘은 '여린 여자, 착한 여자, 나밖에 모르고 나밖에 없는 여자'라는 인식 앞에서 크게 활성화된다. 이런 극적인 설정을 통해 남자의 마음속 영웅심리, 기사도 정신이 발동하는 것이다. 남자들이 "난 오빠 아니면 안 돼"라고 하며 기대어 안겨오는 여리고 청초한 여자의 모습에 쉽게 흔들리는 것은 바로 이런 이유 때문이다.

모성애로 대변되는, 여리고 어린 사람을 보호해주고 싶어 하는 마음은 여자의 마음속에만 있는 것이 아니다. 때로는 여자의 모성보다 더 크고 강력한 보호본능이 남자의 마음속에 강력하게 존재한다. 자신보다 작고 여리다고 생각되는 누군가를 지켜주고 싶은 마음이 커질 때 남자들은 자기 자신을 더 강하게 느끼고 이를 사랑이라는 감정으로 받아들인다.

실제로 많은 남성들이 자기 여자에게 잘하겠다는 비장한 다짐을 할 때 등장하는 공통적인 표현에는 그녀가 '나 하나 보고 온 사람'이며, '나 아니면 안 되는 상황'이고, '나만이 그녀를 제대로 구할 수 있다'는 인식이 있다. 그런 대상이야말로 남자의 책임감, 남자의 존재 이유를 강하게 자극하기 때문이다. 게다가 이런 자극은 가부장적 책임감과 연결되면서 더욱 강하게 남자를 흔든다. 아무리 힘든 상황이라도 내가 이 모든 것을 해내길 기대해주고 할 수 있으리라 믿어주는 시선을 받을 때 남자는 자부심을 느끼고 사랑을 확인하는 것이다.

모든 것을 다 짊어진 슈퍼맨

이런 남성적 자기희생은 아틀라스 콤플렉스와 슈퍼맨 콤플렉스가 강한 사람일수록 더 강력하게 나타난다. 그리스로마 신화 속 거인신인 아틀라스는 제우스에게 반항한 죄로 평생 지구를 양어깨로 떠받들고 있어야 하는 벌을 받게 된다. 학자들은 이런 아틀라스의 형벌이자 의무가 세상의 짐을 떠안아야 하는 가장들의 과업과 스트레스를 보여준다고 보았다. 그런 점에서 자신이 할 수 있는 것보다 더 많은 것을 짊어지려 하는 남성들의 마음은 아틀라스 콤플렉스라고 설명된다. 이렇게 아틀라스는 현대 사회에서 전형적이고도 이상적인 남성상으로 떠올랐다.

슈퍼맨 콤플렉스 역시 슈퍼맨처럼 뛰어난 능력으로 남자다움을 과시하고 싶어 하는 남성적 강박관념과 욕망을 담고 있다. 곤경에 빠진 사람들을 구하는 영웅이 되고자 하는 심리는 어린 시절부터 남자들의 마음을 단번에 사로잡던 욕망이었다. 이런 마음은 사랑하는 여자와의 관계 속에서 더 두드러지고 분명한 모습으로 나타날 때가 많다. 아틀라스 콤플렉스와 슈퍼맨 콤플렉스는 공통적으로 사랑하는 관계에서 스스로 자기희생을 강요하는 모습을 설명해주며 무리해서 자기 능력을 끌어올리려 하는 경직된 강박관념의 배경이 된다.

기존의 강력한 가부장제 사회에서는 힘으로 군림하고 힘으로 식솔을 지켜내는 제우스상을 가진 남성들이 이상적인 남성상으로 지지를 받았다. 그런데 가부장제가 약화되면서 모든 것을 다 잘해내는 슈퍼맨과 모든 것을 다 짊어지는 아틀라스가 그 대안이자 새로운 버전으로서의 이상적인 남성상으로 떠오른 것이다.

여자에게는 남자들의 이런 마음이 때론 고맙고 때론 부담스럽게 느껴진다. 앞에서 이야기한 남자의 아내도 책임감이나 의무감 때문에라도 관계를 지키고 자신을 보호하려고 하는 남편의 마음을 처음에는 다행스럽게 느꼈다. 하지만 결국 그녀는 그의 결정이 의무가 앞선 경직된 사랑 관념 때문이라는 것을 인식하고 있기에 더 힘들어했다.

사실 애초에 그녀가 그의 사랑에 그토록 집착했던 이유는 그의 사랑이 이런 의무에서 비롯되었음을 감지했기 때문이었다. 그녀에게 그의 사랑은 '껍데기밖에 없는 사랑'이었다. 그녀는 자신이 사랑을 구걸해야 하는 것 같아서 한없이 슬프고 공허해했다. 의무를 강조하는 남자의 사랑 앞에서 공허함을 느끼는 많은 아내들이 사랑을 확인받고 싶어 한다. 하지만 그럴수록 남자는 아내의 요구를 답답해하고 불편해한다. 이미 자기 나름의 방식대로 그녀를 위해 많은 희생을 했다고 생각하기 때문이다. 여자에게는 껍데기처럼 느껴지는 사랑이라도 그것은 남자가 사랑을 느끼고 표현하는 최선의 방식일 수도 있었다.

그렇다면 남자는 왜 사랑을 이런 방식으로 느끼고 표현하게 되었을까?

왜 자기희생적 구원자를 자처할까?

우리가 느끼는 감정과 그 감정을 표현하는 방식은 우리가 속한 사회문화적 압력과 태도, 과거에 경험해온 감정 인식 및 표현 방식에 따라 달라진다. 사랑이라는 감정을 받아들이고 표현하는 방식 역시 사회적이고 경험적으로 구성된 것이라는 얘기다. 사랑에 빠진 남성이 어떤 모습을 보이는지, 어떤 가치를 선택하고, 어떤 역할을 중시하는지는 그가 그전까지 자라온 환경 속에서 보고 듣고 배우고 느낀 것을 토대로 한다. 사랑에 빠진 남자가 자기희생적 구원자를 자처하는 이유, 즉 '이 여자는 나 아니면 안 된다'는 생각 때문에 아무리 상황과 마음이 어려워져도 그 여자 옆에 끝까지 함께 있기로 결정하게 되는 이유는 크게 두 가지가 있다.

첫 번째 이유는 구원자 역할에 익숙해져 있거나 그 역할을 하고 싶어 하기 때문이다. 여기에 속하는 남자는 집안의 기대주로 자라면서 "너밖에 없다"는 말을 직접적 또는 암묵적으로 들어왔거나, 친구들 사이에서 해결사로 통했을 가능성이 크다. 그에게는 그런 역할을 했을 때 느꼈던 존재감, 자기 가치감이 무척 크게 다가왔을 것이다.

앞에서 이야기한 남자의 경우도 아내에 대해 사랑보다는 연민의 감정이 큰 것 같았다. 처음에 그는 그녀가 자신보다 더 어려운 가정 속에서 혼자 반듯하게 자란 것이 보기 좋았고 그녀 곁에 아무도 없는 것이 마음 쓰여서 잘해주게 되었다. 하지만 관계가 진전될수록 여자 친구였던 아내가 자신에게 점점 더 집착해오며 자신이 줄 수 없는 사랑의 감정까지 요구하는 것이 부담스럽고 불편해졌다. 그래서 갈등하기도 했지만 결정적 순간 발견한 여자의 여린 모습에 '역시 이 여자는 나 아니면 안 되는구나' 하고 생각하여 결혼까지 하게 된 것이다.

결혼을 한 뒤에도 비슷했다. 이혼을 하고 싶다는 마음이 들면서도 아내를 책임질 사람은 자기밖에 없다는 생각에 관계를 유지하려고 했다. 책임의 의무가 그를 사로잡은 것이다. 그렇게 그는 사랑을 책임과 의무로 보는 남자의 전형적인 자기희생적 선택을 반복하고 있었다.

두 번째 이유는 '인정 욕구'에서 찾을 수 있다. 그의 아내가 사랑에 허기진 마음 때문에 관계에 집착하고 사랑을 자주 확인받기를 원하는 사람이라면 그는 인정에 목마른 사람이라고 할 수 있다. 그는 아내와의 관계뿐 아니라 삶의 모든 관계 속에서 인정에 목말라했다. 아내와의 불행한 결혼 생활을 쉽사리 정리할 수 없는 것도 책임감이 강하고 희생적 사랑을 하는 사람으로서 인정받고 싶은 마음이 숨어 있기 때문이다. 이 마음은 한편으로는 숭고하지만 다른 한편으로는 기만적이다. 이혼을 하고 싶은 자기 자신의 솔직한 마음을 숨기고 억눌러야 하니까 말이다.

그래서 그는 사랑 안에서 갑갑함을 느꼈다. 아내의 집착 때문에 갑갑하다고 이야기했지만 사실 자신의 자유를 구속한 사람은 아내가 아닌 그 자신이었다. 가부장적이고 자기희생적인 사랑 관념이 그의 자유를 구속하고 억압한 것이었다.

사랑에 있어서 의무감과 책임감은 중요하고 가치가 있다. 하지만 책임과 의무만으로는 관계가 지속되기 쉽지 않다. 그가 만약 이번에도 자기희생을 감행한다면 시간이 갈수록 힘에 부칠 것이고 아내를 원망하고 아내로부터 소원해지는 마음도 더욱 커질 것이었다.

행복은 희생으로 만드는 게 아니다

남자가 스스로 빠진 덫은 사실 많은 가장들이 호소하는 문제와 닮아 있다. 자기희생적 사랑, 사랑의 책임과 의무를 강조하던 많은 남편들은 자신을 위한 시간과 에너지, 자기 욕구를 충족시키는 선택을 내릴 여유가 없음에 억울함을 느낀다. 거기다 주변 사람들이 그것을 알아주지 않고 희생을 당연시할 때, 인정 욕구가 강한 그들은 자연스레 구체적인 대상 없는 분노와 억울함을 느낀다. "내가 돈 버는 기계인가?"와 같은 분개는 바로 이런 맥락에서 나온다.

사실 이들은 돈 버는 기계도 슈퍼맨도 아틀라스도 아닌, 사랑하는 이들을 보호해주고 싶은 욕구와 그렇게 하는 것이 진짜 남자라는 강박관념을 가진 사람일 뿐이다. 사랑을 위해 평범하지만 비범한 능력을 가지길 원하는 사람 말이다. 하지만 이런 관념에 따른 선택을 반복함으로써 이들은 점점 더 자기 자신으로부터 소외될 뿐 아니라 본래는 친밀했어야 할 관계에서도 더욱 소외되어 간다.

호의도 희생도 반복되면 일상이 되고 당연시된다. 슈퍼맨 또는 구원자로서 그 무게를 견뎌야 하는 일상도 힘겹지만, 이를 당연시하는 태도와 출구 없는 갑갑함은 이들의 마음을 더 무겁게 한다. 책임과 의무 때문에 희생하지만 아무리 힘들어도 그 선택을 번복할 수 없다고 느끼는 기러기 아빠들의 딜레마는 이런 배경에서 떠오른다.

그래서 나는 불임의 원인이 누구에게 있는가에 따라 부부 관계를 유지할지 말지 결정하겠다는 그 남자의 생각을 가로막았다. 결혼은 두 사람이 모두 행복하기 위해 하는 것이고, 사랑 역시 두 사람이 주고받는 것이지 한 사람이 다른 사람의 행복을 위해 '해 주는 것'이 아니기 때문이다. 이런 구도 속에서는 둘 중 누구도 행복감이나 진정한 사랑을 느낄 수 없다.

게다가 관계 역시 고정된 것은 아니다. 시간의 흐름에 따라 달라질 수 있기 때문에 의무와 책임의 방식으로만 관계를 유지하는 것은 관계를 건강하고 안정된 방식으로 이끌어주지 못한다. 상대가 나 아니면 안 되고 내 보살핌이 꼭 필요하다는 인식 위에서 관계가 시작되고 유지되었다면, 막상 상대에게 스스로 일어설 수 있는 힘이 생겼을 때(내가 아니어도 될 때) 오히려 이 관계는 흔들릴 수 있다. 건강하지 않게 이루어진 관계는 어느 한쪽이 건강해지면 오히려 관계의 위기를 경험할 수 있고, 한쪽의 연약함과 다른 한쪽의 강인함을 기반으로 유지되던 관계는 힘의 구도가 전복되면서 파국을 맞이할 수 있다.

한 후배는 그럭저럭 잘나가던 아버지가 사업에 실패하시면서 많은 것이 달라졌다고 했다. 그전까지 집에만 계시던 어머니가 생계를 위해 일을 하시게 되어 다행히 경제적으로 큰 위기 상황은

막을 수 있었다. 그런데 그녀의 가족은 경제적 위기보다 더 큰 심리적 위기 때문에 힘든 시간을 보내야 했다. 왜냐하면 아버지가 자신의 사업 실패보다 어머니의 경제력이 커지는 것을 더 견디기 힘들어하셨기 때문이다. 그때부터 큰 문제가 없었던 부모님의 관계는 극심한 갈등과 분열 속에 놓였고 싸움과 긴장이 끊이지 않았다. 아내가 사회생활을 하면서 자기 목소리를 내고 독립적인 모습을 보이는 것, 그리고 자신이 가족의 주된 부양자 위치에서 내려와야 하는 것이 아버지에게는 무척 받아들이기 힘든 현실이었던 것이다. 뿐만 아니라 어머니 역시 집에서 살림만 하다가 밖에 나가 노동을 해야 하는 고달픔을 이해받기는커녕 의심과 불안, 오해의 눈초리로 바라보는 남편의 시선을 견디기 어려웠다.

아마도 그전까지 후배의 부모님 관계는 전형적인 '구원이 필요한 여자와 구원자 남자'의 구도로 이루어져 있었을 것이다. 그래서 새로운 변화가 불러온 진통이 그만큼 컸던 것 같다. 이런 부모님의 모습을 보며 힘든 시간을 보낸 후배는 한때 이런 결론에 도달하기도 했다.

"저는 사회가 아무리 변했다고 해도 여자가 남자보다 능력이 있으면 안 될 것 같아요. 적어도 그걸 드러내면 안 될 것 같아요."

이런 인식은 그녀의 성취는 물론 관계에도 큰 걸림돌로 작용했다. 그녀는 충분한 능력을 갖추고 있으면서도 연봉 협상에 있어 적극적인 모습을 보이지 않았고 자신의 성취를 자랑스러워하기보다 성취감을 부끄러워했다. 그리고 남자 친구에게 과도하게 의존하여 관계 속에서 항상 기울어진 듯 보였다. 자기 자신을 부양할 수 있는 능력이 충분하면서도 남자에게 의존하려는 구시대적 신데렐라 콤플렉스가 그녀의 마음을 점령하고 있었다.

그녀는 자신이 의존할 수 있을 만한 대상에게만 사랑이라는 감정을 허락했고 누군가에게 의존하는 방식으로 사랑을 했다. 그녀가 부모님의 관계를 보면서 배운, 남자에게 사랑받기 위해 필요한 관계 방식이 이런 것이었기 때문이다. 하지만 역설적이게도 남자들은 그녀의 이런 사랑 관념과 방식에 질려 쉽게 그녀를 떠났다.

신데렐라 콤플렉스를 가진 여성들은 마치 열쇠와 자물쇠가 서로 만나듯 구원자 콤플렉스를 가진 남성들을 만나 사랑에 빠진다. 그들은 서로의 욕구와 결핍이 맞물려 쉽게 관계를 시작하고 유지해나간다. 그러나 이런 정도가 지나치고 자기 자신이 가진 욕구를 제대로 보지 못하면 관계는 점점 더 갈등으로 치닫기 쉽다. 구원자 콤플렉스를 가진 남자들도 힘에 부칠 때면 자기 안의 강박관념을 탓하기보다는, 그런 강박관념을 부추기며 능력 있는 남자에게 기대려고 하는 여성들을 강도 높게 비난하기 때문이다.

그런 비난의 이면에는 자신이 이런 여성들의 욕구와 결핍, 의존에 맞는 남자가 되어 희생해야 할 것만 같은 부담감이 서려 있다. 게다가 의존은 언제나 상호적으로 이루어진다. 구원자 콤플렉스를 가진 남자들은 자신이 자신에게 의존하는 여자들만큼 그 여자에게 의존하고 있다는 사실을 감지하지 못하는 경우가 많다. 겉으로 드러난 모습과는 달리 진짜 의존적인 사람은 구원자 역할을 할 수 있는 대상을 필요로 하는 자기 자신이라는 사실을 말이다. 그럴수록 서로에게 다른 방식으로 의존하던 두 사람은 서로를 원망하고 관계는 파국으로 치닫게 된다.

서로 안의 콤플렉스에서 벗어날 것

이런 악순환에서 벗어나는 방법은 이론상으로는 간단하다. 각자의 콤플렉스를 인식하고 벗어나면 된다. 남자들이 자기 안에 있는 구원자 콤플렉스를 벗으면 결국 평생 부양의 의무를 감당하며 속으로 원망하는 불상사를 막을 수 있고, 여자 역시 신데렐라 콤플렉스를 벗으면 남자의 사랑을 구걸해야 할 것 같은 비참한 마음에서 스스로를 구할 수 있다. 자신의 사랑과 관계 방식이 무엇에서 비롯되고 자신이 사랑 안에서 기꺼이 떠안는 익숙한 역할이 무엇인지 냉정하게 판단한다면, 더 이상 역할이나 의무, 구속으로서가 아니라 서로에게 더 큰 자유를 주는 마음으로서 사랑을 향유할 수 있게 된다. 그렇지 않으면 사랑이 의무와 집착으로 뒤섞여 톱니바퀴처럼 맞물리는 욕구와 결핍 때문에 서로를 원망하면서도 쉽사리 헤어지지 못한다.

다른 한편으로는 사랑에 빠진 남자들이 스스로에게 아틀라스와 슈퍼맨이 되는 힘든 부담을 짊어지는 것은 이 사회가 그들에게 아틀라스와 슈퍼맨이 되길 기대하기 때문이라는 생각도 든다. 하지만 어떤 부담이든 한쪽으로 치우쳐진 부담은 오래 짊어지기 쉽지 않다.

최근에는 남자의 사랑을 둘러싼 이런 압력에 대한 반동으로 일찌감치 스스로를 그런 부담으로부터 해방시킨 독신주의 남성이 늘고 있다. 이들은 연애와 결혼이 남자에게 지우는 부담을 크게 상정하며 개인의 자유와 욕구를 중시한다. 연애를 한다고 해도 희생이나 책임 같은 단어의 무게를 짊어지려 하지 않는 모습을 보이기도 한다.

이런 남자들의 변화를 보며 과거 남자들에 비해 요즘 남자들이 더 계산적이라며 불평하는 여자들의 이야기도 자주 듣게 된다. 그런데 어쩌면 그것은 구원자 콤플렉스와 한 쌍을 이루는 자기 안의 신데렐라 콤플렉스를 받아줄 남자가 적어졌음을 탄식하는 말이라고도 볼 수 있을 것 같다. 결혼해서도 맞벌이를 했으면 좋겠다고 말하는 남자의 말에 발끈하게 된다면 내 안의 사랑 관념이 어떤 가치에 기초하고 있는지 다시 돌아볼 필요가 있을 것이다.

가끔은 내려놓아도 괜찮다

／

　자신이 속한 많은 공간에서 해결사였던 전형적인 아틀라스형 남자가 있다. 그는 어느 날 집에 돌아가는 길에 '아빠 힘내세요'라는 동요를 듣고 힘이 나기보다 오히려 숨이 막히는 것 같았다고 말했다. 그 노래가 마치 어서 빨리 힘을 내야 한다고 닦달하는 가족의 목소리처럼 들려왔다는 것이다. 순간 그는 자기가 힘내라는 메시지조차 삐딱하고 냉소적으로 받아들이게 된 것을 느끼고는 그것이 중요한 신호로 생각되었다고 했다. 그래서 그때부터는 전처럼 억지로 힘내려 하기보다는 자신을 둘러싼 의무와 기대에서 벗어나 긴장을 풀고 자유 시간을 더 가지기로 했다.

　평범한 인간인 남자들은 진짜로 슈퍼맨이 될 수도, 아틀라스처럼 모든 것을 짊어지고 갈 수도 없다. 그리고 제아무리 슈퍼맨이어도 기댈 언덕과 긴장을 푸는 시간이 필요하다. 큰소리는 땅땅 쳤지만 현실의 한계에 자주 부딪치게 되는 남자들은 그래서 가끔씩 자신이 어깨에 짊어진 것을 내려놓고 싶어 한다. 그리고 그들은 철없는 남자 아이가 되어 실없는 농담과 짓궂은 장난을 하며 내면에 쌓인 스트레스와 압박감에서 벗어나려 발버둥 친다. 남자들은 이렇게 기대와 의무에 쫓기거나 둘러싸여 있는 시공간에서 벗어나 자기만의 시간을 갖고 싶어 하는 것이다.

　그리고 많은 남자들이 말한다. 여자 친구를 위해, 가족을 위해

희생을 하는 것까지는 괜찮다고. 다만 그 희생을 당연하게 여기지만 않았으면 한다고. 겉으로는 내색하지 않을 뿐 자기희생에 익숙한 남자들일수록 인정에 더욱 목말라한다. 남자들은 인정이라는 연료를 통해 없던 힘도 내는 존재다.

그러니 평소에 인정과 고마움을 잘 표현하지 않는 편이라면 "당신 덕분에 살았다", "오빠 아니면 안 돼"라는 말을 조금 더 과장해서 해주는 것이 필요할지도 모른다. 그리고 그보다 더 좋은 것은 지금까지 혼자 다 짊어지려하느라 힘들었던 당신 덕분에 나도 힘을 얻었으니 이제 나에게 기대도 된다고 말하며 짐을 덜어주는 것이다. 관계는 누가 누구를 행복하게 해주기 위한 것이 아니라 행복해지기 위해 함께 만들어나가는 것이기 때문이다.

트라우마를 드러내는 용기

    남자가 열두 살 무렵의 일이다. 학교에서 돌아오는 길에 그는 중학생 형들에게 돈을 빼앗기고 두들겨 맞았다. 훌쩍이며 집에 돌아가 그는 엄마에게 이 일에 대해 말했다. 하지만 엄마는 아들을 보듬어주기는커녕 무작정 나무라기만 했다. 사내자식이 그깟 일로 질질 짠다는 말과 함께.

    안 그래도 서러운데 엄마한테 그런 소리까지 들으니 더 서러워진 남자는 고등학생이던 친형이 집에 들어오기만을 기다렸다. 형이 살가운 건 아니었지만 그래도 자기를 좀 위로해줄 거라고 기대했다. 하지만 형 역시 어디서 맞고 와서 질질 짜냐며 엄마와 똑같이 그를 나무랐다.

    밤에 술에 취한 아버지가 귀가하실 시간까지도 남자는 엄마와

형의 말처럼 '사내답게' 기분을 풀 수 없었다. 아버지 역시 가난한 집안 살림에 대한 부담감 때문에 가부장적인 좌절감에 휩싸여 애초부터 아들의 하소연을 들어줄 만한 사람이 아니었다. 오히려 아버지는 그의 울음을 그치게 한다는 명목으로 회초리까지 들었다.

엄마도 아빠도 형도 남자를 나무라며 같은 말을 했다. '남자라면' '사내답게' 눈물을 삼켜야 한다고 말이다.

남자니까 남자답게

그날 남자는 그의 삶을 관통하는 한 가지 중요한 교훈을 얻었다. 바로 자신의 마음을 절대로 다른 사람 앞에서 드러내지 말아야 한다는 것이다. 그는 그때부터 마음의 막을 친 채로 상처받지 않은 척 자기 자신과 타인과 세상을 대했다. 겉으로는 그럭저럭 잘 지내는 것 같고 쉽게 동요하는 일도 없지만 그의 삶은 무미건조했다. 어떤 일을 해도 재미가 없고 일상에 생기가 돌지 않았다. 스스로 소화시키기 어려운 상처가 마음속에 화석처럼 굳어져 있었기 때문이었다.

상처 입은 소년의 마음을 대하는 가족들의 냉담한 반응을 보며 누군가는 너무했다고 할지도 모르겠다. 하지만 가만히 둘러보면 우리 사회에서 소년들이 자라면서 겪는 상처와 그에 대한 주변 사람들의 반응은 이와 크게 다르지 않는 경우가 많다. 남자들은 감정적 상처에 둔감할 거라는(더 정확하게는 둔감해야만 한다는) 기대가 우리 사회에 공기처럼 떠 있다.

어리고 여린 유년기부터 남자 아이는 여자 아이와는 다른 방식의 기대와 압력 속에서 자라난다. 남성의 힘과 공격성을 당연시하고 중요하게 강조하는 가부장적인 사회 분위기 속에서 사람들은 무심결에 남자 아이의 상처 경험을 무시한다. 단지 남자라는 이유로 아이에게도 '남자답기를' 기대하는 것이다.

남자에게는 공격성이 당연하게 여겨질 뿐 아니라 암묵적으로 장려되기도 하기 때문에 남자 아이들은 자라면서 신체적인 폭력에 더 쉽게 노출된다. 또 남자가 될 것이라는 이유로 폭력 앞에서 더 의연하기를 기대받기도 한다. 사실 폭력은 누구에게나 두렵고 피하고 싶으며 아픈 것인데 말이다.

아들 가진 부모들은 자기 아이가 어디서 맞고 들어왔을 때 딸 가진 부모와 다르게 행동한다. 그들은 아들이 친구에게 맞고 들어온 상황을 마주하기 힘들어한다. 그래서 차라리 때렸으면 때렸지 맞고 오지 말라고 일러두기도 한다. 피해자가 되기보다 가해자가 되는 편이 남자의 특성에 더 맞아 떨어진다고 생각하는 것이다.

이처럼 부모들은 아들을 '강하게' 키우려고 노력한다. 그래야 이 사회에서 남자로서 낙오되지 않고 살아갈 수 있다고 믿는다.

이를 가르치고 주입하는 과정에서 남자 아이들은 자기 안의 여린 감수성과 민감한 경험 세계를 외면하기를 강요받는다. 그래서 남자 아이들은 자신의 여린 마음을 감추고 방어해야 한다고 느끼고 스스로의 연약함을 마주할 때마다 수치심에 휩싸인다. 실제로는 힘든데 힘들지 않은 척해야 하는 내적 분열감에 괴로운 나머지, 여린 감수성을 드러내는 또래 남자 아이들을 괴롭히기도 한다. 가해자가 되어 누군가를 괴롭힘으로써 자기 안의 여린 감성으로 부터 스스로를 분리시키는 것이다.

그런 면에서 남자 아이들의 거친 공격성은 그들이 강하기 때문에 드러나는 것이 아니라 오히려 약하기 때문에 표출되는 것이라고 할 수 있다. 약한 자신을 방어하기 위해 '최선의 방어는 공격'이라는 전술을 쓰는 것이다. 이처럼 남자들은 자라면서 자기 마음을 숨기게 되다 보니 무심하고 무감한 사람으로 성장할 가능성이 크다. 자기 안에 죽이고 억압하고 배제해야 할 아픈 경험이 많은 것이다.

상황이 이렇다 보니 남자들이 내적으로 얼마나 강하고 유연한지 알아보려면 그들이 얼마나 스스로 연약함을 표현해낼 수 있는지를 봐야 하는 것 같다. 진정 강한 사람만이 연약함을 있는 그대로 드러낼 수 있는 법이다.

연약함을 드러내는 대상 역시 중요하다. 연약함을 드러낼 때마다 더 큰 상처를 받았던 남자는 연약함을 드러낼 수 있는 대상 역시 까다롭게 선별하고 시험해보려 할 수밖에 없다. 친밀감과 안전성이 확보되지 않는 한, 남자는 자신의 여린 마음을 드러내지 않는다.

남자 자신도 몰랐던 상처 경험

친밀감과 안전함이라는 조건을 시험하기 위해 남자들은 자신이 상처받은 경험을 이야기할 때 특징적인 모습을 보인다. 처음부터 있는 그대로를 이야기하는 경우는 드물다. 그들은 듣는 이의 반응을 살피면서 각색하기도 하고 자신은 물론 상대방에게 마음을 끝까지 숨기기도 한다.

앞에서 얘기한 남자 역시 처음에는 자신의 트라우마를 아무렇지 않은 듯 흘리며 이야기했다. 상처에 관한 모든 이야기가 그렇듯, 그 이야기만큼은 전체 구조를 질서정연하게 편히 풀어나가기 어려웠던 것이다. 또 그가 이야기에 감정을 싣지 않았기에 이야기를 들으면서도 그가 당시 어떤 감정이었는지 잘 느껴지지 않았다. 그는 마음 깊숙한 곳에 숨겨놓은 자신의 진짜 마음, 정말로 하고 싶은 말에 접속하는 데에 시간이 더 필요했던 것이다.

남자가 맨 처음 이 이야기를 꺼낸 시점과 대상 역시 중요했다. 남자는 이 이야기를 연애를 시작할 무렵 지금의 아내에게 '우연히' 꺼내어 말한 적이 있다고 했다. 남자는 이를 우연이라고 했지만 사실 그건 우연이 아니었다. 그가 이 이야기를 우연히 꺼냈다고 생각한 바로 그 사람과 결혼을 했다는 사실은 그 시점과 대상이 우연 이상의 의미가 있음을 보여준다.

어떤 이야기는 우리 내면의 저수지에 모호한 형태로 부유하고 있다. 그러다가 적당한 대상과 순간을 만나면 형체를 띠고 수면 위로 떠오르기 시작한다. 우리는 평소에 하지 않던 얘기를 괜히 누군가에게 하지는 않는다. 아마도 남자는 아내를 만나 전에 없던 편안함을 느꼈던 것 같다. 그리고 이런 이야기를 할 수 있는 사람이라면 결혼도 할 수 있을 거라고 무의식적으로 생각했을 것이다. 그렇다고 해도 남자는 그때도 수면 위로 떠오른 이야기를 아내에게 그대로 전하지는 않았다. 자기 스스로도 이 이야기를 왜 꺼내게 되었는지 몰랐기 때문에 그냥 지나가듯 말하고 말았던 것이다. 남자에게는 이야기가 가지고 있는 본래 무게와 의미에 감정을 실어 말하는 경험이 필요했다.

우리 안에 억압된 진짜 이야기를 편집 없이 있는 그대로 안전한 대상에게 말해보는 것, 그럼으로써 과거의 자기 자신과 다시 만나보는 것은 트라우마로 인한 고통을 치유하기 위해 꼭 필요한 과정이다. 강렬한 상처 경험인 트라우마는 자기 자신과의 단절을 불러온다. 그 경험이 타인에게 온전히 이해받지 못할 때 우리는 자신과는 물론 세상과도 단절하게 된다.

남자는 그때 밖에서 얻은 신체적 상처는 물론, 가까운 사람에게 얻은 정서적 상처까지 이중으로 상처받았다. 사실은 엄청나게 큰 일이었지만 주변 사람들이 대수롭지 않게 여겼기 때문에 그 자신도 오랫동안 이 일을 대수롭지 않은 일로 마음속에 묻어둘 수밖에 없었다. 이 모든 인식의 배경에는 가부장제 사회에서 남자들에게 요구되는 사내다움의 압력이 자리하고 있었다. 상처를 이야기하려고 할 때마다 남자들은 사내다움의 압력에 걸려 가로막힌다. 따라서 남자의 상처 이야기는 그들의 내면에 있는 '남자(사내자식)'라는 조건화를 걸어내야만 제대로 할 수 있는 이야기다.

방어를 거둘 때 상처가 치료된다

모든 남자는 남자이기 이전에 아이였다. 아직 어리고 여린 아이는 상처에 취약하고, 자신이 마주한 거대한 세상을 홀로 소화해내는 데 미숙할 수밖에 없다. 그렇기 때문에 자라면서 경험하는 사회적 압력과 내면의 성장통으로부터 완충 작용을 해주는 마음의 울타리가 꼭 필요하다. 이를테면 세심하고 민감하게 아이의 눈높이를 맞추어주는 일 말이다. 그런데 많은 아이들이 남자라는 이유로(혹은 여자라는 이유로) 자신의 경험과 생각, 상처를 이야기하는 과정에서 표현의 통로를 차단당한다.

남자들은 남자이기에 겪은 상처뿐 아니라 그것을 드러낼 때의 왜곡되고 비틀린 시선이라는 압력과 검열까지도 경험한다. 마음을 온전히 이해받고 싶어서 이야기를 꺼낼 때마다 또 다른 상처를 받게 되고, 그로 인해 자기 내면의 깊은 심연 속으로 그 상처를 밀어 넣으며 이중고를 경험하는 것이다. 이처럼 남자들은 자라면서 남자다움의 압력과 덫에 의해 상처에 무딘 감성을 갑옷처럼 입게 된다. 마음에 상처의 저수지와 억압의 무덤을 만들어가는 것이다. 하지만 억압이 완벽하게 성공하는 일은 없다. 억압된 것은 어떤 방식으로든 밖으로 튀어나오기 마련이다. 게다가 상처의 힘은 거세기 때문에 용수철처럼 아무리 눌러도 튀어 오르고 억압된 만큼 더 거세게 튀어 오른다.

누군가에게 모욕을 당했을 때 그 마음을 그냥 묻어버리기가 얼마나 힘든 일이었는지 한번 기억해보라. 욕을 하든 때리든, 상처 입은 마음을 표현하고 싶은 마음을 억누르기는 쉽지 않다. 그런데 적당한 표현의 통로가 없을 때 상처는 치유를 향한 표현이 아닌 더 큰 상처를 불러오는 '표출'의 방식으로 나타난다. 그래서 상처 입은 사람들은 다른 사람에게 상처를 주는 방식으로 관계를 맺거나 아예 관계 맺기를 포기한다.

상처를 둘러싼 모든 문제는, 상처를 이야기할 수 있는 적당한 대상을 만나기도 어렵고 그런 대상을 만나서도 적절한 '표현'이 아닌 '표출'을 하게 된다는 점 때문에 나타난다. 억압의 역사가 길었던 만큼, 그 억압 때문에 상처의 형체가 편집되고 변형된 만큼, 진짜 이야기를 했을 때 상처받았던 과거의 경험이 불러온 불신의 감각이 강렬했던 만큼, 모든 이야기는 '방어'를 통해 나타난다. 그래서 남자들은 자신이 '상처받았다'고 얘기하는 대신 에둘러서 표현하거나 공격적으로 표출한다. 또 그런 이유 때문에 남자의 상처 경험을 제대로 듣기는 힘들다. 슬픈 이야기를 웃으면서 하거나 중요하지 않은 것을 세세하게 묘사하고, 전제가 아닌 부분만 나열하거나, 생략, 축소, 과장하여 이야기한다. 이런 이야기를 공감하며 듣기란 쉽지 않다.

어떤 이야기가 타자에게 온전히 전해지기 위해서는 방어가 없어야 한다. 그렇게 전해져 마음의 공명을 통해 자신에게 돌아온 이야기는 상처의 도돌이표가 아닌 상처 극복기가 된다. 자신의 상처를 타인에게 온전히 말할 수 있을 때 상처는 애초에 가진 힘을 잃게 된다. 이제 더는 그 상처를 이야기할 이유가 없어지고, 우리의 내면세계가 더욱더 생생한 그다음 이야기, 현재와 미래로 향하는 이야기로 건너가게 되는 것이다.

이러한 상처 극복 과정이 남자다움의 굴레에 덮여 있는 남자들에게 결코 쉬운 일은 아니다. 어떤 이에게는 어릴 때부터 한 번도 허용되지 않았거나 커서도 시도해보지 않은 일일 가능성이 크다. 그래서 남자의 심리는 언제나 과거의 어느 한 지점에 머물러 있다. 그들이 철이 없어서가 아니라 그 어리고 여린 지점을 건너가기 위해 필요한 마음의 응어리를 편견 없이 충분히 들어주고 그들의 상처에 공감해주는 대상이 거의 없었기 때문이다.

조금 더 세심한 귀가 필요하다

가부장제는 여자만 억압하고 상처 입힌 것이 아니다. 가부장제가 남자들에게 필연적으로 부여하는 남자다움이라는 압력은 어떤 면에서 남자들이 더 쉽게 상처받는 구조, 그 상처를 쉽게 이야기할 수 없는 구조를 만들었다. 그야말로 억압의 이중 구조인 셈이다. 우리가 남자의 상처 이야기에 더 귀를 기울이고 세심하게 들어야 하는 이유는 여기에 있다.

남자들은 속이야기를 할 때, 자기 안의 여린 감성을 드러낼 때, 여자보다 더 많은 내적 검열을 거친다. 과연 이 사람에게 말을 해도 안전할지 여러 번 시험하고 돌다리를 두드려본 끝에야 자신을 드러낸다. 테스트가 길어진다는 것은 그만큼 그가 경험한 상처와 경계의 역사가 길고 끈질겼음을 의미한다.

연인에게 자신의 이야기를 조금씩 하기 시작한 남자들은 겉으로는 상대의 반응에 무심한 척하지만 사실은 상대의 반응을 크게 주시한다. 그리고 자신이 이전에 입었던 상처를 조금이라도 연상시키는 반응이 온다면 언제라도 무심한 표정에 한 일자로 다문 입술로 스스로를 무장하고 서둘러 갑옷을 챙겨 입는다. 드러내기보다는 감추는 것에 능숙하도록 스스로를 훈련시킨 결과 나타나는 남자들의 자동 반사다.

남자들은 어쩌면 이런 특성 때문에 공적인 관계, 위계 관계, 조직생활에 더 능숙한지도 모르겠다. 공적인 관계에서는 실제로 이런 갑옷이 필요하다. 하지만 마음을 나누는 진짜 관계는 이런 경계와 방어의 자기 갑옷을 벗어놓아야만 시작된다. 그렇지 않으면 타인과 친밀해지는 기쁨을 누리기 힘들 뿐 아니라 자신과의 관계 역시 소원해질 것이다.

남자의 군대 경험

대부분의 사람들에게 실제로 그럭저럭 괜찮은 경험이라 하더라도 누군가에게는 치명적인 아픔을 주는 경험일 수도 있다. 그래서 우리는 감히 함부로 타인의 고통과 상처 경험을 평가하거나 재단해서는 안 된다. 그럼에도 많은 사람들이 이런 평가적 시선을 통해 2차, 3차 트라우마를 타인에게 던진다. 조직의 논리로, 보편성의 잣대로, 객관화의 틀로 개인의 욕구와 경험, 상처를 쉽게 평가하고 판단하고 억압하는 것이다.

특히 남자들에게 있어서는 이런 상처 경험에 대한 무심하고 둔감하며 냉정한 평가가 더욱더 비일비재하게 일어난다. 남자도 사람이기에 상처받는 것이 당연함에도 우리는 남자의 상처를 너무 쉽게 평가한다.

그러다 보니 남자들은 특히 군대 경험에 대해 "너희들은 몰라"라는 묘한 우월감과 피해의식이 뒤섞인 반응을 보이기도 한다. 그리고 이런 반응은 보통 "남자는 군대를 갔다와봐야 철이 든다"는 합리화로 승화되고 '남자라면 당연히 가야하는 곳'이라는 보편성의 무게로 억압된다. 그래서 누군가에게는 최악의 트라우마가 될 수도 있는 경험이 당연히 감내해야 하는 경험으로, 더 나아가 매우 의미 있는 경험으로 치환된다. 그러면서도 그들은 군대에 재입대하는 악몽을 꾸는 보편의 경험을 한다. 다른 남자들과도 공유하는 악몽이라는 안도감에 이런 이야기를 우스갯소리처럼 하지만, 사실 그것은 그들이 살면서 경험하는 가장 큰 심리적 공포 가운데 하나인 셈이다.

남자들의 군대 이야기가 하기 힘든 이야기이자 듣기도 힘든 이유가 여기에 있다. 군대라는 구조는 아무리 현실적 필요에 따라 구축된 시스템이라고 해도 개인의 자아에 깊은 상처를 입히는 공간이다. 그 공간에서 겪은 다양한 감정의 격정에 휘둘린 남자들은 때로 맥락에 대한 적절한 고려 없이 군대 경험을 쏟아내게 된다. 했던 이야기를 하고 또 하지만 여전히 해야 할 이야기가 무궁무진한 것처럼 보이는 이유는 자기 안의 방어와 경계로 인해 모든 것을 속시원히 이야기할 수 없기 때문일 것이다. 하지만 그 상처는 남자라면 누구나 경험해야 하는 것, 다녀와야 철드는 곳이라는 보편적이고 당위적인 명제에 가로막혀 호소하기 힘든 어떤 지점을 포함하고 있다. 폐쇄적인 억압의 구조 속에 있는 남자에게 진짜 상처 얘기를 듣는 일은 쉽지 않다. 그들에게 진짜 얘기를 듣기 위해서는 생각보다 더 높은 강도의 익명성과 안정성의 장치가 보장되어야 한다.

잘 살펴보면 남자들의 사회와 조직 구조는 군대 조직의 변주로 이루어져 있다. 군대는 남자들이 겪게 되는 여러 사회 조직과 무척 닮아 있다. 군대를 갔다 와야 철이 든다는 얘기는, 어쩌면 진짜 철이 드는 것이 아니라, 조직 문화에 보다 적합한 사람으로 스스로를 단련시키는 가장 혹독한 시간을 지나왔음을 의미하는지도 모른다.

그래서 군대 얘기와 마찬가지로 남자들은 조직생활을 하면서 힘든 마음을 여자에게 다 털어놓을 수 없다고 느낀다. 스스로도 이미 그 시스템에 익숙해져 별것 아닌 일로 치부하기도 한다. 하지만 그런 문화 속에 자신을 끼워 맞추기 힘들어하는 개인은 이 속에서 자신도 쉽게 인식하지 못하는 일상의 트라우마에 노출된다.

남자의 트라우마에 공감하기 위해

/

트라우마는 우리 내면에 큰 생채기를 남긴다. 몸의 상처는 겉으로 드러나기 때문에 병원에 가서 치료와 돌봄을 받는 것이 일반적이지만 많은 경우 마음의 상처는 겉으로 드러나지 않기 때문에 적절한 치료와 돌봄을 받지 못하는 경우가 많다. 특히나 주변 사람으로부터 강해야 한다는 기대를 받는 사람이나 스스로 강해야 한다고 생각하는 사람은 트라우마를 인식하지 못하고 지나치거나 과소평가하는 경향이 있다. 이런 경험적 패턴이 쌓이다 보면 성격적으로 굳어져 상처를 마음속에 쌓아두고도 그것이 상처인 줄 인식하지 못한다. 그 경험의 주체인 자기 자신과 멀어지는 것이다. 남자들의 경우 이런 경향이 강하게 나타난다. 남자들은 힘들 때 힘들다고 표현하는 대신 무감각, 무감동, 회피나 중독, 억압의 방식으로 표출하는 경우가 많다.

트라우마 치료의 목표는 일상화와 정상화다. 힘든 일을 경험하고 나서도 아무렇지 않은 척 하는 것은, 심리적 강인함의 표현이 아니라 연약함의 표현일 수도 있다. 힘들면 힘들다고 표현하는 것, 또 그 마음을 극복하는 데 시간이 걸리는 것이 정상이다.

남자들을 너무 '남자다움'이라는 틀에 가두지 말자. 남자이기 전에 하나의 연약한 아이로서, 인간으로서 세심한 돌봄과 공감을 받는 것이 모든 이에게 필요하다. 둔감하게 길러진 탓에 둔감해질 수밖에 없었던 남자들에게 공감 능력이 없다고, 무심하다고 타박하지도 말자. 공감은 받아본 적이 있어야 되돌려줄 수 있는 마음이기 때문이다.

남자들 역시 자신의 경험을 새롭게 바라보고 그 경험을 억압하거나 잘못된 방식으로 표출할 것이 아니라 제대로 살펴보고 방어 없이 이야기해보려고 노력해야 한다. 상처 입었던 과거 경험에 갇혀 있는 것은 아닌지, 딱딱한 인식의 틀 안에 자신을 가두고 있는 것은 아닌지, 과거 경험이 불러온 고정관념에 따라 새로운 시도를 포기하지는 않았는지 살펴보아야 한다.

그리고 주변의 가까운 사람과 진짜 이야기를 하는 연습을 조금씩 해나갈 필요가 있다. 그러면 자신을 둘러싼 인식의 틀에서 벗어나 마음의 갑옷을 내려놓을수록 더 자유롭고 생생해지는 경험을 하게 될 것이다.

왜곡된 딸 바보 아빠

둘째 아이를 임신했을 때, 불러오는 배를 보며 사람들이 가장 궁금해한 것은 성별이었다. 첫째가 아들이었기에 딸이면 더 좋겠다는 생각은 했지만 나는 아들이든 딸이든 크게 좋을 것도 아쉬울 것도 없었다. 성별을 알 수 있는 시기가 되자 의사 선생님은 지나가는 말로 "확실하진 않지만 아무래도 엄마를 닮은 것 같다"는 힌트를 주셨고 그다음부터는 궁금해하는 사람들에게 딸인 것 같다는 이야기를 했다. 사람들은 더 반가워했다. 요즘 같은 세상에는 아들보다는 딸이라는 것이다.

과거의 유난하고 지나친 남아선호사상 때문에 여성들이 집단적으로 겪은 서러움과 차별, 상처의 시간들이 길고 깊었던 것을 감안하자면, 요즘 새롭게 떠오른 딸 선호는 달라진 시대상을 보여주는 것 같다. 그런 배경에는 남자로 살기가 예전만큼 수월하지 않으며 그런 남자를 키우는 일 역시 쉽지 않다는 사실이 있는 것 같다.

딸이 최고인 세상

남자 아이는 여자 아이보다 더 산만하고 에너지 조절이 되지 않으며 둔감하다. 이런 면이 후에 큰 장점으로 전환되기도 하지만 기르는 과정에서는 손이 더 많이 가고 더 깊은 인내심을 필요로 하는 측면이 있다. 그래서 사람들은 아들 키우는 어려움과 딸 키우는 재미를 비교한다. 게다가 아들은 다 키우고 나서도 취업이나 결혼 비용에 대한 부담 역시 크다. 그래서 기르기 수월할 뿐 아니라 부모 옆에 붙어서 이런저런 정서적, 신체적 수발에 적극적인 딸이 더 낫다는 것이다.

이 중 더욱 특징적인 것은 '딸'이라는 말에 대한 중년 여성들의 공통된 반응이다. 그들은 마치 서로 짜기라도 한 듯 "엄마에게는 딸이 있어야 해"라면서 연신 고개를 끄덕인다. 그러면서 그 말 속에 자기편이 없는 외로움과 속상함을 싣는다. 아들은 인정머리가 없고 결혼을 하면 아내편만 든다는 이야기도 덧붙인다. 하지만 정작 아들의 아내인 며느리들이 남편은 '남의 편'이라며 성토하는 것을 보면 결국에는 이 모든 현상이 오히려 남자로 사는 것이 녹녹치 않음을 드러내는 것은 아닌지 생각하게 된다. 아내와 엄마, 어느 누구도 만족시킬 수 없는 남자들의 고충을 드러내는 것 같기 때문이다. 어쩌면 그러한 이유로 남자들 역시 딸을 선호할 수밖에 없는 것이 아닌가 싶다. 남자들에게 온전히 애정을 퍼붓고 마음으로 기댈 여자가 엄마도 아내도 아닌 딸이 되어버리는 것이다.

그래서 뱃속의 아이가 딸이라는 얘기를 듣고 사람들이 자동으로 보인 반응 가운데 가장 큰 비중을 차지한 것이 "남편이 참 좋아하겠다"였다. 사람들은 마치 당연한 듯 딸이 있으면 남편의 귀가 시간이 빨라지고 육아에도 더 적극적일 것이라고 말했다. 요즘 남자에게 딸의 존재는 삶을 신명나게 살아가게 하는 가장 큰 원동력이 된다는 것이다.

이러한 반응들을 지켜보며 나는 결국 사람들이 가진 자기결핍감이 그런 반응 속에 투영되었다는 점을 깨달았다. 아직 세상에 나오지 않았고 신체 장기도, 자기만의 의식 세계도 형성되지 않은 태아의 성별에 그토록 강한 감정적 반응을 싣는다는 것은 각 사람들이 성별에 대해 갖는 의미가 저마다 다르기 때문일 것이다.

과거 아들 선호는 아들을 통해 대를 잇는 명분을 유지하고 불안한 자기 입지를 확고히 하며 노후를 보장 받기를 원했던 부모의 필요와 욕구에 따라 나타났다. 반면 현재의 딸 선호는 가업을 이어야 하고 자식 농사를 통해서 노후를 보장받는 유교적 가족

관념과 남성중심적인 가부장제가 전보다 힘을 잃은 배경 위에서 나타난다. 과거보다 의무나 도리로 부모-자녀의 관계를 규정하는 것이 어려워진 지금, 우리는 아이를 통해 얻을 수 있는 정서적 유대감에 더 큰 반응을 보이는 것이다. 그래서 과거의 부모에겐 아들이, 지금의 부모에겐 딸이 필요하다.

과거처럼 한쪽 성별에 대한 선호가 다른 성에 대한 노골적인 성 차별로 이어지지는 않지만 지금의 딸 선호는 남자들의 사회적 정신적 입지가 더 불안정해지는 현상(그러기에 온전히 자신을 환영해줄 작고 예쁜 대상, 자신의 애정을 막힘없이 투영할 대상을 갈망한다)과 맞물려 더욱 복잡한 방식으로 나타난다. 그래서 딸 선호는 남자들에게 더욱 특별한 의미를 지니는 것처럼 보인다. 이제 우리는 "아무렴, 엄마에겐 딸이 있어야 해"라는 말을 상투적으로 듣게 될 뿐 아니라 "아빠에게도 역시 딸이 최고야"라는 말에 당연한 듯 고개를 끄덕이게 된다. 그래서 새롭게 급부상한 집단이 바로 '딸바보' 아빠들이다.

아빠의 이상적인 시나리오

지혜와 전쟁의 여신인 아테네는 어머니의 자궁이 아닌 아버지의 머리에서 태어났다는 점은 특징적이다. 사실 제우스는 아버지가 할아버지를 넘어뜨리고 또 자신이 그런 아버지를 넘어뜨린 뒤 절대 권력자로 등극한 만큼, 자신보다 현명할 것이라는 신탁을 받은 자녀의 탄생을 탐탁지 않게 여기고 두려워했다. 그래서 아테네가 태어나자마자 집어 삼켜버렸고, 결국 아테네는 그의 머리에서 탄생했다. 하지만 아테네가 아들이 아닌 딸이었기에 그녀는 제우스의 지위를 빼앗으려 하지도, 그럴 수도 없었다. 아테네는 지위 전복의 공포는 주지 않고 자기 복제의 기쁨만을 선사하는 소중한 '아빠의 딸'이 된 셈이다. 아테네의 탄생을 둘러싼 제우스의 공포와 기쁨은 가부장들이 자기보다 뛰어난 아들에 대해 느끼는 무의식적 불편감을 설명해주는 한편, 예쁘고 뛰어난 딸을 바라보는 가부장들의 기쁨도 설명한다.

아버지의 사랑과 관심, 아버지의 시간을 듬뿍 받은 아테네는 이 시대의 알파걸로 자라난다. 남성을 통해서만 사회적 지위를 부여받을 수 있었던 과거의 여성들과는 달리 알파걸들은 매력에만 자신의 모든 것을 걸지 않는다. 남자를 통하지 않고도 고유의 자기주장성과 능력으로 승부를 볼 수 있음을 아버지에게 배웠기 때문이다. 또 인생 최초의 이성인 아버지가 자신을 사랑한다는 깊은 확신을 가졌기 때문에 굳이 남자의 사랑에 목매지 않아도 된다는 사실을 경험적으로 안다. 지금 내 곁에 애인이라는 실제적 대상이 있든 없든, 자신이 사랑스러운 존재임을 알고 그 사실을 굳건히 믿는다. 그 바탕 위에서 그녀는 간택을 '당하기'보다는 선택을 '하는' 능동성과 주체성의 힘을 발휘할 수도 있다. 생존과 지위 보장을 위해 남자의 사랑에 목마르고 그 사랑에 목맬 수밖에 없었던 과거 여성과 완전히 다른 사회문화적, 심리환경적 조건의 세례를 받은 것이다.

이는 우리 사회가 점점 여성이 자신의 능력만으로 승부할 수 있는 사회문화적 조건이 마련되어가는 추세이기 때문이기도 하지만, 그 이전에 그녀가 가정 내에서 받은 아버지의 사랑이라는 심리적 뿌리가 단단하기에 가능한 것이기도 하다. 가정을 상징하는 어머니의 모성에 머물거나 갇히지 않고 사회를 상징하는 부성의 지지와 격려를 듬뿍 받은 현대의 알파걸들은 자신의 성별을 의식할 필요도, 성별의 한계에 부딪힐 필요도 없이 자신의 매력과 능력을 동시에 발휘하며 자기 목소리를 내는 독립적인 딸로 성장한다.

여기까지가 딸 바보 아빠 밑에서 자라는 딸들이 누릴 수 있는 심리적 세례에 대한 이상적인 시나리오다. 과거의 군림하는 가부장의 남성상과는 차별화되는 자상하고 이상적인 아버지상의 조건이자 그 결과로서 딸 바보 아빠들에 대한 찬사가 바로 이런 이유 때문에 쏟아지는 것이다.

알파걸 뒤의 이상적 아빠

/

얼핏 보면 가정적이고 자상한 딸 바보 아빠는 기존의 가부장제에 익숙했던 지배적인 가부장과 차별화된 모습이다. 멀리서 군림하고 때로는 폭군의 모습으로 비춰지기까지 했던 가부장의 한계를 초월한 것처럼 보이기도 한다. 게다가 가부장적인 아버지 밑에서 자란 아들들이 커서 육아에 적극적이고 자상한 아빠가 되어 '딸 바보'라는 칭호까지 얻게 된다는 것은 개인적으로도 사회적으로도 큰 의미가 있다. 그들은 딸 바보가 됨으로써 아버지와 가깝지 않았기 때문에 느꼈던 상처를 극복해가기도 하고 더 나은 가장이 되어간다는 자부심을 느끼기도 한다. 하지만 그들이 정말 과거의 가부장과는 전혀 다른 새로운 남성상을 상징하는 걸까? 여기에는 몇 가지 석연치 않은 면이 있다.

그것은 크게 세 가지로 요약되는 것 같다. 그중 하나는 아들이냐 딸이냐 성별에 따라 부성의 유무나 강도가 결정된다는 것이고, 또 하나는 딸 바보 남편을 둔 아내들이 느낄 수 있지만 대놓고 표현하기는 어려운 불편감이 있다는 것이다. 그리고 마지막으로 어린 딸이 청소년기를 거치고 소녀에서 여자가 됨에 따라 딸 바보 아버지의 태도가 달라지고 관계 양상이 바뀌며 큰 갈등이 나타난다는 점이다.

일단 자녀의 성별이 부성의 유무와 강도, 표현 방식을 결정하는 주요한 조건으로 떠오른다는 것에 딸 바보의 한계가 있다. 그 사랑이 단순한 자녀 사랑이 아닌, '딸' 바보라는 것, 그리고 딸 '바보'라는 것이 가지는 의미다. 성별이 애정의 유무나 강도를 결정하는 주요한 조건이 된다는 것은 그 애정이 조건적임을 드러낸다. 또한 '바보'라는 말에서 함축된 그 애정의 맹목성 역시 한계를 드러낸다. 어른과 아이의 위계 관계 속에서 보호와 지도를 이끌어가는 부성이 '딸 바보'라는 용어로 표현되고 있다는 것은 결국 이 트렌드의 장점은 물론 한계도 동시에 보여준다.

게다가 이처럼 딸에게 집중된 가부장의 시선과 사랑이 아내와의 사랑과 배려 넘치는 관계를 전제로 나타나지 않고 오히려 아내를 배제하는 방식으로 나타난다면 이 사랑에는 독이 내재된다. 또 딸 바보의 사랑이 딸의 발달과 성장에 맞춰 어린 딸에서 성인 여자로의 성장과 독립을 인정하지 않는 방식으로 나타난다면 오히려 딸 바보는 알파걸 뒤의 숨은 공신이 아닌 알파걸을 가로막는 걸림돌이 되기도 한다. 그래서 우리는 건강한 딸 바보와 왜곡된 딸 바보를 정의하고 구분해야 한다.

딸 바보 남편의 아내

단순히 생각해보면 아내 입장에서 자녀에 대한 남편의 애정이 충만한 것은 무조건 좋은 일 같다. 따로 부탁하거나 요구하지 않아도 알아서 자녀 양육에 에너지를 쏟는 남편이 있다면 자녀들의 주양육자로 육아 부담을 전적으로 떠안는 엄마들보다 육아 부담과 스트레스가 더 적을 것이다. 하지만 얘기를 들어보면 꼭 그런 것만도 아니다. 딸을 애지중지하고 육아에 적극적인 남편의 모습에 대해 아내들은 조금 더 복잡한 감정을 갖고 있었다.

"아이가 태어나면서 신랑의 온 관심이 아이에게 집중되니까 저는 뭔가 싶을 때가 있어요. 둘이서만 쿵짝이 맞아서 좋아하고 저는 소외감을 느낄 때도 있어요. 너무 관심이 많다보니까 저에게는 잔소리가 심해졌고 딸이 조금만 아파도 신경이 곤두서서 저에게 스트레스를 푸는 것도 같아요. 하지만 대놓고 질투하고 서운해하는 것도 웃기잖아요. 그냥 관심 없는 것보다 낫다 하며 참지요."

"남편이 그러는 거예요. 너는 이렇게 예쁜 아기랑 하루 종일 같이 있어서 좋겠다고. 본인은 회사에서 보기 싫은 사람들 하루 종일 마주하며 스트레스 받는데 저는 예쁜 아기랑 있으니 좋겠다고 하네요. 자기가 예쁠 때만 보고 오래 안 보니까 무조건 예뻐 보인다는 걸 이해 못하는 거죠. 너무 답답하고 억울한데 뭐라 할 말이 없어요."

"이제 남편에게 저는 안 보이는 것 같아요. 육아에 적극적이긴 하지만 그것도 선택적이에요. 악역은 죄다 저에게 넘기고 기저귀를 간다든지 밤에 잠을 재운다든지 하는 힘든 일은 하지 않거든요. 거기다 딸이 즐거울 때만 신나서 같이 놀면서 저를 배제하는 느낌이에요. 그런데 불평할 수도 없어요. 어쨌든 제 딸이니까요."

아내들은 딸 바보 남편에 대해 복잡한 감정이 있다. 어떤 면에서는 자기 자식을 거두는 남자들의 행동에 든든함과 뿌듯함을 느낀다. 남자의 관계 헌신적인 모습과, 적극적인 육아 참여와 투자를 바라보며 안도하기도 한다. 하지만 남편의 애정이 딸에게 집중되면서 자신이 기존에 애정과 관심의 세례를 받던 주체에서 객체로 전락한 데 대한 묘한 질투심과 상실감도 있다. 부부 중심의 관계가 자녀를 키우는 공동의 목표 아래 복속된 것 같은 아쉬움도 느낀다. 게다가 아무리 남편이 육아에 적극적이라고 해도 자신의 육아 부담이 크게 줄어드는 것도 아니고 때로는 적극적인 것을 넘어 간섭적이고 비난적인 남편의 태도에 위축되기도 한다. 하지만 이런 석연치 않은 느낌을 드러내기에는 딸 바보의 부성이 너무 숭고하고 귀하다. 따라서 석연찮은 복잡한 감정은 일단 접어둘 수밖에 없다고 느끼는 것이다.

또 한편으로는 육아에 적극적으로 참여하는 아빠들의 모습에 대한 사회적인 칭찬의 분위기와, 아빠의 애정이 딸에게 미치는 효과에 대한 긍정적인 평가가 쏟아지고 있는 면도 주목해야 한다. 딸을 끔찍하게 생각하고 딸 앞에서 꼼짝 못하는 남편의 모습은 과거의 과묵하고 엄하고 먼 아버지상과는 전혀 다른, 더 나은 남성상을 보여주는 것처럼 생각된다. 주로 엄마의 영역으로 여겨졌던 육아의 영역에 적극적으로 참여하는 깨인 남성상, 가정적이고 자상한 이상적인 아버지상의 표상처럼 느껴지는 것이다. 그런데 남편의 딸 바보 실천은 아내의 육아 부담을 덜어주며 공동의 파트너십을 구축하는 방식이 아니라, 아내에게 소외감을 주고 아내를 점점 스트레스 해소의 대상으로 여기는 방식으로 이루어지는 경우가 많다. 이럴 때 아내는 '남편으로서는 30점, 아빠로서는 200점'이라고 생각하며 마음속 공허감을 키워간다.

그들이 딸 바보가 되는 이유

현대의 아빠들이 이처럼 딸에게 열광하는 것은 그만큼 이 시대의 남성들이 마음 놓고 애정을 쏟을 대상이 없음을 보여주는 일이기도 하다(이런 현상은 스스로를 '삼촌 팬'이라 칭하며 아이돌에 열광하거나 애완견에 집착하는 중년 남성들의 모습에서도 감지할 수 있다). 과거 남성들은 '작은' 여성이 자신을 올려다보는 시선을 통해 기사도를 확인하고 스스로를 강하게 느꼈다. 이와 달리, 현대 남성들은 자신과 대등해지거나 때로는 더 높은 곳에서 자신을 내려다보는 것 같은 현대 여성들의 모습으로 인해 심리적 위축을 느끼기도 한다. 그럴수록 그들은 더 작은 존재, 더 여린 존재와의 관계에서 비교적 큰 자신을 되찾고 싶어 한다. 아빠들의 딸 바보 실천에 이런 면이 강하게 나타난다면 이들의 사랑은 순수한 딸 사랑을 빗겨간다. 여기에는 상대가 자신보다 더 작게 느껴야 맘 놓고 사랑할 수 있고, 사랑을 동등한 소통이 아닌 보호나 통제로 여기는 가부장적 사랑의 전형과 한계가 고스란히 드러난다.

또한 딸 바보 밑에 숨은 이런 가부장성은 딸이 자신의 통제에서 벗어난다는 이유로 사랑을 회수해버리는 극단적인 모습으로 드러나기도 한다. 어떤 아빠들은 어린 아이에서 여자로 커가면서 자연히 자신의 통제권을 벗어나는 딸의 모습에 큰 당혹감과 서운함을 보인다. 그리고 '자상하고 온정적인 가부장'에서 '통제하고 군림하는 가부장'으로 갑작스레 노선을 바꾸기도 한다. 애정이 집착으로, 보호가 감시로 변하는 것이다.

지금의 딸 바보 트렌드는 어린 딸과 젊은 아빠들에게 집중되어 있지만, 딸들은 커가고 아빠들은 늙어간다. 지금의 딸은 사랑하는 연인의 귀엽고 깜찍한 미니미, 자신에게 전적으로 의존적인 품 안의 자식이다. 하지만 아이는 점점 자기 생각, 자기 욕구, 자기 목소리를 가진 여자로 성장할 것이며, 남자 친구를 만나고 결혼을 하는 등 아버지를 벗어나려는 시도를 할 것이다.

아버지의 말을 따르기보다 자신의 주장을 말하고, 예쁜 짓과

애교 있는 모습을 보이기보다 일탈과 무심함을 던지는 일이 이제는 더 잦을 것이다. 그럴 때 서운함과 분노를 느끼는 아빠들, 또 그런 감정을 통제하지 못해 물리적 제재를 가하는 아빠들의 이야기가 종종 들려온다. 자신의 영역 안에 있을 때만 사랑을 주고 그렇지 않을 때는 가차 없이 사랑을 거두는 조건적인 부성의 모습은 자상함 속에 감춘 통제 욕구를 여실히 드러낸다.

그런 면에서 딸 바보 아빠들은 겉으로는 과거의 가부장들과 차별화되어 보이지만 여전히 과거의 아버지상을 답습하고 있다는 생각이 든다. 과거 가부장들이 아내나 자녀들과 거리를 유지한 채 군림함으로써 자신의 존재감을 확인하고 싶어 했다면, 현대의 가부장들은 가까운 거리에서 그들을 돌봄으로써 자기 존재감을 확인하고 싶어 하는 것이다. 이렇게 딸 바보는 가부장적인 남성상으로부터의 탈피가 아닌 가부장적인 남성상의 현대적인 변주로서 나타나는 한계를 드러내기도 한다.

건강한 딸 바보를 정의하다

모든 아버지의 부성은 숭고하다. 더구나 멀리서 엄숙하고 엄격한 것보다는 가까이서 적극적이고 다정한 모습이 더 좋다. 하지만 무엇이든 그것이 지나치고 맹목적일 때 문제가 된다. 만약 현

현대의 가부장들은 가까운 거리에서
아내나 자녀를 돌봄으로써 자기 존재감을 확인하고 싶어 한다.

대의 딸 바보 아빠들이 자신을 올려다보는 예쁘고 귀여운 이 아이가 자라지 않기를, 언제까지나 자신의 그늘 아래에 있기를, 험한 세상에 부딪히지 않고 아빠를 방패막이 삼아 온실 속 화초로 자라기를 바라는 마음이 지나치다면 그것은 문제가 될 수 있다. 아버지가 자신의 존재감을 유지하고 영속화하는 연상선에서 딸과의 관계를 고정시키려 한다면 서로 다른 사고와 감성을 지닌 딸과 아버지는 결국 갈등을 피하지 못할 것이다.

심리발달적인 차원에서 딸 바보인 아빠를 둔 딸들은 보통 사춘기를 기점으로 아빠에 대한 갑갑증을 심각하게 인식하기 시작한다. 이때부터 그들은 자신의 성숙과 독립을 허용하지 않고 보호라는 이름으로 통제하고 단속하는 아빠의 모습을 더 분명히 마주하게 된다. 딸은 딸대로 아버지의 사랑에 대한 갑갑증을 느끼고, 아버지는 아버지대로 딸들의 모습에서 배신감을 느낀다.

많은 딸 바보 아빠들이 딸의 사춘기에 딸 바보 노선에서 탈주하는 모습을 보인다. 갑자기 여자가 된 딸의 모습을 가장 견디기 어려워하고 어색해하는 사람도 한때 딸 바보였던 아빠들이다. 하지만 이들이 진정한 딸 바보를 실천해야 할 때는 바로 이 시점이다. 예쁠 때만 예뻐하는 것이 아니라 예뻐하기 어려울 때 예뻐하고 옆에 있어주는 것, 쉬운 사랑이 아니라 어려운 역할을 하는 것, 딸의 독립을 지지해주는 것이 딸 바보 아빠들의 진짜 과제인 셈이다. 그런 점에서 건강한 부성은 다음과 같은 모습을 보인다.

- 성별에 상관없이 아들이든 딸이든 무조건적인 사랑의 세례를 준다.
- 보호와 통제를 헷갈리지 않는다.
- 자녀의 독립을 기뻐하고 자녀가 자신의 통제에서 벗어날 날을 기대하고 축복한다.
- 자신에게 예쁜 짓을 할 때만 옆에 있어주는 것이 아니라 사랑을 주기 어렵도록 미운 짓을 할 때도 깊은 사랑을 준다.
- 가정의 중심 단위는 부부다. 자녀를 기르는 건강하고 대등한 파트너십을 아내와 함께 만들어간다. 엄마를 배제하거나 엄마를 배제하기 위해 자녀에게 집중하는 미성숙함을 보이지 않는다.

긍정적인 상호작용 이면에 숨은 조건적이고 맹목적인 애정이 어떤 함정과 덫을 예비할 수 있는지 우리는 이미 과거 아들 바보 엄마들의 모습에서 본 적이 있다. '딸 바보 아빠'들과는 달리 '아들 바보 엄마'들은 언제나 큰 비난과 우려의 대상이었다. 남편과의 관계에서 충족되지 않는 결핍감을 자녀들에 대한 집착, 특히 아들에 대한 집착을 통해 해결하고자 했던 엄마들의 사랑이 '아들 바보'의 모습으로 나타난다는 시선 때문이었다. 그랬던 엄마들의 모습이 가부장제 속에서 한 여성이 겪는 심리적 위기의 해결책으로서 나타난 것이라면, 지금의 딸 바보는 흔들리는 가부장제의 권위와 존재감을 붙잡기 위한 수단으로서 나타나는 것은 아닌지 경계할 필요가 있다.

진정한 부성은 '딸 바보'의 조건적인 사랑이나 맹목적 사랑이 아닌, 아버지의 무조건적이고 현명한 자녀 사랑에서 찾을 수 있다. 아들 바보 엄마 밑에서 자란 아들들이 그 사랑 때문에 성숙해진 것이 아니라 그 사랑의 독성 때문에 제대로 자라지 못했음을 기억하자. 사랑이라고 해도 다 같은 사랑은 아니다. 조건적이고 맹목적인 모습을 띄기 시작하면 그 사랑은 '다 너를 위해서'라는 말이 무색하도록 서로를 고통스럽게 한다.

4장

아버지의 그림자

아버지처럼 살고 싶지 않다

엄마가 있어 좋다, 나를 이뻐해주어서
냉장고가 있어 좋다, 나에게 먹을 것을 주어서
강아지가 있어 좋다, 나랑 놀아 주어서
아빠는 왜 있는지 모르겠다.

어느 초등학교 2학년생이 쓴 〈아빠는 왜〉라는 제목의 동시이다. 이 동시는 많은 사람들에게 경각심을 심어주었다. 특히 자녀를 가진 아빠들은 가족들의 마음에 자리 잡은 자신의 자리에 대해서 큰 위기의식을 느꼈다고 한다. 이 동시에 대한 이야기를 했던 한 아빠는 이런 이야기를 하기도 했다.

"어느 날 회사가 빨리 끝나서 집에서 아이들을 기다리고 있는데 학교에서 온 아들이 현관문에 들어서자마자 이렇게 얘기를 하더군요. '어? 집에 아무도 없네'라고요. 저를 빤히 보고도 하는 얘기였지요. 제 어깨 너머로 엄마나 동생을 찾고 있는 아들을 보니 제가 꼭 투명인간이 된 것 같았어요."

그는 회사 생활이 바빠서 아침에 아이가 일어나기 전에 출근하고 저녁엔 한밤중에야 퇴근한다고 했다. 주말이 되어도 너무 피곤해서 소파에 누워 잠만 자는 아빠이다 보니 아이가 아빠의 존재감을 느끼지 못하는 것이 당연하다고 덧붙였다. 하지만 그럼에도 그는 아들의 말에 깊은 상처를 받았다. 아이들은 어른들이 상처를 받지 않는 존재라고 여길 때가 많지만 때로 어른들은 아이들보다 상처에 더 깊이 신음한다.

남자의 육아 휴직

여성의 사회 진출이 활발해지면서 여성의 일, 가정 양립 문제가 큰 사회적 이슈로 떠올랐다. 과거 가정 안에서 자신의 자리를 찾던 여성들이 사회에서 자기 자리를 찾고 자기 목소리를 내면서 여자의 자리가 가정뿐 아니라 사회로 확장된 것이다. 이와 함께 남자들의 일, 가정 양립 문제 역시 사회적 이슈로 떠올랐다. 점점 더 많은 남성들이 사회에서 자기 자리를 찾던 경향에서 벗어나 가정 안에서 자기 자리를 찾기를 원하고 있다. 과거에 아버지는 가정과 자녀 양육의 책임은 어머니에게 맡기고 멀찍이 떨어져서 바깥일을 관장하는 존재로서 무심하고 과묵했다. 그러나 이제는 어머니보다 더 크고 가까운 존재로서 또 자녀들과 친밀한 상호작용을 하는 대상으로서 아버지의 모습이 더 구체적이고 일상적으로 다가오고 있다.

그 과정에서 아버지에 대한 많은 오해가 풀렸을 뿐 아니라 아버지 자리의 중요성이 새롭게 부각되었다. 하지만 여전히 아버지는 우리에게 어려운 대상이고, 아버지 자신 또한 변화하는 사회 속에서 '어떤 아버지가 될 것인가'에 대한 무거운 고민을 여전히 안고 있다.

육아 휴직을 고민하던 한 신세대 아빠가 있었다. 그는 아내가 임신을 하기 훨씬 전부터 아이에게 좋은 아빠가 되어주리라 결심했다. 그 결심의 바탕에는 자신이 겪었던 결핍을 자녀들에게 물려주고 싶지 않은 마음이 있었다. 그의 아버지는 항상 돈 버느라 바쁜 사람이었고 가정 일엔 무심했다. 그는 아버지와 같이 시간을 보내본 기억이 거의 없었기 때문에 자신이 아버지에 대해 어떤 느낌을 가지고 있는지도 모른 채 자랐다. 그런데 그가 이십대 끝자락으로 향하며 어른의 삶을 실감해가던 어느 해 아버지는 갑자기 간암 판정을 받았고 세 달 만에 허망하게 돌아가셨다. 그제 서야 그는 아버지의 빈자리를 크게 느끼고 충격을 받았다. 아버 지는 살아생전에도 그에게 일상의 존재가 아니었는데 돌아가시 고 난 후에도 딱히 떠올릴 만한 아버지와의 추억이 없다는 사실 이 그는 무척 안타까웠다. 그 자신도 그런 아버지가 될지도 모른 다는 것이 마음의 큰 짐이 되었다. 그는 자신의 아이에게만은 부 재중인 아버지가 되고 싶지 않았고, 그래서 팍팍한 현실 속에서 도 육아 휴직을 감행해야겠다고 결심했다. 자신이 겪은 결핍을 아이에게 대물림하는 아버지가 되지 않겠다는 아버지로서의 정 체성과 가치관이 뚜렷했다. 지금이 아니면 할 수 없는 많은 일 가 운데 아버지 역할이 가장 중요한 일처럼 느껴졌던 것이다. 하지 만 이를 실천하기란 쉽지 않았다.

기자였던 그의 직장에는 남성의 육아 휴직 제도가 존재했고 다 른 회사원들에 비해 육아 휴직으로 인한 불이익이 상대적으로 크 지 않았다. 그럼에도 주변 사람들은 그를 만류했다. 남자는 자신 의 의지를 실천하는 과정에서 아버지의 자리에 대한 사람들의 모 순적이고 복잡한 관념과 부딪혔다. 사람들이 겉으로는 적극적인 아버지 역할을 기대하면서도 정작 육아 휴직을 하려는 아버지들 에 대해서는 의혹과 염려를 드러냈기 때문이다.

육아 휴직을 이야기하자 직장 동료들은 모두 하나같이 "남자가 왜?"라는 반응을 보였고 양가 부모님은 물론 아내까지 반대했다.

양가 부모님의 반대는 어느 정도 예상했지만 아내까지 반대하는 것을 보고 그는 더욱 답답해졌다. 아버지로서의 역할은 돈 버는 사람, 사회에서 자리를 잡고 있는 사람으로 결정되어 있음을 더욱 생생히 깨닫기도 했다. 그럼에도 그는 육아 휴직을 감행했다.

그가 이런 어려움에도 불구하고 육아 휴직을 하고자 했던 것은 '아버지처럼 살지 않을 것'이라는 자신의 상처 경험에 기초한 이상적인 아버지상, 부정적인 아버지상에 대한 인식 때문이었다. 가족과 함께 시간을 보내고 가정에 마음을 쓰는 아버지, 특히 자녀들의 일상에 밀접하게 관여하는 부성을 경험한 적이 없다는 사실이 그를 용감하게 만들었다. 그는 자신에게 절실했던 아버지 역할을 자신의 아들에게 주려는 의식적이고 실천적인 선택을 한 것이었다.

그 과정에서 그는 자기 안의 상처를 치유해갈 수 있었고 자신의 선택을 더 믿게 되었고 무엇보다 아들과 친밀해졌다. 그리고 다시 직장에 복귀했을 때에도 낙오의 두려움보다는 세상의 반인 여자들의 세계에 몸과 마음을 담가본 자로서의 안도감과 당당함, 친밀감에 대한 편안함을 좀 더 느끼게 되었다고 했다. 게다가 막막하고 틀이 없고 끝이 보이지 않는 반복적인 일의 연속인 육아와 가사 일에 비해 비교적 조직화되고 성과가 뚜렷하고 시작과 끝의 보상 체계가 분명한 사회적 일을 하는 것이 더 쉽게 느껴지기도 했다. 이것은 아버지 역할을 가정이라는 자리에서 치열하고 구체적으로 밀착 체험해본 끝에 얻은 마음이었다.

가장의 운명은 투명인간?

/

남자의 경험에서 보듯 '아버지'는 보통 구체적인 존재가 아닌 추상적인 존재, 일상이 아닌 추억의 대상, 가정 안이 아닌 가정 밖의 존재였다. 아버지는 멀리 떨어진 존재였지 가까이서 접촉하는 존재가 아니었다. 또 집에 있을 때조차 현실이 아닌 이상, 실제적인 사건이 아닌 추상적인 논리에 집중하는 존재였다.

아버지들의 이러한 행동은 태어나기 전부터 명확하게 갈린 성별분법에 대한 철저한 세뇌의 결과였다. 큰것을 다루겠다는 남자 개인의 강박과 밖에서 제대로 일하기 위해 가정에서 힘을 비축해 두어야 한다는 집단적이고 암묵적인 합의에 따른 것이기도 했다. '안사람'이라는 정체성을 가졌던 어머니들은 남편이 밖에서 돈을 벌며 느꼈을 스트레스를 가정에서 추가시키지 않는 것이 미덕이라 여겼다. 그래서 자녀들이 아버지의 심기를 건드리지 않도록 단속했고 가정의 대소사를 모두 자신의 몫으로 여겼다.

아버지는 이따금씩 가정의 경제 정책이나 아이들의 교육 문제에 의견을 내기도 했지만 결국 가정 안에서 이루어지는 모든 돈의 흐름과 교육 관련 크고 작은 결정을 수행하는 사람은 언제나 어머니였다. 아버지들은 이따금씩 문제가 생길 때에만 호통을 치며 추궁할 뿐 언제나 가정 일에서 뒷전이었다. 밖에서 쌀 살돈을 벌어오는 '바깥양반'이었던 그들은 가정에 쏟을 시간이 부족했고 마음의 여유가 없었다. 그런데 이렇게 안팎의 구분이 불러온 성 역할 분업이 결국엔 그들을 가정의 투명인간으로 만들었다.

이제 시대적 분위기가 달라져 가정에서도 아버지의 자리를 찾으려 하지만 사실 그것은 쉬운 일이 아닌 것 같다. 게다가 과거의 아버지들이 그나마 가정에 관여하지 않아도 권위를 부여받기에 존재감만은 강한 투명인간이었다면, 현대의 아버지들은 존재감마저 사라진 투명인간이 될 수도 있다는 위기의식을 느낀다. 하지만 이 위기의식은 쉽게 해소되지 못한다. 아버지들이 가정에 '부재'하지 않고 '존재'한다는 것이 여건상 쉽지 않은 경우도 많고, 여전히 아버지는 가정 밖에서 자신의 능력을 기반으로 돈을 벌어 와야 하는 가장의 짐을 지고 있기 때문이다. 그러기에 아버지들의 일, 가정 양립에 대한 고민은 더욱더 깊어진다.

아버지의 자리는 어디입니까?

앞의 남자가 자신의 아버지처럼 살지 않기 위해 가족과 함께 시간을 보내기를 원했다면 또 다른 한 남자는 그와는 전혀 상반된 아버지 경험 때문에 아버지의 자리를 가정 밖에서 찾는 경향이 강했다.

"무능한 아버지가 원망스럽고 부끄러웠어요. 아버지는 가족끼리 단합하는 것을 중요하게 생각해서 산으로, 들로 저와 제 동생을 데리고 다니셔서 어릴 때 가족이 함께 한 추억이 많아요. 그건 감사하게 생각하고 있어요. 그런데 너무 무능하셔서 엄마의 고생이 컸어요. 다니시던 회사가 어려워졌을 때에도 제대로 판단하지 못하고 정에 얽매여 남아 있다가 퇴직금을 받을 수 있는 시기도 놓치고 월급이 밀린 채로 회사에서 쫓겨나셨지요. 그런데도 너무 낙관적이셔서 참 뻔뻔하다는 생각을 많이 하고 원망도 많이 했어요. 남자가 능력이 없으면 가족이 고생한다는 걸 충분히 경험했기 때문에 저는 제 아이들에게만큼은 가난의 수치를 물려주지 않기 위해 노력할 거예요."

서로 다른 아버지를 경험했고 상반된 위치에서 아버지를 찾지만 공통적인 것은 두 남자 모두 아버지에 대한 상처가 있다는 사실이었다. 그것은 그만큼 아버지의 역할에 대한 내적, 외적 압력이 크다는 것을 의미한다. 그들의 이야기를 듣다보면 《부자 아빠, 가난한 아빠》라는 책 제목이 떠오르기도 한다. 모든 아빠들이 부자 아빠가 되어 가족을 부양하는 것을 지향하고 가난의 상처를 주지 않기 위해 노력하지만, 때로는 그 목표의식에 가려 추억과 존재감이 가난한 아빠가 될 수도 있다. 가정 안과 밖, 둘 다에 대한 압력이 있기 때문에 아버지의 자리와 역할은 어느 한쪽으로 치우쳐도 불행하고 불편해지는 불상사가 나타난다.

영화 〈그렇게 아버지가 된다〉는 이런 부자 아빠와 가난한 아빠의 아버지상을 잘 드러낸다. 주인공 료타는 바쁘고 능력 있는 부자 아빠의 전형을 보여준다. 그가 자신의 아들인 케이타를 사랑하는 방식은 좋은 아파트, 외제차, 최고의 교육과 같은 환경적 뒷받침을 해주는 것이다. 그런데 6년 전 병원에서 아이가 바뀌었다는 소식을 듣게 되면서 그는 자신의 친자식을 키우고 있던 유다이 가족을 만나게 된다. 영화는 낳은 정이냐, 기른 정이냐로 대비되는 그의 고민을 따라가는 과정에서 두 명의 대조적인 아버지상을 비춘다.

시간은 없지만 돈은 충분한 료타는 아들의 장난감이 고장 나면 새 장난감을 사준다. 하지만 돈은 부족할지 몰라도 아이들에게 충분한 시간을 내주는 것을 중시하는 아버지인 유다이는 아이와 함께 장난감을 고친다. 또 료타가 이런저런 규칙과 성취 목표를 세워줌으로써 아이의 미래를 염두에 둔 양육을 한다면 유다이는 지금 여기에 함께 부대끼는 것을 중시한 양육을 한다. 유다이의 가정 속에서 아이들은 아버지와 함께 목욕하고 서로 겹쳐져 잠을 잔다. 그들은 이렇게 상반된 가치를 중심에 두고 사랑을 다른 방식으로 전했다.

처음에 료타는 능력도 없어 보이고 규칙성도 없는 유다이를 탐탁치 않게 여긴다. 그래서 돈으로 보상하고 두 아이 모두 자신이 키울 생각을 할 정도로 자신의 방식에 확신을 가진다. 하지만 료타의 집에서 살게 된 친아들 류세이가 가출을 하면서 그는 같은 경험을 했던 자신의 어린 시절을 돌아보게 된다. 결핍감과 공허감을 채우기 위해 성취에 더욱더 집중하면서 보낸 지난날을 돌아보며 자신이 무엇을 놓치고 있었는지, 자신이 누구의 아버지인지를 비로소 알게 된다. 그렇게 그는 케이타의 진짜 아버지가 된 것이다.

영화 중간에 유다이는 아이에게 시간을 내줄 수 없을 정도로 바쁜 료타를 나무라며 아이를 위해 더 많은 시간을 내어주라고 종용한다. 료타는 유다이의 질책에 "내가 아니면 안 되는 일들이 있어서요"라고 이야기한다. 사회적 자원을 끌어오는 자로서 아버지의 자리를 강조한 것이다. 하지만 이런 료타의 말에 유다이는 '나 아니면 안 되는 일' 가운데 가장 본질적인 일이 무엇인지를 이렇게 짚어준다.

"아버지라는 일도 다른 사람은 못 하는 거죠."

유다이의 대답은 아버지의 자리를 어디에서 찾아야 할지 몰라 갈팡질팡하는 우리에게도 좋은 지침이 된다.

처음부터 아버지인 사람은 없다

우리는 쉽게 모성과 부성을 이야기하지만 사실 모성도 부성도 아이의 탄생과 함께 단번에 생기는 마음은 아니다. 많은 엄마들이 단지 아이를 낳았다는 이유만으로 모성이 저절로 샘솟는 것이 아님을 증언한다. 엄마들의 모성은 함께 부대끼고 시행착오를 경험한 끝에 몸의 체험이자 마음의 체험으로 서로의 존재를 실감하면서 점점 깊어진다. 아이와 함께한 일상이 쌓이고 반복되면서 말이다. 이를 통해 그 사이에 흐르는 연결감과 사랑은 세상의 모든 분열과 단절의 상처를 초월하는 힘이 된다. 아이는 세상 모든 것이 나를 거부해도 누군가가 항상 내 뒤에 있다는 마음의 '빽'을 얻는다.

부성 역시 처음부터 저절로 샘솟는 것이 아니다. 게다가 아이와 한 몸이었다가 마음으로 다시금 연결되는 어머니와는 달리, 처음에 아버지들은 아이를 그저 낯설고 여린 존재로서 받아들일 가능성이 크다. 아내가 낳은 아이를 안아든 아버지들은 어색하고 서툴게 아이와 첫 만남을 할 것이다. 몸으로 경험해보지 못한 연결감이 단번에 생기지는 않기 때문에 많은 아버지들은 아이를 받아 안고 작은 생명을 책임져야 한다는 생각 때문에 공포감까지 느끼기도 한다. 또 그런 아이가 서너 살이 된 뒤 자신을 올려다보며 "아빠" 하고 분명하고 직접적으로 호명을 했을 때에야 자신이 이 아이의 아버지임을 실감하게 되었다고 고백하는 아버지들도 있다.

그러다 보니 부성은 모성보다도 더 많은 시행착오를 겪는다. 게다가 아버지로서의 의무와 책임감은 가정 안에서만 국한 되지 않는다. 오히려 가정에서 벗어나 가정에 필요한 자원을 끌어오는 역할이 주는 부담에 가려 아이와 충분히 마음을 나눌 시간이 없다. 마음 역시 시간이 있어야 내어줄 수 있는 것임을 감안하자면 부성애 표현이 서툴고 타이밍이 어긋나는 지점이 많은 것은 당연한 일이다.

그리운 과거에 대한 향수와 추억에 대한 깊은 공감을 불러일으킨 드라마 〈응답하라 1988〉에 이런 대사가 나온다. 어느 순간 훌쩍 커버린 딸에 대한 미안함이 담긴 아빠의 독백이다.

"아빠, 엄마가 미안하다. 잘 몰라서 그래. (중략) 이 아빠도 태어날 때부터 아빠가 아니자녀. 아빠도 아빠가 처음잉께."

어머니가 자식을 키우며 자신도 점점 더 어머니다운 어머니로, 다른 누구도 대체할 수 없는 어머니 자리에 굳건히 자리 잡는 것처럼, 아버지 역시 처음부터 아버지였던 아버지는 없다. 진짜 아버지를 만든 것은 함께한 시간, 그 시간 속 시행착오일지도 모른다. 다만 그 시행착오를 통해 마음을 나누고 시간을 나눌 수 있다면 그걸로 된 것 아닐까.

어쩌면 현대의 남자들이 아버지가 되는 과정에는 과거의 아버지들보다 더 많은 고민과 혼란이 예비되어 있는지 모른다. 그래도 그런 고민과 혼란의 시간을 통해 지금의 아버지들은, 앞만 보며 달려오느라 대체 내 아이가 언제 저렇게 커버렸는지 모르겠다면서 허탈한 변명을 내놓는 과거의 아버지들보다는 처지가 조금 나을 것이다. 투명인간이 아닌 실재하는 구체적인 대상으로서, 과거의 추억이 아닌 일상의 동반자로서 함께할 수 있는 아버지의 굳건한 자리를 기대해본다.

나는 아버지를 모른다

/

　스물두 살의 대학생인 여자는 아버지에 대한 불편하고 갑갑한 감정을 해결하기 위해 상담실을 찾았다. 어렸을 때부터 가깝지도 않았고 불같고 모난 성격 때문에 크고 작은 상처만 주었던 아버지가 갑자기 자신의 삶에 간섭을 하기 시작했다는 것이다. 한편으로는 자신과 가까워지고 싶어서 그러신다는 걸 알면서도 다른 한편으론 당황스럽고 부담스럽기만 했다.

　스물여덟 살의 회사원이었던 남자 역시 아버지 문제로 상담을 받았다. 그는 아버지와의 관계 때문인지 자신보다 나이가 한참 많은 상사들과 부딪치는 일이 많았다. 상사들의 지시가 불합리하게 느껴질 때가 많아서 마찰하는 일이 잦았고 결국에는 조직 생활이 자신에게 맞지 않다고 판단하여 대학원에 진학했다. 그런데 공교롭게도 대학원에서조차 지도교수와 갈등을 빚으면서 큰 벽에 부딪치게 되었다.

호소하는 문제는 달랐지만 이 둘은 모두 근본적으로 자기 내면에 있는 부정적이고 불편한 아버지의 모습 때문에 삶에서 큰 어려움을 경험하고 있었다. 그들은 아버지에 대한 애증의 감정을 흘려보내고 나서야 비로소 아버지와는 물론 자기 자신과도 화해하며 앞으로 나아갈 수 있었다.

왜 안 그러셨어요?

/

우리가 사랑하는 대상(그러므로 사랑을 돌려받기를 원하는 대상)은 모두 우리에게 애증의 대상이 된다. 때로는 사랑하지만 때로는 미워하고, 때로는 원하지만 때로는 원망한다. 그래서 우리는 사랑하는 대상에 대해 통합하기 어려운 모순감정에 시달린다. 실망하고 미워하면서도 다시금 원하고 기대하는 마음 앞에서 우리는 속수무책이다. 이런 마음은 애증의 최초 대상인 부모님과의 관계에서 시작되었다.

정도의 차이만 있을 뿐 부모님은 누구에게나 애증의 존재다. 대부분의 사람들은 자라면서 나름의 방식으로 애증의 감정을 통합하고 해결해나가고, 또 그 힘을 바탕으로 부모님으로부터 독립해서 자기 삶을 살게 된다. 그런 반면, 부모님에 대한 애증의 감정을 스스로 해소하지 못해 다른 관계 속에서도 힘들어하는 사람들 역시 의외로 많다. 그래서인지 상담 과정 속에서도 부모님에 대한 해결되지 않은 감정을 토로하는 일은 흔하게 일어난다.

부모님에 대한 애증이라고 해도 어머니에 대한 애증과 아버지에 대한 애증은 다르게 표현된다. 보통 어머니에 대한 애증 때문에 힘겨운 사람들은 상담 첫날부터 봇물 터지듯 많은 에피소드와 감정과 관념을 쏟아낸다. 이미 오래전부터 마음속으로 자주 마주하고 복기해왔던 감정이기 때문이다. 그들에게 어머니는 나를 가장 편안하게 하는 대상이자 가장 발끈하게 하는 대상이다. 가깝고도 만만한 존재이며 너무 가깝기 때문에 감정적인 거리를 두고 객관적으로 바라보기도 어려운 존재이다. 그런 만큼 어머니에 대한 애증에 대해서는 표현의 언어가 발달해 있다.

반면 아버지에 대한 애증은 다르다. 아버지에 대한 이야기는 마음속으로라도 읊어본 적이 없고, 표현할 수 없기에 화석처럼 굳어져 있다. 어머니 때문에 받았다고 생각하는 마음의 상처에 대해서는 실제적이든, 상징적이든 쉽게 소환이 가능하지만 아버지는 다르다. 소환하기도 쉽지 않고 소환하고 나서도 어떤 질문을 해야 할지 난감하다.

어머니에게 받았다고 생각하는 상처에 대해서는 "왜 그러셨어요?"라고 따져볼 만한 질문거리가 풍성하지만 아버지에 대한 상처들을 헤치고 살피는 과정에서는 말수가 준다. 모든 질문의 본질이 "왜 그러셨어요?"가 아닌 "왜 안 그러셨어요?"로 향하는 경우가 많기 때문이다. 누군가가 안 한 것을 따져 묻는 일은 한 것을 따져 묻는 일보다 어렵다. 결국 어머니에 대한 상처와 애증의 감정이 '과잉과 오바'에서 나온 것이라면 아버지에 대한 상처와 애증의 감정은 '결핍과 무심'에서 나온 것이라고 할 수 있다. 옆에 가까이 붙어 있었기에 입은 상처보다는 멀리 떨어져 있었기에 감정과 욕구를 꺼내보지도 못한 데서 입은 상처는 사실 더 깊고 근본적이다.

당신의 아버지는 어떤 사람입니까?

/

아버지 때문에 상담실을 찾았던 여자도 일단 "아빠가 갑갑하고 불편하다"는 말을 던져놓기는 했지만 그 마음에 어떻게 살을 붙일지 난감해했다. 한참을 침묵하다 마침내 그녀는 최근 들어 자신의 세계에 침입하기 시작한 아버지에 대해 이야기하기 시작했다. 그녀의 이야기 속에는 현재의 아버지의 행동이 소환한 과거의 상처들이 순서와 맥락 없이 뒤엉켜 있었다.

여자가 이해하지 못했던 아버지의 모습은 전형적인 가부장의 모습이었다. 예나 지금이나 강압적이고 무심한 아버지의 모습에 그녀의 마음은 언제나 굳게 닫혀 있었다. 그녀는 견고한 자기 틀에 갇힌 아버지와의 소통이 애초부터 불가능하다고 느꼈다. 그런데 그녀는 아버지에 대한 이야기를 하며 전혀 예상하지 못했던 방식으로 아버지를 새롭게 만나기 시작했다. 아버지에 대한 마음을 토로하면 할수록 아버지에 대한 자신의 생각이 추상적이고 극단적이라는 사실을 발견하게 된 것이다.

그녀는 아버지가 갑갑했고, 아버지가 자신을 가로막고 있다고 느꼈기에 원망하고 비난하는 일에 익숙했다. 하지만 상담을 통해 자신이 그린 아버지의 모습이 진짜 아버지의 모습이 맞는지 차분히 확인해본 적이 없음을 알게 되었다. 가까이서 자주 만나는 사람이지만 오히려 바로 그 이유 때문에 자신이 모르고 오해한 면이 많았던 것이다. 어쩌면 그녀에게 필요한 것은 새로운 아버지상이 아니라 보다 구체적인 아버지상이었을지도 모른다. 틀을 깨야 하는 사람은 아버지가 아닌 아버지에 대한 편견으로 가득한 자기 자신이었다.

그녀가 안다고 착각했던 네 가지

이를 통해 그녀는 다음의 네 가지를 알게 되었다.

첫째, 아버지에 대해 아는 것이 거의 없다. 누군가와 관계를 맺기 위해서는 그에 대해서 알아야 하고 알아가야 한다. 그런데 그녀는 스스로 아버지에 대해서 다 안다고 착각하며 더 알아보려 하지 않고 살아왔다. 모르면서 안다고 착각하는 것은 모르는 것보다 더 위험하다. 그녀는 아버지에 대한 편견을 진실인 듯 착각하며 살아왔고 그 관념이 스스로를 상처 입혔다는 것을 알게 되었다. 그러고 나니 그녀는 아버지에 대해서 제대로 알아보고 싶은 마음이 들었다.

둘째, 지금까지 어머니의 시선으로 아버지 보아왔다. 아버지에 대한 그녀의 시각은 온전히 그녀만의 것이 아니었다. 자신이 아버지를 직접 체험한 뒤 나온 것도 아니었다. 잘 살펴보니 그 시각들은 엄마의 시각을 반영한 목격담에 가까웠다. 그것도 엄마가 아빠와 갈등하면서 겪은 어려움과 감정의 잔여물로 조합된 비뚤어진 모습에 가까웠다. 그녀는 이러한 사실을 충격적으로 받아들였다.

"전 한 번도 엄마의 입김이나 시선을 벗어나 아버지를 아버지 자체로 경험해본 적이 없네요!"

게다가 자신이 가지고 있는 아버지에 대한 시선은 어머니가 아버지에 대해 품고 있는 시선보다 더 극단적이고 왜곡된 모습이기도 하다는 사실도 알게 되었다.

"사실 엄마는 저한테 푸념하고 잊어버리시는 것 같아요. '네 아빠가 그랬다. 그래서 속상하다', 그러곤 잊어버리시는 거죠. 제가 전에 엄마에게 '아빠는 가족한테 한 게 없는 것 같다. 무능력하고 다정하지도 않고, 언어폭력까지 일삼고. 무슨 자격으로 내 일에 간섭하는지 모르겠다'고 했더니 오히려 엄마가 아빠편을 드시는 거예요. '아빠는 너랑 친해지려고 그러는데 왜 그러냐고' 말이에요. 그 말 듣고 좀 충격을 받았어요. 엄마도 저처럼 생각하고 있는 줄 알았거든요."

셋째, 아버지가 나를 거부한 것이 아니라 내가 아버지를 거부해왔다. 그녀는 내내 아버지가 자신을 배제하고 거부해왔다고 생각하며 피해자의 입장을 자처했다. 하지만 다시 돌아보니 도리어 자신이 엄마와 합세해서 아버지를 거부하고 배제해왔음을 깨달았다. 아버지가 가해자이고 자신과 엄마가 일방적인 피해자라고 생각해왔던 30년 이상 된 해묵은 구조가 사실은 정반대일 수도 있음을 느낀 것이다. 이 사실은 그녀에게 큰 충격이자 큰 해방감으로 다가왔다. 아버지에 대해 그려왔던 그림과 아버지를 멀리하게 만든 마음속 장막을 걷어내자 나에게 중요한 상대가 나를 거부한다는 생각에서 비롯된 마음의 응어리가 풀리기 시작한 것이다.

넷째, 원망도 사랑을 원할 때 생긴다. 또한 여자는 자신이 왜 그토록 아버지를 원망했었는지 되짚어보면서 강한 원망 밑에 담긴 사랑에 대한 열망을 보게 되었다. 누군가에게 그토록 강렬한 원망, 미움, 분노를 느낀다는 것은 사실 그 대상으로부터 사랑과 인정 욕구가 그만큼 컸음을 의미한다. 극단적으로 부정적이고 불편한 감정도 더 깊이 살펴보면 그 밑에 웅크리고 있던 진짜 욕구가 보인다. 겉으로는 화를 내며 밀어내고 있다고 해도, 사실은 간절히 원했지만 얻지 못해 슬프고 좌절된 마음이 있을 수 있다.

아버지는 오해받기 쉽다

여자의 오해는 그녀만의 특수한 오해가 아니다. 우리 사회가 아버지에 대해 보편적으로 가진 오해라고 할 수 있다. 우리는 대부분 사회 구조적으로 아버지가 아내나, 자녀들과 함께 시간을 보내고 가까워지기 어려운 사회문화, 경제적 조건 속에서 자란다. 그 속에서 아버지는 오해받기 딱 쉽다.

누군가를 제대로 받아들이기 위해서는 시간이 필요하다. 누군가와 시간을 많이 보낸 사람일수록 그의 관점과 감정은 우리 안에 스며들고 공유된다. 가정 안에서 시간과 에너지를 쏟아왔고 그래야 했던 어머니들은 이런 점에서 자녀 마음을 얻기에 더 유리한 고지에 있다. 반면 아버지들은 자녀들과 시간을 보내는 대신 자신의 시간을 밖에서 쏟았다. 아버지가 밖에서 쓰는 시간과 마음 밑에는 가족에 대한 사랑이 깔려 있다. 그 마음은 어머니의

아버지에 대해 아는 것이 거의 없다.
지금까지 어머니의 시선으로 아버지를 보아왔다.
아버지가 아니라 내가 아버지를 거부해왔다.

사랑과 비교해 표현 방식만 다를 뿐, 근본적이 차이가 없다. 그럼에도 우리는 자주 옆에 없었다는 이유로, 눈에 보이지 않았다는 이유로 아버지의 마음을 쉽게 오해한다.

심리발달상으로도 아버지는 그 중요성이 상대적으로 뒤늦게 감지되는 사람이다. 아버지는 우리 생애 초기의 심리 풍경에 언제나 어머니 다음으로 등장한다. 태생적으로 자신의 생존과 존재 의미를 어머니에게 의탁할 수밖에 없는 아기는 세상에 태어나 첫 3년을 보내는 동안 어머니의 시선과 감정, 욕구를 통해 세상을 인식한다. 더 큰 사회를 상징하는 아버지를 적극적으로 받아들이기 시작하는 것은 어머니와의 관계가 안정되고 어느 정도 성장한 이후다.

그전까지는 아버지가 아무리 육아에 적극적이고 노력한다고 해도 자궁으로 존재를 품고 젖으로 존재를 먹인 '엄마 품'을 초월하기 어렵다. 첫 단추의 강력한 파급력은 생애 초기뿐 아니라 전 생애를 통해 계속된다. 우리가 성인이 되어서도 어머니의 시선과 욕구에서 평생 자유롭지 못한 이유도, 어머니에 대한 강렬한 애증이 필연적인 이유도 역시 여기에 있다. 이처럼 우리는 의식적이든 무의식적이든 어머니의 어마어마한 영향력 아래에 있는 것이다.

게다가 우리가 전통적으로 이상화했던 부모상은 엄한 아버지와 자애로운 어머니, 즉 '엄부자모'였다. 아버지와 어머니 역할이 가부장적이고 유교적인 남자와 여자의 성별 분업에 따라 맞춰진 것이지만 돌이켜보면 곁에서 자주 보기 어려운 사람이 엄격하다는 것은 그와 나의 거리감만 확인시킬 뿐, 진정한 친밀감을 나누고 사랑을 표현하기 어려운 조건을 만든다. 그런 면에서 지금 우리에게는 '엄모자부'가 더 나은 부모 이상인지도 모른다. 자주 못 보는 사람일수록 만나는 시간이라도 따스해야 하고 자주 보는 사람일수록 안정감을 주는 분명한 경계를 심어주는 일이 필요하기 때문이다.

이런 모든 점들 때문에 우리가 아버지에 대한 보다 균형 잡히고 건강한 상을 가지기 위해서는 필연적으로 엄마의 역할이 중요하다. 왜곡되고 부정적인 아버지상은 단순히 아버지의 부재나 무관심, 아버지 역할에 대한 태만 때문에 생긴 것이 아닐지도 모른다. 그런데 많은 어머니들은 남편과의 관계가 소원하거나 갈등이 있을 때 자녀들에게 하소연하는 경우가 많다.

부부 관계에서 소원해지고 결핍된 마음을 자녀들의 승인과 지지를 구함으로써 채우려고 하고, 그러면서 자신도 인식하지 못하는 사이에 아버지에 대한 자신의 부정적이고 소화하기 어려운 불편한 감정을 자녀들에게 전가한다. 자녀가 어리면 어릴수록 어머니의 이런 하소연은 모두의 상상을 초월할 정도로 자녀에게 부정적인 영향을 미친다.

남자 어른들과의 관계가 힘든 이유

/

남자 어른들과의 관계 속에서 힘들어했던 그 남자 역시 자신이 관계 속에서 어려움에 부딪치는 이유가 마음에 자리 잡은 부정적이고 왜곡된 아버지상 때문임을 점점 더 분명하게 이해하기 시작했다. 그 과정에서 그는 자신이 회사나 학교에서 특히 남자 상사나 선생님들, 남자 선배들과 갈등하는 일이 잦았고 갈등하게 되는 유형이 따로 있다는 것을 알게 되었다. 살펴보지 않을 때에는 몰랐는데 아주 어린 시절부터 이런 패턴이 계속 되었다고 했다.

아주 어린 시절부터 시작된 패턴이라면 그 뿌리는 그가 최초로 맺은 남자 어른과의 관계인 아버지와의 관계에서 시작되었을 가능성이 컸다. 그렇게 그는 아버지는 물론 아버지를 상징하는 다른 남자 어른들과의 관계를 다시 조명해보면서 자신의 마음속에 그들에 대한 갈등과 오해, 편견이 많았음을 알게 되었다.

그는 상대의 반응에 과도하게 방어적이거나 상대방의 반응을 지레 짐작한 적이 많았음을 인정했다. 예를 들어 그는 아버지가 자신을 인정하지 않았다는 관념에 젖어 자신에게 애정을 갖고 건설적인 피드백을 해주는 교수님의 말을 있는 그대로 듣지 못한 채 쳐내기 바빴다.

"저는 항상 그들이 저를 부당하게 비난하고 공격한다고 생각했었는데 오히려 제가 지나치게 방어적이고 경직되어 있었었네요. 제가 아버지에 대해서 너무 모르고 오해하고 살았다는 것을 이제야 알았네요."

그의 이야기 속에서 '전이transference'와 '자기충족적 예언self-fulfilling prophecy'이라는 개념이 생각난다. 전이는 과거에 자신에게 중요했던 대상과의 관계 속에서 배운 관계 양식을 다른 관계에 적용하는 경향성을 설명해주는 말이다. 쉽게 말해 관계의 성급한 일반화 법칙이라고 이해할 수 있다. 우리는 쉽게 이전 관계가 좋았다는 감정적 경험을 바탕으로 다른 관계도 좋을 것으로 예상하고, 이전 관계가 나빴다는 감정적 경험을 토대로 부정적인 관계 시나리오를 예상한다. 바로 이런 경향을 보여주는 용어가 전이다.

보통 우리가 세상을 대하는 방식에는 부모님과의 관계에서 배운 관계 속 전제들과 관념, 감정을 매개로 전이된 것이 많다. 특히 이 관계 속에서 얻은 깊은 상처 경험에서 비롯된 전이일수록 우리 안에 더 경직된 방식으로 적용된다. 남자에게는 어린 시절 까다롭고 비판적이었기에 단 한 번도 아들에게 긍정적인 말을 해준 적이 없었던 과거 아버지의 모습이 강력하게 자리 잡고 있었다. 그리고 이 관념은 그 후 그가 어른이라고 인식하게 되는 남자들의 모습에 무차별적으로 적용되고 겹쳐지는 것 같았다. 상대의 의도나 대상의 차이에 상관없이 그들의 모습에서 자신을 좌절시키던 아버지를 마주하게 되는 것이다. 그것도 현재의 아버지가 아닌 과거의 아버지 말이다.

이런 마음이 펼쳐지는 방식은 자기충족적 예언으로도 설명할 수 있다. 자기충족적 예언은 우리가 어떤 예상과 기대를 하게 될 때 상황이 그대로 펼쳐질 가능성에 주목하는 것을 의미한다. 남자는 상대의 의도나 행동에 대한 긍정적이고 차분한 해석과 반응이 아닌 미리 부정적인 예상과 기대를 하는 방식으로 자기충족적 예언을 하고 있었다. 그러다 보니 상대와 상황에 상관없이 그런 부정적인 반응을 마주하게 되고, 그에 뒤따르는 확신("그것 봐. 그럴 줄 알았어")으로 이어지는 관계의 악순환에 갇혀 있었다. 물론 그러다 보면 관계는 경직되고 불편해지며 부정적인 피드백만 주고받게 된다.

내 마음속 아버지상 다시보기

앞서의 여자나 남자처럼 아버지와의 관계 속에서 어려움에 부딪히게 된다면 내 안에 자리 잡은 아버지상을 돌아보는 것이 필요하다. 내 안에 자리 잡은 아버지는 어떤 모습을 하고 있는가? 나는 그 모습을 언제부터 그리고 있었으며, 그 아버지상은 실제 아버지와 얼마나 같고, 얼마나 다른가? 그리고 내 마음속 아버지는 지금 내가 다른 사람들과 관계를 맺는 데에 어떤 전제와 통찰을 주고 있는가?

관계상이 불안정하거나 왜곡되어 있다면 실제 그 대상뿐 아니라 그 대상을 연상시키는 다른 사람들과도 편한 관계를 맺기가 어렵다. 어머니상과 아버지상은 우리가 세상과 맺는 관계의 기본값을 설정해주고 세상을 비춰주는 최초이자 가장 강력한 거울이 된다. 어떤 경험이든 첫 경험은 언제나 우리 안에 깊은 인상을 남기고 그 후에 따라올 다른 관계의 틀과 시나리오를 형성한다. 그 관계를 보고 듣고 체험하며 우리는 나도 모르게 어머니 아버지의 모습을 바탕으로 내 마음속에 남자와 여자 그리고 그 관계의 각본을 그리고 쓴다.

그러므로 관계 속에서 삐걱대는 지점이 있다면 내 최초의 관계를 돌아보는 것이 필요하다. 내가 강력하게 참조하고 있는 그림과 각본이 과연 온당한지 살펴보아야 한다. 이때 우리는 과거의 인상에 너무 오래 극단적으로 매달려 있는 것을 보며 놀라움과 충격을 느낄 수도 있고 그럼에도 쉽게 바꾸기 어려워서 힘이 들수도 있다. 그래도 다행인 것은 그 각본을 쓴 사람이 어쨌든 나이므로 수정하는 것 역시 내 힘으로 가능하다는 사실이다. 특히 아버지에 대한 관점이 내 관점이 아닌 엄마의 관점을 그대로 답습하고 있다면 아버지, 어머니, 나의 삼자 관계가 아니라 아버지와 나의 이자 관계에 근거한 관점으로 바꾸는 시도를 해야 한다. 또한 아버지와의 관계가 "왜 그러셨어요?"가 아닌 "왜 안 그러셨어요?'라는 관계의 진공뿐이라면 일단은 원망하는 대신 앞으로 그 관계 속에 새롭게 채워 넣을 뭔가를 제안해보아야 할 것이다.

사실 누군가를 '있는 그대로' 보기는 쉬운 일이 아니다. 하지만 있는 그대로를 보려 노력할수록 우리는 우리 마음속에 잇는 과거의 상처 경험에서 비롯된 경직된 관념 대신 상대의 진짜 모습을 보게 되고 그 모습에 맞춰 가까워질 것인지 멀어질 것인지를 스스로 결정할 수 있다.

원망 밑에 담긴 사랑을 보라

우리는 모두 누군가의 자녀이기 때문에 마음속에 불완전한 부모 밑에서 어쩔 수 없이 전가받은 부모님의 불편한 감정들이 있다. 또 우리 역시 누군가의 부모가 되어 자신의 상처를 무의식 중에 물려주게 될 가능성이 있다. 그러기에 우리는 의식적으로라도 스스로 소화하지 못하는 감정을 타인에게 전가하지 않기 위해 애써야 하고 또 전가받지 않기 위해 애써야 한다. 그럴 때에야 어떤 관계 속에서든 불편한 마음에 선을 긋고 정리해볼 수 있다.

그런 면에서 어머니들에게 당부한다. 남편 흉은 아이가 아닌 다른 어른들에게 보라. 아무리 성숙한 자녀라고 해도 아빠에 대한 엄마의 불편한 감정을 소화해내기는 쉽지 않기 때문이다. 인생 최초로 목격한 두 어른이 잘 지내지 못하는 모습은 어떤 식으로 변명하고 합리화한다고 해도 자녀에게 상처와 불안을 준다. 그러니 되도록 그 불편감과 갈등은 당사자들끼리 해결해야 한다.

만약 당신이 아버지와의 관계 속 희생자였던 어머니를 안쓰러워한 자녀 입장이라면 한 번 쯤은 어머니를 객관적으로 살펴보는 것도 필요하다. 이제 어머니의 시선과 나의 시선을 구분하는 연습을 해보자. 내 관점에 큰 영향을 미치는 어머니의 시선을 버리고 어머니와 아버지를 그저 한 여자와 한 남자로 보는 경험 역시 필요하다. 낯선 타인을 보듯, 안이 아닌 밖에서, 익숙한 프레임이 아닌 다른 프레임을 통해 찬찬히 살펴봐야 한다. 어쩌면 진짜 문제는 아빠가 아니라 엄마일 수도 있음을 확인하게 될지도 모른다. 관계는 일방적인 것이 아니라 상호적인 것이며 어느 한쪽만 일방적인 가해자가 되고 피해자가 되는 일은 별로 없다.

그리고 가까운 사람으로부터 입은 상처와 원망은 그들에 대한 우리 안의 사랑과 소망을 보여준다는 사실을 잊지 말자. 깊이 원망하고 상처받는다는 건, 그만큼 그 대상이 나에게 중요하다는 것을 의미한다. 애초에 사랑을 원하는 마음이 없다면 원망도 생기지 않는다.

자녀들에게 가까이 갈 기회도 없었고 친밀감 표현도 서툴렀던 우리 시대의 아버지들에게는 더더욱 편견이 아닌 있는 그대로를 바라봐주는 일이 필요하다. 그러면 밉고 원망스러웠던 그 마음 밑에 아버지에 대한 그리움과 갈망을 보게 될 것이고 편견에 가려져 있던 사랑을 느낄 수 있을 것이다. 아버지의 사랑이 없거나 부족했다고 원망하고 있다면 다시 생각해보자. 방식이 달랐거나 타이밍이 맞지 않았을 뿐 사랑은 항상 거기에 있었다. 지금도 마찬가지다.

가부장의 분노 표출

/

"아빠는 툭하면 불같이 화를 내셨어요. 조금만 마음에 안 들어도 화를 내버리시니까 뭐라고 얘기를 이어나갈 수가 없어요. 정말 말이 안 통해요."

올해 서른인 여자는 결혼을 앞두고 있다. 결혼을 앞두고 아버지와 이것저것 상의할 일들이 많았는데, 그때마다 트러블이 생겼다. 평생 동안 가족과 대화다운 대화를 해본 적도 없고 언제나 분노에 찬 모습을 보였던 아버지는 딸의 결혼을 앞두고도 결코 다른 모습을 보이지 않았다.

"중요한 사안을 결정할 때도 제 말은 들어보지도 않고 화부터 내시니까 너무 서럽더라고요. 그렇다고 원하는 걸 제대로 얘기하는 것도 아니고 무작정 화부터 내니까 어떻게 해야 할지 모르겠어요."

갑의 분노와 을의 분노

/

남자들과의 대화가 어렵다고 하는 이야기하는 여성들이 많다. 특히 남자 어른들과의 대화가 어렵다고 말하는 젊은 여성들이 많은데, 사실 남자들도 다르지 않다. 남자들 역시 남자들과의 대화를 두려워하고 회피한다. 특히 나이가 있고 사회적 지위를 가진 남자들일수록 말 붙이기가 꺼려진다. 대화를 하다가 어느 순간 불같이 화를 내는 일이 많기 때문이다.

상담실 안팎에서 이에 대한 이야기를 자주 들으며 나는 이런 분노에 '가부장적 분노'라는 이름을 붙였다. 가부장적 분노는 힘의 위계를 드러낸다. 강력한 가부장제 속에서 가부장들은 분노를 통해 무소불위의 권력을 가졌다. 이들은 분노를 통해 상대의 말문을 막고 상대를 위축시킴으로써 자기 힘을 행사했다. 그들에게 분노는 잘 통하는 정신적, 심리적 화폐였다. 힘이 있는 사람에게는 분노를 쏟아낼 기회가 더 쉽게 주어졌고 분노는 다시 그 위치를 굳건하게 해주었다.

사회는 달라졌다. 이제 우리는 적어도 이런 가부장적 분노의 한계와 모순을 이야기해볼 수 있고 반박할 수 있는 사회에 살고 있다. 극단적인 가부장적 분노를 뿜는 사람을 '개저씨'라 칭하며 소심한 반박을 해보기도 한다. 하지만 그럼에도 여전히 가부장적 분노의 횡포 앞에서 대부분의 사람들은 무기력하다. 부당하고 일방적인 분노에 더 많이 노출되었던 개인적인 경험, 그 속에서 무기력하게 대응했던 반복적인 경험은 우리를 분노에 더더욱 취약하게 만든다.

분노는 우리에게 가장 익숙하면서도 우리가 가장 취약한 감정이다. 그런데 이런 분노를 가부장제라는 문화적 렌즈에 비추어 보면 남성적 분노와 여성적 분노가 다른 모습을 보인다. 앞의 사례처럼 툭하면 불같이 화를 내는 아버지의 가부장적 분노가 있는 반면, 그로 인해 움츠러들지만 뒤늦게 불처럼 치솟아 오르는 딸의 분노가 있다.

이처럼 분노는 군림하기 위해 휘두르는 힘 있는 자의 분노(갑의 분노)와 그로 인해 위축되고 억울해질 때 느끼는 힘없는 자의 분노(을의 분노)로 나뉜다. 이런 분노 감정은 관계 속에서 돌고 돈다. 억압하는 자와 억눌린 자가 분노의 순환 속에 서로 끈질기게 묶이고 갇히게 되는 것이다.

분노 표출의 악순환

／

전통적인 가부장 사회에서 남자는 분노를 통해 가정과 주변 상황을 통제했다. 여자는 그 분노의 화살에 맞으면서도 정면으로 대응하기보다는 분노로부터 스스로를 방어하기 위해, 혹은 일상의 균형이 깨지는 불상사를 막기 위해 마음을 억눌러야만 했다. 이런 배경 속에서 '분노조절 장애'는 대표적인 남성적 심리질환이 되었고 '화병'은 대표적인 여성적 심리질환으로 자리 잡았다. 특히 화병은 미국 정신의학회에도 '화병Hwa-byung'이라고 등재되었을 만큼 한국 특유의 심리질환으로 꼽힌다.

과거에 '며느리병'이라고도 불렸던 화병은 권력 위계의 아래에 있는 여성들이 더 취약한 심리 질환이었다. 평생에 걸쳐 개인의 심리에 축적되었을 뿐 밖으로 표현할 통로가 없었던 나머지, 갱년기가 되어서야 호소하는 마음의 병이다. 오랜 세월 동안 부당한 심리환경적 구조 속에서 억울하고 부당한 대우에 대한 마음의 불편감을 더 이상 억눌러놓을 마음자리가 없을 때 밖으로 폭발한다는 것이다. '참는 것이 미덕'이요, '나 하나 참으면 가정이 평화롭다'는 자기희생적인 심리처방을 스스로에게 강요한 끝에 얻게 된 병리적 분노인 셈이다.

이렇듯 분노를 표출하는 방식도, 다루는 방식도 사회문화적 압력에 따라 남녀가 다른 모습을 보이지만 분노 표출이 반드시 남녀의 차이로만 설명되는 것은 아니다. 더 중요한 것은 힘의 위계이다. 직장 상사에게 시달리는 말단 사원도, 군대 선임 때문에 힘든 병사도, 시어머니의 강요가 답답한 며느리도, 아버지가 두려운 자녀들도, 아내의 분노 폭발에 어쩔 줄 몰라 하는 남편도 자기 안의 분노를 적절히 표현하기보다는 안으로 삼키다가 어느 순간 엉뚱한 지점에서 표출하게 되는 구도 속에 있다.

힘 있는 쪽이 힘없는 쪽을 통제하는 수단으로 분노를 쏟아내고 힘없는 쪽은 일방적으로 분노를 삼켜야 하는 구조 속에서 악순환은 반복된다. 힘의 위계에 기대어 상대를 통제하고 그 위계 관계를 유지하기 위해 분노한다면 분노하고 있는 쪽도, 분노를 마주하는 쪽도 마음 어딘가가 병들어간다. 하지만 본래 분노는 타인을 이렇게 무섭고 두렵게 위축시키고 통제를 위한 수단으로의 기능을 가진 것이 아니다.

분노의 기능

분노는 많은 사람들이 뜨거운 감자처럼 여기는 불편한 감정이지만, 본래 우리를 보호해주고 우리의 마음을 표현해주는 건강한 감정이다. 타인의 부당한 경계 침범에 대해 분노함으로써 우리는 자신의 마음을 인식하고 자기표현을 할 수 있다. 타인과의 접촉면이 많고 그 접촉면의 경계를 넘어서는 부당한 행동에 대비해서 자주 경계선 점검을 해야 하는 우리에게 분노는 반드시 필요한 감정이다. 화가 난다는 것은 존중받아야 할 나의 경계선이 침범당했다는 신호다. 그런데 어떤 사람들은 분노의 기능을 남용하고, 어떤 사람들은 자기 안의 분노 신호를 감지하는 데에 너무 서툴다.

과거로부터 관계 속에서 자신의 위치를 확인하고 군림하기 위해 분노를 남용한 사람은 남자들이었다. 또 이 때문에 분노조절장애에 이를 만큼 너무 자주 폭발하는 것도 남자의 경우가 많다. 그런데 또 한편으로는 화를 너무 안 내는 문제를 가진 사람 역시 남자가 많다. 화를 내지 않아도 될 상황에서 화를 자주 내는 남자도 문제지만, 화를 내야 할 상황에서도 적절히 화를 내지 못하는 남자도 문제다. 이 문제들은 서로 얽혀 있다.

화를 너무 안 내는 한 남자가 있었다. 그는 평소에 친구들 사이에서 '선비'라는 별명으로 통하는 사람이었고 자기표현이 너무 없어서 '화를 안 내는 사람'으로 인식되었다. 남자 스스로도 "너는 이런 상황에서 화가 안 나?"라는 질문을 받을 때조차 "난 진짜 안 난다"고 대답하곤 했다. 하지만 최근 들어 아무것도 아닌 사소한 일에 폭발했고 이런 자신을 이해할 수 없어 괴로워했다. 자신의 마음을 조금 더 솔직하게 들여다보고 나서야 그는 결국 평소에 표현을 잘 하지 않고 감정을 억누르다 보니 엉뚱한 상황에서 폭발적으로 표출하게 되었음을 알게 되었다. 뿐만 아니라 자신이 화를 내지 않은 이유, 화를 낼 법한 상황에서도 화가 안 난다고 생각했던 근본적인 이유가 시도 때도 없이 화를 폭발시키는 아버지 때문이라는 것도 알게 되었다. 분노에 중독된 아버지를 보고 자라면서 저렇게 살지 않겠다고 의식적, 무의식적으로 굳은 결심을 해온 것이다.

이처럼 화를 잘 못 내는 남자들 중에는 화를 많이 냈던 가부장에게 깊은 상처를 받고 그 전철을 밟고 싶지 않아 스스로를 억압하는 사람이 의외로 많다. 하지만 화를 내지 못하는 사람은 관계에서 감당해야 하는 부담이 크다. 누군가가 화를 내지 못할 때 사람들은 아무렇지도 않게 그의 경계를 침범하고 착취한다. 침범하는 사람과 착취하는 사람도 문제지만 사실은 화를 내지 않은 사람이 더 문제일 수도 있다. 나의 경계는 다른 누군가가 아닌 내가 지켜야 하기 때문이다. 더구나 오래 참고 당할 대로 당한 뒤에야 분노를 폭발한다면 분노가 엉뚱한 곳에서 튀어나오고 표현이 아닌 폭발의 모습으로 나타나 정당성을 상실하기도 쉽다. 스스로는 물론 상대도 납득하기 힘든 형태로 엉뚱한 대상에게 분노를 쏟아내게 되는 것이다.

진짜 감정을 숨기기 위한 분노

/

많은 남자들이 자기 안에 있는 다른 감정들을 은폐하기 위해 분노 분출이라는 방법을 사용한다. 남자들은 많은 감정을 화로 표현한다. 불안해도 화를 내고, 우울해도 화를 내고, 슬퍼도 화를 내고, 외로워도 화를 낸다. 자기 안의 불안과 초조를 은폐하는 수단으로서 분노가 남용되는 것이다.

뿐만 아니라 흔들리는 감정들이 분노라는 깔때기를 타고 밖으로 분출되기도 쉽다. 남자들에게는 불편한 감정에 대해 분노로 반응하는 것이 가장 익숙하고 편리하다. 왜냐하면 화라는 감정은 다른 감정과 비교해서 '남자다움'을 손상시키지 않고 오히려 남성성을 강화시켜줄 것 같기 때문이다. 또 여성에 비해 감정의 세분화가 덜 되었기 때문에 지금 당장 치밀어 오르는 분노 밑에 어떤 감정이 웅크리고 있는지 잘 보지 못하고 일부러 무시하기도 한다. 게다가 분노는 우리가 느낄 수 있는 감정 가운데 가장 쉽게 만져지는 겉감정이기도 하다(반면 우리가 가장 마주하기 어려워하고 자신을 가장 많이 드러내는 위험을 감수해야 하는 감정은 수치심이다). 분노야말로 가장 남성적인 감정이라고 여기는 것이다.

'화났다'고 말하거나 혹은 그런 표현조차 생략한 채 욕설로 감정 상태를 외부로 발산할 때, 남자들은 남성성의 내적 검열을 거칠 필요가 없다. 오히려 스스로 강해진 것 같은 착각을 하기도 하고 상대가 자신을 약하게 볼까 봐 걱정하지 않아도 된다. 그래서 남자들은 자연히 화를 통해 자신의 불편감을 쏟아낸다. 자기 속을 드러내지 않고도 원하는 것을 요구할 수 있게 해주는 방식인 동시에 상황을 빠르게 통제하게 해주는 감정이기 때문이다.

가장 걱정스러운 분노는 수치심을 은폐하기 위한 분노라고 할 수 있다. 분노 밑에 수치심이 웅크리고 있는 경우, 때때로 그 분노는 살기를 띨 정도로 무시무시한 폭력성과 공격성을 동반한다. 수치심만큼 자신의 영혼 가장 깊숙이 맞닿은 어떤 부분을 자극하는 아픈 감정도 없다. 수치심을 분노로 반응할 때 우리는 깊숙이 찔려 상처 입은 맹수처럼 피 흘리며 복수심에 불타오른다. 그래서 자신의 수치심을 자극한 상대를 무차별적으로 파괴하고 싶은 욕구에 시달린다. 애정 관계에서 느끼는 거절의 상처에 분노하여 상대를 괴롭히거나 극단적인 경우 '이별 살인'에 이르는 선택을 하게 된 사람들은 모두 수치심을 분노로 표출한 것이라고 할 수 있다. 수치심을 분노로 표현할수록 분노는 보다 과격하고 파괴적인 모습을 보이고 결국에는 수치심 역시 해소되지 못한다.

그러니 화를 내고 있는 남자를 마주할 때 우리는 그가 정말 화를 내고 있는 것인지 다시 살펴야 한다. 어쩌면 그는 자신에게 쉽고 익숙한 감정으로 자신의 마음 어딘가가 불편하고 아프다는 것을 표현하고 있는지도 모른다. 분노하는 누군가를 보면 우리는 그의 격렬한 분노에 압도당하기 쉽다. 하지만 조금 더 차분하게

남자들은 불안해도 화를 내고,
슬퍼도 화를 내고, 외로워도 화를 낸다.
자기 안의 불안과 초조를 은폐하는 수단으로서
분노가 남용되는 것이다.

그의 분노 밑에 무엇이 깔려 있는지 들여다보면 은폐되고 있는 진짜 감정과 본심을 더 잘 느낄 수 있다.

만약 그가 애초에 표현하고 싶었던 감정이 분노가 아니라면 그는 아무리 화를 내도 속이 시원하지 않을 것이고 분노의 강도와 파급은 더 심각해질 수밖에 없을 것이다. 정당하지 않은 분노는 그 분노를 정당화시키기 위해 또 다른, 더 거센 분노를 필요로 한다. 이때 분노는 해소되기보다는 오히려 쌓여만 갈 뿐이다. 이런 분노는 받아주면 안 된다.

화를 냈는데도 분이 풀리지 않는 것은 분노가 진짜 마음이 아니라는 신호라고 할 수 있다. 화를 내서 상대가 받아주었다고 해도, 상대가 사과했다고 해도, 상대의 행동을 통제할 수 있었다고 해도 속이 시원해지지는 않을 것이다. 화를 낸 진짜 이유를 찾아야 건강한 소통으로서 화가 제대로 활용될 수 있다.

분노에 중독된 위태로운 남자

대학원 등록금을 벌기 위해 통역 아르바이트를 한 적이 있다. 외환 위기로 인해 외국 기업에 인수 합병된 한 기업에서 회의 중 통역을 해주는 일이었다. 한참 회의가 진행되고 있는데 예정에 없던 누군가가 문을 박차고 들어왔다. 그 자리에 있던 모든 사람들이 갑자기 긴장하기 시작한 것으로 보아 가장 높은 사람인 것 같았다. 한국 사람이었던 그는 한국어가 아닌 영어로 모든 지시 사항을 빠르게 전달했는데, 나는 나이가 많은 그가 영어를 매우 유창하게 하는 것에 놀라서 그를 쳐다보았다. 그런데 갑자기 그가 나를 보며 불같이 화를 냈다.

"어딜 빤히 쳐다보는 거야? 내 발음이 이상하다고 무시하는 거야, 뭐야?"

갑작스러운 분노에 그 자리에 있던 다른 사람들은 쩔쩔매며 내가 아르바이트생이라 잘 몰라서 그런 것이라고 변명을 하며 그의 분노를 누그러뜨리려고 애썼다. 그의 갑작스러운 분노에 당황스러웠던 나는 조금 위축되기는 했다. 하지만 그날 일이 끝나면 다시는 그를 마주할 일이 없었던 터라 크게 마음이 쓰이지는 않았다. 오히려 그런 그의 분노가 위태로운 마음을 대변한 것이라는 생각을 했다.

그의 모습은 분명 분노에 중독된 자의 모습이었다. 누군가가 어떤 상황에서, 어떤 방식으로 화를 내는지를 살펴보면 그가 일상에서 얼마나 자주 자기 안의 화를 마주하고 그 화를 표현하는지, 아니면 표출하는지, 또 어떻게 표출하는지를 가늠해볼 수 있다. 아마도 그는 하루에도 몇 번씩 중요하지도 않은 일에 그렇게 폭발했을 것이다. 힘의 위계 꼭대기에 있다는 것은 그에게 아무데서나, 아무 일에나 분노를 표출할 수 있는 허용권을 주었는지도 모르겠다. 하지만 어쩌면 그는 그래서 심리적으로 더 취약해졌는지도 모른다.

그의 분노는 나를 향한 것도 아니었다. 그는 분노를 통해 그 자리에 있던 모든 사람들을 불안하게 하고 초조하게 만들어 분위기를 장악하는 통제감에 중독되어 있었다. 그러나 정작 불안과 초조로 잠식되어 있던 것은 그 자신이 아니었을까? 그렇지 않다면 한낱 아르바이트생의 눈빛 하나에 마음의 균형이 무너져 벌건 얼굴로 스트레스 반응을 보일 리 없었다. 나는 그날 아무리 힘의 위계 꼭대기에 있어도 '작은 소리에 놀라지 않는 사자처럼' 위엄과 권위를 가지는 것은 아님을 알게 되었다. 누군가가 분노를 폭발시키더라도 그 분노에 정당성이 없다면 움츠러들 필요가 없다는 것도 알게 되었다. 그 분노는 강인함이 아닌 취약성을 드러내는 분노이기 때문이다.

과거의 가부장들에게 이런 분풀이는 익숙한 감정 해소 방식이었다. 남자들은 집에 돌아와 너무 쉽게 너무 자주 분노했고 여성들은 그들의 눈치를 보며 너무 당연한 듯 분노를 억압했다. 언뜻 다르게 보이지만 양쪽 모두 분노를 억압하다가 표출해낸다는 공통점이 있었다. 그러면 이렇게 억압된 분노는 또 힘의 위계 제일 밑바닥에 있는 아이들에게 표출되기도 쉬웠다. 낙숫물이 위에서 아래로 떨어지듯 분노는 분출되고 억압되고 또다시 분출되어 밑으로 흘렀다. 그렇게 전가된 연쇄 반응과 같은 감정을 떠안은 사람들은 누구도 그 분노를 제대로 소화할 수 없었다. 애초에 그 분노는 자신의 것이 아닌 타인의 것이었고 표현이 아닌 표출과 분풀이의 방식으로 또 다른 타인에게 전가된 것이기 때문이다.

자신의 충동을 통제하지 못하는 감정 조절의 미숙함과 자신의 분노에 휘둘려 어느 순간 분노 중독 증세를 보이는 가부장들은 가정에 풍파를 일으켰다. 또 자신의 욕구를 억누르며 '나만 참으면 된다', '아이들을 봐서 참는다'는 명목으로 감정을 과잉 억압한 여성들은 스스로를 파괴시켰다. 가정과 자신이 돌보는 아이들 역시 분노의 희생자가 되는 구조 속에서 심리적 상처가 대물림되기도 했다.

그 속에서 자란 아이들은 마음에 그늘과 짐을 얻은 채 어른이 되었지만 어른이 되는 과정 속에서 역시 성별 구조에 따라 조금씩 차이를 보이는 경향이 있었다. 아들들은 공격자와의 동일시를 통해 자신이 그토록 증오했던 분노하는 가부장을 쏙 빼닮아가거나 절대로 저렇게 살면 안 된다며 스스로를 억압하며 살아갔다. 분노조절 장애 증상을 보이거나 당연히 화내야 할 상황에서도 선비처럼 스스로를 억압하는, "이상하게 화가 안 난다"는 남자가 되었다. 딸들은 역시 "엄마처럼 살지 않겠다"고 안팎으로 선언하면서도 엄마의 한계를 넘는 것이 결코 쉽지 않은 일임을 절망 속에서 되뇌는 경우가 많았다.

그렇기 때문에 개인적으로도 사회적으로도 분노 감정을 적절히 다루고, 분노를 병리적인 방식이 아닌 건강한 방식으로 표현해내는 것이 중요하다. 내 의도와 상관없이 마주한 타인의 분노를 또다시 다른 누군가에게 전가하지 않고, 가부장적 분노에 제압당하거나 위축되지 않으며, 화병에 이르지 않도록 나 스스로를 지켜나갈 수 있는 힘을 가지는 것은 남녀 모두에게 중요한 심리적 과제다.

분노, 표출에서 표현으로

/

아리스토텔레스는 이런 말을 한 적이 있다.

"화를 내는 것, 그것은 쉽다. 하지만 적절한 대상에게, 적절한 순간에, 적절한 강도로, 적절한 방법으로 화를 내는 것은 쉽지 않다."

아리스토텔레스는 화를 적절히 표현하라고 했지만, 우리 주변을 잘 살펴보면 분노를 적절하게 잘 표현해내는 사람이 그리 많지 않다. 가부장적 성역할 분리가 분명할 뿐 아니라 유교적 영향을 받은 위계적 구조가 일반적인 사회 구조 속에도 녹아 있어 여성은 물론 남성도 분노를 적절히 표현해내지 못한 역사가 길었다. 화는 언제나 적절한 표현이 아닌 과도한 억압이나 엉뚱한 표출의 문제로 점철되어 있었다.

흔히 한국인을 괴롭히는 핵심 감정으로 분노를 꼽는다. 다른 어떤 감정보다 우리나라 사람들은 분노에 취약하다. 우리는 분노를 쉽게 표출하기 때문에 생기는 문제를 자주 경험하고 분노로 인한 폐해에 자주 시달린다. 오늘날 뉴스에 나오는 수많은 강력 범죄들은 개인과 사회의 분노조절 시스템 어딘가에 문제가 있음을 잘 보여준다.

이 모든 분노의 병폐는, 결국 분노를 '표현'이 아닌 '표출'의 수단으로 받아들인 데에서 근본적이고 공통적인 문제가 있음을 보게 된다. 그러니 우리는 우리 안의 분노를 자주 들여다보고 분노를 자주 표현할 필요가 있다. 화가 날 때는 화를 내는 것이 정상이다. 참는 것은 미덕이 아니며 참는 것이 때론 더 큰 악덕으로 변질되기도 한다. 나 하나 참으면 모든 게 평온해지는 것이 아니라 나 하나 참음으로써 상대방은 자신도 모른 사이에 남의 경계를 침범하는 나쁜 사람이 된다.

우리는 분노를 자기표현과 자기주장의 메시지로 받아들이고 활용할 필요가 있다. 분노에 집중할수록 우리는 자신의 의견, 느낌, 요구를 분명히 알 수 있다. 거꾸로 말하면 분노하지 못할수록 자신의 의견, 느낌은 사라지고 분노하지 않은 시간이 길어질수록 내가 무엇을 원하는지 알지 못하게 된다. 그러니 분노는 억압하고 감춰야 하는 불편한 감정이 아니다. 필요할 때 꼭 드러내야 하는 감정이다.

우리 아빠는 개저씨

대학 시절 의정부에 살던 나는 신촌에 있는 학교에 가기 위해 매일 두세 시간 정도를 지하철 1호선에서 보냈다. 1호선에는 특히 연로하신 분들이 많이 탔는데, 퇴근 시간이 지나 9시 10시가 되면 매일같이 비슷한 상황이 지하철 안에서 벌어졌다. 바로 배 나온 아저씨, 목이 쉰 할아버지들의 싸움이었다.

싸움은 언제나 교통 약자 배려석 쪽에서 들려 왔다. 약간의 술 냄새와 함께 얼굴이 달아오른 아저씨들은 언제나 정치 얘기를 하다가 싸움이 붙었다. 정치 얘기라고 해봤자 건설적인 토론일 리는 없었고, 특정 정치인이나 지역을 비하하는 욕이 대부분이었다. 살면서 느낀 울분과 분노, 격한 감정을 거침없는 표현으로 쏟아내는 것이었다. 격한 대화는 언제나 그 자리에 있던 누군가의 가슴에 꽂혔고 이내 싸움으로 번졌다. 단숨에 험악해진 지하철에서는 말리는 이가 아무도 없을 때도 있고 말리던 사람들이 싸움에 끼어드는 경우도 많았다.

처음엔 이런 상황이 무섭기만 하고 이해가 되지 않았다. 하지만 자꾸 같은 상황을 겪다 보니 어느 순간 그들에 대해 짠한 마음이 들었다. 왜 그들이 같은 말을 반복하고 같은 감정에 취해 극단적인 모습을 보이는지 조금은 다른 관점으로 바라보게 되었기 때문이다.

그들의 싸움은 힘 있는 자들이 자신의 전투력을 과시하기 위해 벌이는 결투가 아니었다. 전투력이 있다면 굳이 그런 싸움은 필요가 없다. 그 싸움은 약해진 전투력으로 희미해진 자기 존재를 그런 식으로라도 확인하고 싶어 하는 마지막 발악과도 같은 것이었다. 그런 생각을 하고 나니 언젠가부터 격노에 휩싸인 아저씨들의 뒷모습이 짠하고 슬퍼 보였다.

초라해진 전투력을 들키고 싶지 않다

그즈음 신촌 한복판에서 또다시 비슷한 싸움을 목격했다. 50~60대쯤 될 것 같은 아저씨 두 명이 팔짱을 끼고 한데 엉켜 비틀거리다가 뭔가가 틀어졌는지 갑자기 싸우기 시작했다. 그들은 처음에는 서로 팔짱을 끼고 얼굴을 쓰다듬으며 기묘하게 애정을 표현했다. 사실 그 모습부터 이상하게 생각되긴 했다.

팔짱 끼고 비틀거리며 서로의 얼굴을 만지작거리던 그들은 무슨 일인지 갑자기 틀어져서 서로 죽일 듯이 대치했다. 고성이 오갔지만 대부분의 사람들은 잠시 눈을 흘길 뿐, 심심치 않게 벌어지는 이런 풍경에 별로 개의치 않고 가던 길을 갔다. 나 역시 그 자리를 그냥 지나치려고 했다. 그런데 어느 순간 어떤 간극이 눈에 들어왔다. 바로 아저씨들의 몸짓과 말 사이에 놓인 큰 간극이었다.

아저씨들은 험한 말을 내뱉고 있었지만 그 선전포고는 길고 질겼다. 진짜 맞붙는 일은 계속 지연되고 있었던 것이다. 10대와 20대라면 이미 상황 종료, 30대 40대는 허공에 주먹이라도 휘둘러보았을 상황에, 50~60대였던 그 아저씨들은 으름장만 놓은 채 천천히 옷을 벗고 있었다. 눈치를 보고 있는 게 뻔했다.

아저씨에서 할아버지로 건너가며 육체의 쇠락을 경험하고 있던 이들은 싸우기 전부터 스스로는 물론 상대의 전투력이 초라하다는 것을 알고 있었을 것이다. 무턱대고 덤비기에는 잃을 것이 너무 크기도 했을 것이다. 그럼에도 자존심만은 끝끝내 시퍼렇게 살아 있어서 그 순간을 결코 쪽팔리게 마무리 짓고 싶지도 않았던 것 같았다.

국가의 안위가 걸린 대사나 사회 정의가 걸린 대의도 아니고,

소시민적 분노도 아닌, 그저 내일 아침에 술 깨고 나면 잊어버릴 만한 작은 감정적 상처에 일일이 성내고 김을 뿜고 있는 아저씨들. 그렇게 내가 지하철에서, 거리에서 마주한 비틀리고 왜곡된 모습의 아저씨들은 분명 누군가의 아버지, 한 가족의 가장, 한 사회에서 자기 자리를 지키고 있는 남자였다. 그 자리를 지키기 위해 치열하고 뾰족해지고 자기 안에 고립된, 이제는 점점 힘과 권위를 잃어가는 가장이었다.

그들은 "나 아직 살아 있어! 누가 감히 날 건드려?"라고 방향 없는 호통을 치면서도 사실은 한 발짝 물러서고 싶어 했던 것도 같다. 하지만 마지막 자존심 때문에 물러서지도 못하고 그저 호통을 치며 천천히 옷을 벗고 있었던 것이다. 이 상황을 다른 누군가가 말려주길, 내가 아닌 다른 누군가에 의해 끝이 나길 바라는 마음을 과장된 페이크 슬로모션fake slow motion을 통해 드러내고 있었던 것이다.

개저씨가 된 아저씨

꼬장꼬장한 자존심은 그대로인데(아니 입지가 불안해질수록 더 세지는데) 그것을 지켜낼 전투력은 사그라드는 그 막막한 존재론적 현실을 앞두고 중년기 아버지들은 마지막까지 남아 있는 자기 힘을 토한다. 그것도 너무 자주 엉뚱한 곳에 토한다. 자기 자신도 소화하지 못하고 이해하지 못한 자기 마음이기에 그 방향성과 방식은 엉뚱하다 못 해 느닷없다.

대부분 그런 감정적 불똥을 직접적으로 맞는 사람들은 가족들이다. 그나마 가족들이 아버지에게 애정과 인내심이 있다면 다행이다. 하지만 많은 경우 그렇지 않아도 가깝지 않았던 아내와 자녀들은 이런 남편과 아버지를 더 멀리하기 쉽고 그럴수록 아저씨들은 자기 소외의 위기를 경험한다. 그로써 그들은 짜증과 삐침이 심해지고 전보다 더 심한 꼰대가 된다. 외로움과 고립감이 이들을 더 꼬장꼬장하고 괴팍하게 만든다. 맥락 없이 간섭하거나 쓸데없는 조언을 남발하면서 자신을 확인하고 싶어 한다. 안 하던 행동을 하기도 하고 해오던 행동을 이상한 방향으로 돌려서 하기도 하는 것이다. 그런 울분을 해소하려 술까지 걸치면 말 그대로 애가 되고 개가 된다.

요즘 들어 여기저기에서 들리는 '개저씨'라는 용어는 맥락도 없고 명분도 없는 가부장적 권위에 대한 가부장들의 마지막 결투와 발악 때문에 생겨난 것이 아닐까 싶다. 가정을 위해, 사회를 위해, 국가를 위해 몸 바쳐 일해왔지만, 그들에게 돌아온 것은 전에 없던 권위 추락과 남자로서의 특권 상실, 계속되는 (부모) 의무와 (자식) 부양, 불안정한 노후뿐이다. 이런 괴리와 스트레스를 아저씨들은 개저씨가 되어 표출하고 있는 것은 아닐까?

이빨 빠진 호랑이

그런 아버지 때문에 한숨짓는 날이 많은 한 딸을 만난 적이 있다. 그녀는 정년퇴임을 몇 년 앞두고 회사를 그만두신 아버지가 모든 가족들에게 사사건건 간섭을 하기 시작하여 무척 힘들다고 했다. 말씀은 그만두셨다고 하셨지만 사실은 정리해고되신 게 분명하다고 그녀는 믿고 있다. 하지만 자존심 때문에 그렇게 얘기하지 않는 것이리라. 아버지가 어떻든 그녀는 관심이 없다. 원래 살가웠던 부녀 사이도 아니고 항상 바쁘고 멀었던 데다 딸에게 큰 관심도 보여준 적 없던 아버지였으니. 하지만 그런 아버지가 갑자기 그녀의 삶에 브레이크를 걸기 시작한 것이다.

그녀는 결국 아버지와 크게 싸우고 집에서 나와 살게 되었다. 함께 살 때는 보기 싫고 미운 마음만 들었지만 막상 떨어져서 몇 달 지내다 보니 이제 그녀는 아버지의 다른 면을 보게 되었다.

"엄마 잔소리는 그런가 보다 하는데 난데없이 아빠가 이래라 저래라 잔소리를 하시니까 좀 어이가 없었어요. 그렇게 무섭던 아빠도 이제 이빨 빠진 호랑이가 되어서 가족한테 기대고 싶어 한다는 생각이 들다가도, 항상 명령조로 거칠게 말씀하시는 걸 보면 이제 회사에서 자기 말 들어줄 사람이 없으니까 나한테 그러는구나 싶어서 정말 짜증이 나요."

혹자는 이런 중년기 남성들의 모습을 두고 여성 호르몬이 증가한 탓이라고 하고 또 누군가는 중년의 위기를 이야기하기도 한다. 하지만 그것만은 아닐 것이다. 그는 지금 자신이 믿고 의지하고 있던 견고한 세계가 사방에서 무너지고 있다는 위기의식에 포위되어 있다. 과거에 그는 힘, 위계, 경쟁의 사다리를 오르는 것을 목표로 맹목의 질주를 감행하며 힘의 정치를 꿈꿔야 한다고 믿었다. 이 사다리를 올라 공적 지위를 얻는 것이 사적 관계에서의 입지도 단단하게 해주는 길이라 믿었고 실제로 그의 삶은 그런 세계관으로 반응하고 인정받는 방식으로 펼쳐졌다. 위계질서가 분명한 유교적 가부장주의와 경쟁이 치열한 자본주의 사회에서 남자로 태어나 힘을 비축해나가고 힘으로 군림함으로써 전투력을 겸비하는 것, 나에게 소속된 식솔들의 경제적 울타리가 되어주는 것, 그럼으로써 위신을 세우고 가장의 권위와 권리를 휘두르는 것이 당연한 삶의 방식이었던 것이다. 하지만 이제 그 세계의 한계를 보고 있다.

아버지들은 점점 나이를 먹어가면서 더 이상 힘을 늘려갈 방도가 없고 결국엔 있는 힘도 사라져간다. 그나마 힘이라고 생각했던 것마저 힘으로 돌아오지 않는 달라진 사회 속에서 마음의 중심을 잃고 방황한다. 자신의 세계가 분절되고 구석으로 내몰리는 경험을 하기 시작하는 것이다.

아버지들은 뒤늦게 그러한 삶의 방식에 문제가 있었다는 것을 깨닫기도 한다. 하지만 아내와 자식들에게 지금까지 상처준 것을 사과하고 이제 새롭게 가까워지길 희망한다는 마음을 내비치기에는 마지막 자존심이 허락하질 않는다. 오히려 이들은 전과 다르지 않은 방식으로 또 때로는 전보다 더 공격적인 방식으로 자신의 울분과 불안, 분노를 주변 사람들에게 쏟아낸다. 그러면 평생 동안 아버지와 가깝지도 않았고 원망만 했던 가족들은 황당해하며 마음의 문을 굳건히 닫고 만다. 품 안에 있을 때조차 제대로 안아보지 못한 자녀들은 머리가 커가면서 아버지를 경멸하고, 자신을 인정해주지 않고 사랑해주지 않는 아내는 끊임없이 불신의 눈빛을 보낸다. 아버지 자신이 그 눈빛을 감지하는 순간 그에게 집이 편할 리가 없다.

이런 아버지들의 방식은 분명 문제가 있다. 마음속에 울분과 불안이 쌓이고, 누구보다 가까워야 할 가족 관계 속에서 더 큰 소외감을 느낀다면 분명 무언가 잘못되어가고 있는 것이다. 이럴 때 아버지들은 치열하고 힘들게 살아온 지난 삶이 억울하기도 할 것이다. 하지만 그럴수록 그 울분과 원망을 타인에게 쏟기보다 스스로의 삶을 총체적으로 돌아보고 변화하기 위해 노력해야 한다. 모두 변해가는데 나 혼자만 변하지 않으려고 고집을 피우면 결국 외부 요인들 때문에 변화를 '당할' 수밖에 없기 때문이다.

물론 아버지 자신만 변화한다고 해서 모든 것을 바로 잡을 수는 없다. 가족들 또한 아버지의 삶을 바로 보고 보듬어주어야 한다. 먼저 아버지의 짜증, 간섭, 울분, 위기감이 무엇으로부터 온 것인지 깊이 있게 생각해보는 시간이 필요하다. 그런 다음 아버지가 자신이 아직 건재함을 드러내기 위해 여전히 힘으로 군림하려는 부질없는 시도 대신 나이 듦으로 인한 변화를 인정하고 그에 맞는 자연스러운 통로를 찾을 수 있도록 도와야 할 것이다.

아버지는 방법을 모를 뿐이다

폭력적인 아버지 밑에서 위축되어 살아온 한 남자가 있다. 그는 자신의 상처도 상처지만 그런 아버지로부터 엄마와 여동생을 제대로 지켜주지 못했다는 죄책감이 컸다. 남자의 아버지는 걸핏하면 아무것도 아닌 일에 분노하고 짜증을 냈고, 가족들은 언제나 그런 아버지의 눈치를 보며 생활했다. 이제는 조금 달라지긴 했지만 어렸을 적엔 폭력적인 아버지 때문에 온 가족이 불안에 떨며 살기도 했다. 세월이 많이 흘렀음에도 남자에게 아버지는 여전히 큰 존재였고 여전히 아버지 앞에 서면 위축되어 하고 싶은 말도 제대로 못했다. 남자는 그런 자신이 무척 싫었다. 그래서 변화를 위해 큰 용기를 냈다.

그가 스물두 살이던 해, 군 입대를 몇 달 앞둔 시점이었다. 그즈음 남자는 더는 아버지와의 관계를 이렇게 흘러가도록 내버려

둘 수 없다는 생각이 들었다. 엄마와 여동생을 남겨두고 가는 것이 너무 마음에 걸려서 자기가 입대하기 전에 다른 시도를 해야만 한다는 절박감이 그를 흔들었던 것도 같다.

외출하고 돌아온 아버지가 거실에서 TV를 보고 있는 남자에게 이유 없이 호통을 치며 나무랐다고 한다. 아버지가 이렇게 소리를 치면 가족들은 언제나 아무런 대응 없이 피하는 방식으로 상황을 수습해왔다. 이 만성화된 방식에 따라 그날도 위축된 채 자리를 피하려던 남자는 방으로 들어가려다 말고 큰 용기를 내서 돌아섰다. 그리고 처음으로 아버지에게 자신의 마음을 설명했다.

"아버지, 아무리 화가 나셔도 욕을 하시면 안 되죠. 그리고 이건 제 잘못이 아닌 것 같은데요. 아버지 마음에 들지 않을 수도 있지만 그렇게 화를 내시면 제가 마음이 아프고 서운합니다. 지금까지는 아버지의 뜻을 따르려고 했지만 저도 이제 컸으니 아버지도 저의 의견을 존중해주셨으면 좋습니다. 화가 나실 땐 왜 화가 나셨는지 얘기해주시면 좋겠어요. 저는 아버지와 대화를 하고 싶고 아버지가 무슨 생각을 하고 계신지 좀 더 자세히 설명을 듣고 싶어요."

위축된 모습이나 공격적인 모습이 아닌 담담한 모습으로 아버지를 마주한 것이다. 그리고 아버지의 공격에 맞서는 것이 아닌 '함께'를 제안한 것이다. 남자는 떨리는 목소리로 얘기했지만 그의 말은 20년이 넘는 세월 동안 자신의 전투력을 바탕으로 위에서 아래로 찍어 누르려 했던 아버지의 방식이 아닌 함께 마주보며 소통하는 대안적인 관계 방식의 필요성과 힘을 보여주기에 충분했다.

예상치 못한 아들의 반응에 아버지는 아무 말도 하지 못했다. 결국 그날 방으로 들어가 자기성찰을 해야 했던 사람은 아들이 아니라 아버지였다. 그리고 그 뒤 아버지와 아들 사이에는 전과 다른 기류가 흘렀다. 입대 전날 아버지는 그에게 술을 사주시며 딱 두 마디 말을 남기셨다고 한다.

"미안하다. 몰랐다."

많은 말이 생략된 이 단 두 마디 말로 아들은 평생 아버지로부터 느꼈던 불안과 공포, 분노와 억울함이 사라지는 것을 느꼈다고 했다.

"그 말을 듣고 이불 속에서 얼마나 울었는지 모릅니다. 한편으로는 전쟁이 끝난 듯한 안도감이 밀려왔고 한편으로는 아버지가 짠해졌어요. 그렇게 크고 어마어마했던 아버지가 이제 스파링 상대도 안 될 정도로 약해졌구나 싶기도 했고요. 아무튼 아버지의 인생을 다시 보게 되었지요. 이미 한참 전부터 내리막길이었던 인생을요."

아버지가 미워서 마음속으로 칼을 갈아왔던 순간들이 무색해질 정도로 아버지는 많이 약해져 있었다. 그리고 단지 소통을 제안했을 뿐인데 아버지가 무력화된 것을 통해 남자는 아버지의 고독과 유약함을 보게 되었다. 그리고 그제야 비로소 아버지의 삶을 세내로 보기 시작했다.

많은 아버지들이 제대로 소통하는 법을 배운 적도 없고 다른 누군가에게 소통을 제안받은 적도 없다. 그래서 평생 소외감과 외로움을 이렇게 잘못된 방식으로 분출하며 살아온 것이다. 이것이 바로 가부장제와 자본주의 사회 속에서 힘을 추구하며 살아왔지만 사실 진짜 힘을 가져본 적도 휘두르는 법을 배워본 적도 없는 평범한 가부장의 모습이다.

힘에 대한 집착을 내려놓기

힘으로 군림하며 자기 위치를 확인해온 사람의 말로는 쓸쓸하다. 왜냐하면 권력의 꼭대기에 있었다 하더라도 그 권력이 쇠퇴하는 날은 반드시 오기 마련이니 말이다. 동물의 세계만 봐도 이럼 힘의 구도는 냉혹하다. 아무리 꼭대기에 앉아 있는 사람이라도 일말의 불안감에 시달리지 않을 수는 없다. 그리고 가파른 내리막길은 더더욱 스스로를 초라하게 만든다.

사실 이 사회에서 남자로 살면서 힘의 유혹과 구도에 ○
받지 않는 것은 불가능에 가까운 일일 수도 있다. 하지만 그럴수
록 남자들은 힘의 위계에서 벗어나 평등하게 관계 맺기를 연습하
고 그 관계의 소중함을 간직할 필요가 있다. 적어도 가족이라는
울타리 안에서만큼은 전투복을 내려놓아야 한다. 그 울타리는 자
신과 가족이 휴식하는 공간이기 때문이다.

이제는 자신의 쇠락해가는 전투력을 부정하기 위해 아무 데서
나 전투를 벌이는 것도, 그 전투로 인해 고단한 마음을 술로 푸는
것도, 가까워지고 소통하고 싶은 마음을 원망이나 분노로 쏟아내
는 것도 그만할 필요가 있다. 그리고 힘들 때면 힘들다고 말해야
한다. 그것은 사실 힘없는 사람이 아닌 힘 있는 사람만이 할 수 있
는 솔직한 표현이다.

완장에 집착하는 남자

여자는 아버지를 회상하다 보면 가슴이 답답해진다. 이제는 돌아가신 그녀의 아버지는 5남 2녀의 자녀를 두셨으면서도 가정 일에 전혀 신경을 쓰지 않던 분이셨기 때문이다.

"그런 분이 밖에 나가면 진짜 말도 안 되는 단체나 모임에 집착하셨어요. 거기서 무슨 총무다, 부회장이다, 협회장이다 하면서, 항상 집 밖으로 나도셨지요. 원래 그러셨으니까 그러려니 하긴 했지만 엄마가 아프실 때조차 집에서 나갈 핑계만 찾으실 때는 아버지가 너무 미웠어요. 엄마가 수술한 지 얼마 되지도 않았는데 자기가 낚시 동호회 회장이라고 나가야 된다고 하시는 거예요."

그녀가 이야기를 꺼내자 다른 친구들도 고개를 세차게 끄덕인다. "우리 아빠도 그래" 혹은 "저희 남편도 그래요" 하는 이야기가 쏟아진다. 영양가 없는 모임에 집착하는 남자들 때문에 속상했던 마음들이 순식간에 모여든다.

여자의 친구도 비슷한 이유 때문에 스트레스를 받고 있다. 그녀는 축구 때문에 남자 친구와 냉전 중이라고 했다. 남자 친구는 처음 사귀기 시작했을 때만 해도 가끔 한 번씩 나가던 축구 동호회를 이제는 매주 나가기 시작했다. 그곳에서 총무를 맡게 된 다음부터였다. 남자 친구는 처음에는 여자 친구에게 미안해했지만 지금은 자신의 결정을 이해해주지 않는 그녀를 보며 오히려 서운해한다고 했다. 장거리 연애를 하고 있는 탓에 만날 시간이 주말밖에 없다는 점을 생각해보면 여자의 한숨 쪽으로 더욱 마음이 기운다. 그녀는 그런 남자 친구와 헤어질지 말지 고민하고 있었는데, 다른 남자들 역시 그런 점이 있다는 사실을 듣고 나서는 쉽게 결정을 내릴 수 없었다.

"시간 쓰고 돈 쓰고 에너지 쓰고, 얻는 게 하나도 없는 것 같은데 남자들은 왜 그렇게 단체를 만드는 데에 집착할까요? 그리고 거기서 부여하는 완장에 왜 그토록 집착하는 걸까요?"

실제로 남자들은 조직을 구성하고 그 조직 내에서 역할을 담당하는 것을 중요하게 생각하는 것 같다. 남자들은 왜 이렇게 모임에 집착하는 것일까?

남자의 존재감 확인하기

우리는 사회적 동물이다. 집단 속에서 내가 어떤 사람인지 인식하고 소속된 집단과 나 자신을 동일시하며 산다. 사실 남자들이 조직에 집착한다고 말을 하긴 했지만 여자들 역시 모임과 집단을 중요하게 생각하고 그 속에서의 소속감을 중시한다. 하지만 여자들이 집단을 통해 나라는 사람이 어떤 사람인지 인식하고 동일시하는 방식은 남자와 다르다.

여자들은 친밀감을 나누는 대상, 소수의 집단, 사적인 조직에서 자기를 찾고 스스로를 동일시한다. 사적인 조직이기 때문에 그 조직을 체계화할 필요성도, 조직의 목표의식을 가질 필요성도 느끼지 못한다. 모임은 그때그때 필요에 따라 즉흥적으로 만들어지고 또 쉽게 사라지기도 한다. 여자에게 가장 중요한 집단은 가정이기 때문이다. 가정에 일이 생기면 밖의 집단에 관심을 가질 여유가 없고 관심을 가질 이유도 없다. 애초부터 여성들이 사적인 모임을 구성하는 이유 역시 그 조직이 자신의 가정을 유지해 나가고 가정의 스트레스를 완충시켜주는 데 도움이 된다는 데서 찾을 수 있다.

아이들이 어린이집이나 유치원, 학교에 간 뒤 카페에 둘러앉아 이런저런 이야기를 나누고 있는 엄마들의 대화에 귀 기울여보라. 그들은 가정생활의 스트레스나 뜻대로 되지 않는 육아에 대한 해결책을 모색하거나 학교생활의 정보를 교환하는 대화를 나눈다. 스스로 인식하고 있든 그렇지 않든 자신에게 가장 중요한 가정생활을 잘해나가는 데에 필요한 정보를 교환하고 스트레스를 푸는 것이 여자들 모임의 주된, 그러면서도 느슨한 목적인 셈이다.

엄마들뿐이 아니다. 미혼 여성들이 가장 열을 올리며 나누는 대화의 내용은 사적 관계의 문제, 즉 '남자 친구'이다. 애인이 없으면 없기 때문에, 있으면 있기 때문에, 그리고 관계가 순조로우면 순조롭기 때문에, 위태로우면 위태롭기 때문에, 여자들은 서로의 이야기에 자신의 이야기를 포개며 각자에게 중요한 사적인 관계에 대해서 서로 조언을 주고받는다.

이처럼 여자들은 사적이며, 친밀한, 작은 관계 속에서 나를 찾는 경향이 강하다. 그리고 그 관계 속에서 교류되는 것은 세속적이고도 현재적이고 구체적이다. 지금 당장 나에게 절실한 것을 교환하는 것이다. 그리고 그 어떤 것도 가정사보다 우선시될 수 없다. 대화에 열을 올리고 있던 엄마들도 아이가 돌아올 시간이 되고 남편이 퇴근할 시간이 되면 집으로 돌아간다. 또 주말에는 이런 모임이 이루어지기가 힘들다. 한참 동안 여자 친구들과 대화를 나누던 미혼 여성들도 그 대화의 중심 주제였던 남자 친구와 만날 시간이 되면 자리에서 일어난다. 의리가 부족해서가 아니라 사랑이 우선시되기 때문이다.

반면 남자들은 일터라는 하나의 조직생활이 끝나고 난 뒤에도 그 조직의 테두리에서 쉽게 벗어나지 못한다. 전반전, 후반전 이후에 연장전이 이어지듯 자주 반복되는 회식 자리와 각종 모임에 출석하느라 바쁘다. 자의든 타의든 사회생활을 하는 남자가 이런 모임들로부터 스스로를 자유롭게 하기란 쉽지 않다. 몸은 하나인데 몸담고 있는 조직은 여러 개이기 때문에 우선순위를 정해야 하는 순간이 찾아올 때, 많은 남자들은 여자들과 달리 가정을 우선순위에서 내리고 또 그래야 한다는 압력을 받는다. 사적 관계냐, 공적 관계냐의 딜레마에서 사적인 관계, 그것도 더더욱 친밀한 사람과의 관계에 시간과 마음을 투자하길 선택하는 여자들과는 달리, 남자들은 친밀한 사적 관계일수록 우선순위에서 밀어놓기 쉽다. 또 한편으로는 '사회생활을 하는 남자'라는 존재론적 압박 속에 조직생활에 더 충실하기를 기대하는 시선이 강력하기 때문이다.

모든 조직생활의 중심에 가정이 있는 여자들과는 상반된 모습이다. 여자들이 남자들의 조직과 모임을 비난하는 것은 남자들이 동일시하는 조직과 모임이 가정생활 유지와 관련이 없어 보이기 때문이다. '밖으로 나돈다'는 원망과 비난은 여기에서 나온다.

여자들 입장에서는 남자들의 조직생활이 이해가 잘되지 않는 면이 많다. 가정의 생계 수단이 되고 가정을 부양하는 의미를 주는 회사라는 조직이나 이 조직과 직접적인 관련이 있는 조직이 아닌 이상, 다른 모임이나 조직을 계속해나가는 이유를 알 수 없는 것이다.

인정 욕구를 실현하다

남자들은 학연, 지연, 취미를 총망라한 조직생활을 하는 경우가 많고 현재적 필요와 관련이 없는 과거 관계나, 미래를 대비한 관계 모두를 가리지 않는다. 지금 당장 나에게 구체적인 이익을 가져오지 않더라도, 친밀감과 같은 정서적 욕구를 전혀 기대할 수 없어도, 또 가정생활의 필요와 관련이 없어도 남자들은 조직에 자신을 걸쳐둔다. 아무리 시간적, 금전적, 신체적 손실만 가져오는 것 같아도 남자들은 한번 몸담고 있는 조직에서 발을 떼지 않는다. 특히나 그 조직에서 어떤 역할을 부여받은 상황이라면 더더욱 발을 떼기 어려워한다. 그리고 여기에 여자들은 쉽게 이해하지 못하는 '의리'와 '인맥'의 논리가 존재하기도 한다.

이런 차이가 나타나는 가장 근본적인 이유는 남자들에게 가정 이외의 사회적 조직 속에서 자기를 찾는 경향이 강하기 때문이다. 남자와 여자가 자기 존재감을 찾고 스스로를 동일시하는 조직이 서로 다르기 때문에 이런 갈등이 나타난다는 것이다. 또 남자가 조직을 구성하고 유지하는 방식은 여자가 조직을 구성하고 유지하는 방식과 다르다. 남자들의 조직 내에서는 위계와 규칙, 각자에게 부여된 역할이 보다 분명하다. 그리고 이런 차이는 아주 어린 시절부터 관찰된다.

남학생 집단을 10분만 관찰해보면 이 집단에서 누가 리더이고 누가 그 리더의 참모 역할을 하고 있으며 누가 분위기 메이커의 역할을 하고 있는지 또 누가 브레인을 담당하는지 파악할 수 있다. 남자 아이들은 자신들이 형성한 조직 속에서 나름의 위계와 규칙성을 가지고 있고 고등학생이 되기 훨씬 이전부터 뚜렷하고도 냉정한 규칙을 가진 조직화된 놀이를 틈만 나면 했다. 이들이 점심시간이나 쉬는 시간이면 주로 하는 축구나 농구는 각자의 포지션과 공정한 승부를 위해 고안된 규칙성을 중심으로 이루어진다. 이 과정에서 남자 아이들은 공적 조직에 익숙해지고 규칙과 위계, 역할 부여가 당연한 남자들의 세계에 물들어간다.

그 과정에서 남자 아이들 각자가 가진 개인적인 공격성이나 욕망, 경계심은 이런 규칙과 위계를 통해 다듬어졌다. 그들이 서로 어우러져 노는 모습을 보면 여자 아이들에 비해 다소 과격하고 거친 면이 있긴 해도 선을 넘지 않은 채 어떤 규칙성을 존중한다는 것을 느낄 수 있다. 이들은 서로 갈등하고 싸우더라도 일단 갈등과 싸움을 통해 위계가 정해지고 나면 이 위계에 누군가가 이의를 제기하기 전까지 평화롭고 안정적이다. 1인자가 정해지고 나면 곧바로 온순해지는 것이다.

이런 조직화에 익숙한 남자들에게 새로움과 변화, 예측 불가능성만큼 남자들을 두렵게 하는 것이 없다. 그래서 위계를 가늠하기 힘든 새로운 얼굴이 나타날 때나 기존의 위계와 규칙에 이의를 제기하는 누군가가 나타날 때 남자들은 긴장하며 공격성을 드러낸다. 남자들이 사적 관계 속 예측 불가능한 감정적 신호를 제대로 해독하는 것에 서툰 이유 역시 바로 이런 특성과 관련된다. 여자들이 단순하다고 비난하는 남자들의 무딘 감수성은 조직생활을 무던히 해나가는 데에 필수적인 덕목이기도 했던 것이다.

반면 여학생들의 집단은 보다 복잡하고 암묵적인 모습을 보인다. 여자 아이들은 큰 조직 내에서 이루어지는 놀이보다는 단 둘이 이루어지는 놀이를 선호한다. 위계나 규칙이 분명하지 않기 때문에 여자들 사이의 관계는 더욱더 어렵고 복잡 미묘하며 더 큰 민감성을 요한다. 이 속에서 나타나는 갈등과 공격성은 미묘하고 암묵적이기에 더 무시무시한 면모를 보이기도 한다. 또 그런 반면에 여자들의 조직은 뚜렷한 위계나 규칙, 역할 분리를 따르는 것이 중요하지 않다. 따라서 승부를 내기 위한 규칙 고수에 냉정하고 가차 없는 모습을 보이는 남자와는 달리 누군가를 포함시키기 위해 기존의 규칙을 깨는 관대함을 보이기도 한다. 이를

테면 '깍두기'를 허용한다는 것이다.

이런 남녀의 다른 조직 관념과 동일시 방식 때문에 남자들에게 있어서는 공적 관계에서 배제되는 것이, 여자들에게 있어서는 사적 관계에서 배제되는 것이 더 큰 심리적 타격을 주는 사건으로 다가온다. 남자들은 조직의 크기가 클수록, 여자들은 조직의 친밀도가 클수록 그 속에서 안도감을 느낀다. 또 남자들은 조직원들이 자신을 인정할 때, 여자들은 조직원들이 자신을 사랑할 때 존재감을 느낀다.

존재감을 찾기 위해

이런 차이를 감안하다고 해도 완장 집착 남편이나 가정에 소홀한 아버지, 주말을 동호회에 쏟아붓는 남자 친구를 완전히 이해하기는 어렵다. 아무리 자기 존재감을 느끼고 스스로를 동일시하는 집단이 다를 수 있다고 해도, 가정에 소홀하고 사적 관계의 중요성을 무시하는 것은 문제가 되기 때문이다. 그런데 잘 들여다보면 남자들이 가정이 아닌 외부 조직에서 자신을 찾는 경향은 스스로 존재감의 위기를 크게 느낄수록 강화된다는 것을 알 수 있다.

조직생활이나 완장에 집착하는 경향성은 남자의 불안감을 반영하는 것일 수도 있다는 얘기다. 남자들은 입지가 불안하게 느껴질수록 더 큰 조직에 들어감으로써 자신을 세우려고 시도한다. 또한 지금 현재가 불안할수록 과거에 조직생활에서 성공적이었던 경험이나 리더 역할을 했던 경험을 더 중요하게 여기고 반복적으로 이야기하는 모습을 보이기도 한다. 술만 들어가면 자동적으로 나오는 '왕년에'라는 언술을 되풀이하는 것과 자신이 생각하는 영광의 시기에 만났던 사람들을 다시 만나고 싶어 하는 것도 모두 이런 이유 때문이다.

앞에서 얘기한 여자의 아버지가 어머니의 중요한 수술 직후에도 낚시 모임 회장직을 수행하려고 했던 것은 은퇴한 이후 자신의 사회적 입지는 물론 자기 자신을 잃을 위기에 처해 있는 중년 남성의 위기의식을 고스란히 보여주는 일인지도 모른다. 그런 면에서 보자면 한 남자가 조직이나 모임에 집착하는 것은 그에게 가정이 중요하지 않아서가 아니라 자기 존재감에 대한 위기의식을 그만큼 크게 느끼고 있다는 징후로 받아들여야 할 것 같다.

남자는 그전까지는 경쟁이 치열한 사회에서 자기 자리를 잡아가고 사회적 조직 속에서 자기를 발견하는 것에 뿌듯함과 유능감을 느꼈을 것이다. 하지만 시간이 갈수록 사회 조직 속에서 줄어드는 자기 입지를 느꼈을 것이고, 자기 위치가 있는 사람이라도 불안감으로부터 자유로울 수 없었을 것이며, 갑자기 가정이라는 작고 사적인 조직으로 돌아가 자기를 찾는 것도 겸연쩍고 쉽지 않았을 것이다.

더군다나 그전까지 가정에서 언제나 부재한 남편이자 아버지로서 자신의 자리를 닦지 못했었다면 갑자기 가정으로 돌아가 서툴게 자기 자리를 확보하기 위해 애쓰기보다 자신에게 더 익숙하고 더 큰 유능감을 주는 가정 밖 조직 활동에 열을 올리는 편이 너 쉽고 자연스러운 일이었을 것이다. 그의 마음속에는 가정이라는 작은 조직에 자신을 동일시하는 것은 스스로를 작게 만드는 일이라는 근거 없는 가부장적 편견이 숨어 있을지도 모른다. 이 익숙한 편견 때문에 그는 가정에 머물면서도 편하지 않았을 것이다. 그래서 아무런 영양가가 없더라도 자신을 높여주는 사람들이 있는 바깥의 조직생활에 좀 더 마음을 두는 선택을 한 것이다.

가정 내 역할을 구체적으로 부여하라

어쩌면 사회 조직에서 스스로의 존재 이유를 찾았던 남자들이 가정이라는 조직에서는 그런 기회를 한 번도 가져본 적이 없었던 것은 아닐까 하는 생각도 든다. 남자에게 부여된 사회적 위치와 생계부양은 어찌되었든 사회의 공적 조직 속 동일시와 적응을 최적화해야만 가능한 일이었다. 그래서 예전처럼 남녀가 유별하고 남자는 바깥사람으로, 여자는 안사람으로 분명하게 구별된 사회

구도 속에서는 남자가 가정이라는 조직 내에서 자신의 존재 이유를 찾기 어려웠다.

우리는 가정에 소홀하고 밖으로 나도는 아버지나 남편이 가정에서 제 역할을 해주지 않는다면서 그들을 원망하거나 배제시키는 데 익숙하다. 하지만 사회적 조직 속에 녹아들지 못하는 남자들은 더 심한 거부와 단절을 경험해야 했다. 그래서 밖에서 자신을 찾는 일에 더 열을 올리고 자신에게 역할을 부여해주는 조직에 충성했을지도 모른다. 그런데 그럴수록 가정에서 보내는 시간은 적고 가정에 쏟을 에너지는 적다. 어느 순간 아내의 마음은 돌아섰고 아이들은 모두 엄마 편이다. 엄마의 희생은 숭고하게 받아들여지지만 그에 비해 아빠는 나쁜 사람처럼 보인다. 비난과 원망을 듣기 딱 좋은 것이다. 그럴수록 남자들은 가정으로 돌아오기보다는 더욱더 밖으로 돌게 된다.

하지만 꼭 이런 식으로만 전개될 필요는 없다. 남자들은 어떤 조직에서든 중요한 역할과 구체적 권한을 부여받으면 그 일을 자신의 것, 자신을 구성하는 것으로 잘 받아들이는 장점이 있음을 기억하라. 남자들에게 가정에서도 자신을 찾을 수 있도록 가정 내 구체적인 완장을 채워준다면 그들은 자신의 장점을 잘 활용할 것이다. 아무리 가정 밖을 돌고 있는 남자들이라고 해도 가정으로 돌아가 편히 쉬고 싶은 마음이 없을 수가 없기 때문이다.

어느 누구도 자신이 이미 속한 조직에 일부러 소홀히 하고 싶은 사람은 없다. 과거에 소홀했다는 이유로 외로워진 아버지들은 여전히 가정의 변두리에서 서성이며 밖으로 도는 경우가 많다. 가정에서 자신의 자리를 찾을 수 있도록, 아버지들이 가정에서 느끼는 서툰 마음과 불안과 혼란을 덜 수 있는 방법을 제안하는 것이 필요하다.

여자는 가정을, 남자는 사회를 지키는 사람으로 이분화해서 성역할을 분리했던 시간이 길기 때문에 남자들은 사회에서 여자들은 가정에서 자신을 찾는 경향이 강했다. 하지만 이런 성역할 분담은 이미 오래전에 무너졌고 남자들은 가정에, 여자들은 사회에 진출했다. 이렇게 큰 변화를 겪으며 성역할 분리는 계속해서 점점 더 허물어지고 있다.

이런 점을 감안하자면 전반적으로 남자들은 가정과 같은 사적 관계에 자신을 더 투여하는 능력과 경향성을 키울 필요가 있고, 여자들은 공적 관계나 공적 조직에 자신을 더 투여하는 능력과 경향성을 키울 필요가 있다. 많은 여성들이 이혼과 같은 사적 관계의 위기에서 크게 무너지는 이유는 자신을 스스로 지켜나갈 수 있는 공적 관계, 사회적 입지가 부족했기 때문이다.

우리에게는 자기 존재감을 얻는 두 개의 관계 판이 모두 필요하다. 하나는 친밀감을 기반으로 이루어지는 사적 관계이고, 다른 하나는 역할과 권한 부여를 기반으로 이루어지는 공적 조직이다. 내가 나 자신과 동일시하는 이 관계 속에서 어떤 모습을 하고 있는지 잘 들여다보자. 우리에겐 남성적, 여성적 관계 방식이 모두 필요하다.

· 마치며 ·

고립에서 연결로

상담실에 앉아 상처받은 마음을 돌보며 얻은 한 가지 진리가 있다면, 바로 고립만큼 우리 마음에 큰 상처를 입히는 사건이 없다는 사실이다. 누구라도 고립되면 삶의 의욕을 상실하고 만다. 그런데 이런 고립을 종식시키는 연결의 힘은 고립의 파급력을 초월한다. 아무리 산산이 부서지고 가장 낮은 곳으로 꺼져버린 고립된 마음이라도 다시 연결할 수 있는 한, 그 마음은 이내 상처를 뚫고 다시 일어나게 된다.

우리는 자주 "넌 나를 몰라도 너무 몰라"라고 말하며 스스로를 고립시킨다. 또 "난 너를 이해할 수 없어"라는 말을 뱉으며 상대를 고립시키기도 한다. 그렇게 우리는 스스로는 물론 타인에게 상처를 입힌다. 하지만 상처받았다고 느낄 때마다 우리는 한 가지 사실을 기억해야 한다. "이해할 수 없다"는 강한 부정의 표현 밑에는 언제나 "정말 이해하고 싶다"가, "넌 나를 이해 못 한다"고 좌절하고 냉소하는 표현 밑에는 어김없이 "네가 나를 이해해줬으면 좋겠다"는 긍정을 향한 강한 욕구가 있다는 사실을 말이다. 표현 방식과 타이밍은 달랐을지 몰라도 우리는 누구나, 또 언제나, '고립'이 아닌 '연결'되고자 하는 욕구를 품고 있다. 우리가 관계 속에서 상처받고 상처 입히게 될 때마다 끝끝내 기억해내고 붙잡아야 할 것은 바로 이런 공통의 연결 욕구인 것이다.

이 책이 우리가 서로를 고립시키는 정체된 관념으로부터 벗어날 수 있게 하는 작은 파문이 되었으면 한다. 무엇보다 '혼자'보다는 '함께'에 한 표를 더 던지는 계기가 되길 바란다.

지/은/이 **선안남**

글 쓰는 상담심리사. 이화여자대학교 영문학과와 상담심리 대학원을 나왔고 동대학 및 건국 대학교 대학 상담실에서 상담자 수련을 받았다. 세종도서로 선정된 《명륜동 행복한 상담실》을 비롯하여 열두 권의 책을 썼고, 그중 다수의 책이 중국, 대만, 홍콩에서 출간되었다. 현재는 〈선 안남 심리상담 연구소〉를 운영하며 상담, 집필, 강연 활동을 하고 있다. 최근 들어 심리상담실 의 문을 두드리는 남자 내담자들이 늘면서, 건강하지 못한 여성상이 여성들을 고통스럽게 하 는 것 이상으로, 건강하지 못한 남성상으로 인해 고통받고 있는 남성들이 많다는 사실에 문제 의식을 느껴 이 책을 쓰게 되었다.

첫 딸들에게 '사내 남男'자 돌림을 붙여준 증조부의 가부장적 의도에 따라 '편안할 안安' '사내 남', 안남이라는 이름을 받았다. 이 책을 쓰면서 '남자를 편안하게 해주는 여자'가 되라는 이름 의 운명론을 뛰어넘어, 성별, 나이, 지위에 상관없이 더 많은 사람들이 편안한 마음자리를 찾도 록 조력해주는 좋은 상담자이자 작가가 되자는 다짐을 한 번 더 해보게 되었다.

혼자 있고
싶은 남자
ⓒ선안남

2016년 7월 22일 초판 1쇄 발행
2016년 12월 15일 초판 2쇄 발행

지은이 | 선안남
발행인 | 이원주
책임편집 | 이연수
책임마케팅 | 조용호

발행처 | (주)시공사
출판등록 | 1989년 5월 10일(제3-248호)

주소 | 서울시 서초구 사임당로 82(우편번호 06641)
전화 | 편집(02)2046-2850·마케팅(02)2046-2881
팩스 | 편집·마케팅(02)585-1755
홈페이지 | www.sigongsa.com

ISBN 978-89-527-8245-8 03180